Ullstein Sachbuch

DAS BUCH:

Der Autor beschreibt eindringlich, was auf uns zukommt, wenn Werbefachleute Erkenntnisse der modernen Psychologie auswerten, deren Nutzanwendung nicht immer ungefährlich ist. Er weist nach, wie unser Kaufverhalten bestimmt wird und in welchem Ausmaß unser Denken und Fühlen schon heute »unterschwellig« von der Werbung beeinflußt wird.

DER AUTOR:

Vance Packard, geb. 1914 in Granville Summit/Pennsylvania, studierte bis 1936/37 an der Pennsylvania State University und in Columbia. Bis 1942 war er als Berichterstatter und Redakteur bei verschiedenen Tageszeitungen und der Presseagentur *ap* tätig, später für eine Reihe großer amerikanischer Magazine (*The American, Collier's*). Packard lehrte an der Columbia University und in New York und lebt heute mit seiner Familie in Canaan/Connecticut.

Vance Packard

Die geheimen Verführer

Der Griff nach dem
Unbewußten in jedermann

Ullstein Sachbuch

Ullstein Sachbuch
Ullstein Buch Nr. 34032
im Verlag Ullstein GmbH,
Frankfurt/M – Berlin
Titel der amerikanischen
Originalausgabe:
The Hidden Persuaders

Ungekürzte Ausgabe

Umschlagentwurf:
Hansbernd Lindemann

Mit freundlicher Genehmigung des
Econ Verlags, Düsseldorf

Printed in Germany 1988
Gesamtherstellung:
Ebner Ulm
ISBN 3 548 34032 6

Juni 1988
354.–358. Tsd.

Vom selben Autor
in der Reihe der
Ullstein Bücher:

Die große Versuchung (34016)
Verlust der Geborgenheit (34360)

CIP-Titelaufnahme
der Deutschen Bibliothek

Packard, Vance:
Die geheimen Verführer: d. Griff
nach d. Unbewußten in jedermann /
Vance Packard. – ungekürzte Ausg.,
354.–358. Tsd.
Frankfurt/M; Berlin: Ullstein, 1988
Einheitssacht.: The hidden persuaders
<dt.>
(Ullstein-Buch; Nr. 34032: Ullstein-
Sachbuch)
ISBN 3-548-34032-6
NE: GT

I

Über die Hintertreppe der Tiefenpsychologie

Dieses Buch stellt einen Versuch dar, ein fremdes und ziemlich üppig wucherndes neues Gebiet des amerikanischen Lebens zu erkunden. Es handelt von der Art und Weise, in der viele von uns – weit mehr, als wir erkennen – in ihrer alltäglichen Lebensführung beeinflußt und bearbeitet werden. Mit oft eindrucksvollem Erfolg werden in großem Maßstab Anstrengungen aufgewendet, um unsere gedankenlosen Gewohnheiten, unsere Kaufentschlüsse und unsere Denkvorgänge zu steuern, indem man sich der aus der Psychologie und den Sozialwissenschaften aufgelesenen Einsichten bedient. Bezeichnenderweise gelten diese Anstrengungen einer Schicht unterhalb unserer Bewußtseinsebene, so daß die Antriebe, die uns bewegen, oft gewissermaßen »verborgen« sind.

Einiges an den Bearbeitungsversuchen ist schlichtweg ergötzlich. Einiges ist beunruhigend, besonders wenn man es als Vorzeichen dessen betrachtet, was uns allen in stärkerem und wirksamerem Maße noch bevorstehen mag. Bereitwillig haben die damit befaßten Wissenschaftler manches furchtbare Werkzeug dazu beigesteuert.

Die Anwendung der Massenpsychologie auf Werbefeldzüge ist zur Grundlage einer Multimillionen-Dollar-Industrie geworden. Die gewerbsmäßigen Propagandisten haben sich bei ihrem Tasten nach wirksameren Mitteln, uns ihre Ware zu verkaufen – mögen es Erzeugnisse, Ideen, Haltungen, Kandidaten, Ziele oder geistige Einstellungen sein –, darauf gestürzt.

Diesen tiefenpsychologischen Weg, unser Verhalten zu beeinflussen, geht man auf vielen Gebieten und bedient sich dabei einer Vielfalt von sinnreich erdachten Methoden. Am ausgiebigsten benutzt man ihn, um auf unsere täglichen Handlungen als Verbraucher einzuwirken. Der Verkauf von Erzeugnissen im Werte von Milliarden wird durch diese noch kaum den Kinderschuhen entwachsenen Methoden bedeutsam beeinflußt, wenn nicht gar revolutioniert. Zwei Drittel der hundert größten amerikanischen Inserenten haben ihre Werbefeldzüge auf das tiefenpsychologische Verfahren umgeschaltet und befleißigen sich der durch die sogenannte Motivanalyse eingegebenen »Kriegskunst«.

Mittlerweile haben sich viele führende amerikanische Public-Relations-Fachleute die Lehren der Psychologie und der Sozialwissenschaften zu eigen gemacht, um noch geschickter zu verfahren, wenn es darauf ankommt, uns ihren Vorschlägen geneigt zu machen. Spendenfachleute nehmen ihre Zuflucht zu tiefenpsychologischen Verfahren, um aus uns mehr Geld herauszupressen. Eine beträchtliche und zunehmende Anzahl von industriellen Unternehmungen (darunter einige der größten) ist bemüht, das Verhalten ihrer Belegschaft – besonders der leitenden Angestellten – mit Hilfe psychiatrischer und psychologischer Techniken zu untersuchen und zu formen. Schließlich begegnet man der Tiefenpsychologie auch bei den Berufspolitikern, die den Wähler, der mehr und mehr wie Pawlows dressierter Hund behandelt wird, intensiv mit Symbolen und Wiederholungen bearbeiten.

Die Bemühungen der Meinungsbildner, unsere Alltagsgewohnheiten nach verborgenen Bedeutungen abzutasten, sind oftmals rein wegen der Augenblicksoffenbarungen über unser Innenleben interessant, die sie uns vermitteln. Ihre Untersuchungen enthüllen uns häufig als spaßige Darsteller in einer heiteren Welt Thurberscher Marionetten. Die Erkenntnisse der Tiefenpsychologen versorgen uns mit verblüffenden Erklärungen für viele unserer täglichen Gewohnheiten und Eigenheiten. Es scheint, daß unser Unterbewußtes ziemlich wild und ungebärdig sein kann.

Natürlich halten diese »Erforscher« nach dem *Warum* unseres Verhaltens Ausschau, damit sie unsere Gewohnheiten und Entschlüsse um so wirksamer zu ihren Gunsten bearbeiten können. Deshalb haben sie untersucht, warum wir die Banken scheuen, warum wir diese großen »dicken« Wagen lieben, warum wir in Wirklichkeit Häuser kaufen, warum Männer Zigarren rauchen, warum die Wagenart, die wir fahren, die Benzinmarke verrät, die wir tanken, warum Hausfrauen regelrecht in traumwandlerische Verzückung geraten, wenn sie einen großen Selbstbedienungsladen betreten, warum Männer durch Kabrioletts in die Ausstellungsräume der Autohändler gelockt werden, am Ende aber Limousinen kaufen, warum der Sohn zum Frühstück Cornflakes liebt, die knacken, krachen und knuspern.

Aus der heiteren Thurberschen Welt geraten wir jedoch in die eisige Welt George Orwells und seines Großen Bruders, sobald wir einige der extremen Versuche beleuchten, wie sie zur Erforschung und Bearbeitung des Verbrauchers bereits im Gange sind.

Irgendwelche Untersucher kundschaften zum Beispiel systematisch unsere geheimen Schwächen und Fehler in der Hoffnung aus, unser Verhalten desto ergiebiger beeinflussen zu können. Die Psychologen des Mitarbeiterstabes einer der größten Werbeagenturen Amerikas machen einen Versuch, an menschlichen Studienobjekten herauszufinden, wie Leute, die sehr ängstlich, um ihre Gesundheit besorgt, feindselig oder passiv sind, zu gewinnen und »ansprechbar« sind. Eine Chicagoer Werbeagentur hat den Menstruationszyklus der Frau und seine psychologischen Begleiterscheinungen untersucht, um die Momente zu entdecken, die beim Verkauf bestimmter Lebensmittel die stärkste Anziehungskraft auf sie ausüben.

Anscheinend schrecken die Tester und Manipulatoren vor keiner Frage zurück, und nichts ist ihnen heilig. Die gleiche Chicagoer Agentur hat psychiatrische Untersuchungstechniken auf kleine Mädchen angewandt. Public-Relations-Fachleute beraten Geistliche, wie sie ihre Gemeinden wirksamer bearbeiten können. In einigen Fällen wählen diese Überredungskünstler sogar unsere Freunde für uns aus, wie es bei einer großen »Gemeinschaft von morgen« in Florida geschieht. Freunde wie Wäsche werden beim Angebot der Häuser von der Geschäftsleitung mitgeliefert. Alles zusammen in einer einzigen großen Hochglanzverpackung.

Traurige Muster der neuen Überredungskünstler, die da an der Arbeit sind, tauchen nicht nur im Handel, sondern auch in der Politik und im Verhältnis zwischen Arbeitgebern und Arbeitnehmern auf. Der Bundesvorsitzende einer politischen Partei ließ seine kaufmännische Betrachtung der Wahlen des Jahre 1956 insofern erkennen, als er von seinen Kandidaten als Waren sprach, die es zu verkaufen gelte. Heute wird in vielen Industrieunternehmen das Verwaltungspersonal von geschulten, betriebsfremden Sachverständigen psychoanalysiert und seine künftige Entwicklung karteimäßig erfaßt. Und dann gibt es in Kalifornien jene Handelsschule, die den Arbeitgebern gegenüber sich rühmt, ihre Absolventen soziologisch so zurechtzukneten, daß sie, wie eine Fachzeitschrift bewundernd schrieb, »Menschen nach Maß« werden, die unter Garantie die richtige Einstellung – vom Arbeitgeberstandpunkt aus – mitbringen.

Was in vielen Fällen die Überredungskünstler wollen, faßte einer ihrer führenden Männer, der Präsident der Public Relations Society of America, in einem Satz zusammen, als er in einer Ansprache an die Verbandsmitglieder sagte: »Das Material, mit dem wir arbeiten, ist die Struktur des menschlichen Geistes.« Bei vielen ihrer Versuche, unsere geistige Struktur zu bearbeiten, wird den berufsmäßigen Propagandisten direkte Hilfe und Führung von angesehenen Sozialwissenschaftlern zuteil. Mehrere Professoren der Sozialwissenschaft an der Columbia-Universität nahmen beispielsweise an einem von Dutzenden New Yorker Public-Relations-Fachleuten besuchten Universitätsseminar teil. Bei dieser Gelegenheit zeigte ein Professor diesen Manipulatoren in einer Art Lehrgespräch die Grundformen geistiger Bearbeitung auf, die sie mit höchster Erfolgswahrscheinlichkeit anwenden könnten.

Alle diese Untersuchungen und Manipulationen haben ihre konstruktiven und ihre erheiternden Seiten; aber – und das sollte nicht verschwiegen werden – sie bergen auch ernstliche menschenunwürdige Folgerungen. Vieles daran erscheint eher als Rückschritt denn als Fortschritt des Menschen in seinem langwährenden Bemühen, ein vernünftiges und selbstbestimmtes Wesen zu werden. Tatsächlich scheint mit der wachsenden Macht unserer Verführer etwas Neues in den amerikanischen Lebenszuschnitt einzudringen.

In Presse, Film und Funk wird der typische amerikanische Bürger gern als ein ungewöhnlich gescheites Wesen geschildert. Er oder sie wird als bedächtiger Wähler, überzeugter Individualist und obendrein als vorsichtiger und nüchterner Verbraucher der herrlichen Produkte des Unternehmens Amerika hingestellt. Kurzum, er ist die Krone des Fortschritts und der Erleuchtung des zwanzigsten Jahrhunderts.

Die meisten von uns glauben diesem Bildnis zu entsprechen, und einige gewiß mit Recht. Die Männer und Frauen jedoch, die diese strahlenden Bildnisse aufrichten, besonders die berufsmäßigen Überredungskünstler, sind regelrecht doppelzüngig. In ihren internen Denkschriften, Fachblättern und Geschäftsbesprechungen sehen uns diese Verführer – die sich oft unverfänglich als »Symbolmanipulatoren« bezeichnen – häufig weit weniger schmeichelhaft, dafür aber interessanter. Für sie verkörpern wir nichts weiter als Bündel aus Wachträumen, unklaren geheimen Sehnsüchten, Schuldkomplexen und vernunftwidrigen Gefühlshemmungen; wir sind Trieb- und Zwangshandlungen ausgelieferte Imago-Anbeter. Wir plagen sie mit unseren scheinbar sinnlosen Einfällen, aber unsere zunehmende Gelehrigkeit im Eingehen auf ihre Symbolmanipulationen, mit denen sie uns in Bewegung halten, bereitet ihnen Vergnügen. Dieser Beweis unterstützte ihre Ansicht überzeugend genug, und sie faßten Mut, bei ihrem Bemühen um die Beeinflussung unseres Verhaltens sich in großem Maßstabe tiefenpsychologischen Wegen zuzuwenden.

Die Symbolmanipulatoren und ihre Forschungsberater haben ihre tiefenpsychologischen Meinungen über uns als gelehrige Schüler von Psychiatern und Sozialwissenschaftlern (besonders Psychologen und Soziologen) entwickelt, die sich entweder als erfahrene Berater verdingt oder ihre eigenen Forschungsfirmen aufgemacht haben. Die Zeiten sind dahin, als diese Gelehrten sich darauf beschränkten, Manisch-Depressive zu klassifizieren, indem sie diese runde Stöpsel in runde Löcher einpassen ließen, oder die handwerkliche Kunst und die Hochzeitsbräuche der Eingeborenen der Salomon-Inseln studierten. Diese neuen Fachleute mit einer Schulung von unterschiedlicher Gründlichkeit bezeichnen sich gewöhnlich als »Motivanalytiker« oder »Motivforscher«. Der Leiter einer Chicagoer Forschungsfirma, die psychoanalytisch ausgerichtete Untersuchungen für den Handel durchführt, Louis Cheskin, faßt sein Tun in die biederen Sätze zusammen:

»Die Motivforschung sucht zu ermitteln, wovon die Leute sich beim Auswählen leiten lassen. Sie benutzt spezielle Techniken, um das Unbewußte oder das Unterbewußte zu erreichen, weil Vorlieben hauptsächlich durch Faktoren bestimmt werden, deren der einzelne sich nicht bewußt ist ... Beim Kaufvorgang ist es tatsächlich so, daß der Verbraucher vor allem gefühlsmäßig und zwangsläufig handelt, unbewußt auf im Unterbewußtsein mit dem Produkt verknüpfte Bilder oder Zeichen reagierend.« Viele führende Verbrauchsgüterproduzenten Amerikas zählen zu Mr. Cheskins Klienten.

Diese Motivanalytiker kneten gemeinsam mit den Symbolmanipulatoren einen Teig aus Tiefenpsychologie und dem Verkauf von Vorstellungen und Erzeugnissen. Sie lernen zum Beispiel, uns beträchtlich mehr anzubieten als den Gegenstand, um den es tatsächlich geht. Ein Werbeleiter aus Milwaukee äußerte sich zu Kollegen in gedruckter Form über die Tatsache, daß Frauen zwar zweieinhalb Dollar für Hautcreme zahlen, aber nie mehr als fünfundzwanzig Cent für ein Stück Seife. Warum? Seife, so erläuterte er, verspricht nur, sie sauber zu machen. Die Creme verspricht, sie schön zu machen. (Schon versprechen die Seifen sowohl Sauberkeit als auch Schönheit.) Er fügt hinzu: »Die Frauen kaufen ein Versprechen.« Und weiter: »Die Schönheitsmittelfabrikanten verkaufen nicht Lanolin, sie verkaufen Hoffnung ... Wir kaufen nicht mehr Apfelsinen, wir kaufen Lebenskraft. Wir kaufen nicht bloß ein Auto, wir kaufen Ansehen.«

In dieser Untersuchung erwähne ich die Kaufleute häufiger als andere Kategorien von Verführern, weil sie mehr Dollarmilliarden unmittelbar im Einsatz und damit als Schrittmacher dem tiefenpsychologischen Weg mehr Nachdruck verliehen haben. Aber die anderen – einschließlich Publizisten, Spendensammler, Politiker und Personalberater der Industrie – kommen auf dem Gebiet rasch nach, und wer sonst noch irgend etwas voranbringen will, wird wahrscheinlich folgen.

Da wir uns hier mit jener Sorte von Meinungsknetern befassen, die in der Fachwelt als »Tiefen-Heinis« bekannt sind, ist ein Großteil des Buches der Beschreibung ihres unterirdischen Wirkens gewidmet. Deshalb möchte ich ausdrücklich klar herausstellen: Sehr viele Werbefachleute, Publizisten, Spendensammler, Personalberater und politische Führer – zahlenmäßig überwiegen sie tatsächlich – leisten nach wie vor ehrliche Arbeit und sehen uns (ob wir es sind oder nicht) als vernünftige Bürger an. Sie füllen in unserer Gesellschaft eine wichtige und aufbauende Funktion aus. Die Werbung spielt zum Beispiel eine lebenswichtige Rolle nicht nur für die Entfaltung unseres wirtschaftlichen Wachstums, sondern sie ist eine farbenreiche, unterhaltsame Seite des amerikanischen Lebens, und viele Schöpfungen der Werbefachleute sind geschmackvolle, ehrliche, künstlerische Arbeiten.

Was die neuen »Tiefenarbeiter« angeht, versuchen manche von ihnen mit gutem Grund ihre Geschäfte in der Stille zu betreiben. Bei dem Versuch, Direktinformationen von Gesellschaften zu erhalten, die sich bekanntermaßen weit in tiefenpsychologische Experimente eingelassen hatten, stieß ich häufig gegen eine undurchdringliche Mauer. In zwei Fällen, in denen Angestellte derartiger Gesellschaften offen zu mir gewesen waren, riefen sie mich später an und beteuerten, sie hätten auf eigene Faust geredet. Sie baten mich, weder ihren Namen noch den ihrer Firma oder deren Erzeugnisse zu nennen, und ich habe ihren Bitten um Anonymität entsprochen. Andere, vor allem von den Forschungsorganisationen, sprachen so offen und eingehend über ihre Arbeitsergebnisse und über ihre Verfahrensweisen, daß ich, ihre Offenheit bewundernd, mich zuweilen fragte, ob sie für gewisse unmenschliche Folgerungen ihres Tuns unempfindlich geworden seien. Manche standen mir mit Erläuterungen und beachtlichem Material über Fälle so großzügig bei, daß es mir jetzt geradezu peinlich ist, nüchtern schwarz auf weiß einiges von dem, was sie mir erzählten, wiederzugeben. Dennoch werde ich es tun und hoffe, daß sie nicht allzusehr erzürnt sein werden. Zu meiner Rechtfertigung sollte ich vielleicht hinzufügen, daß die Fachblätter der Meinungsbildner gelegentlich Seelenforschungskommentare zu gewissen Manipulationspraktiken von Kollegen veröffentlichen.

Die Motivanalytiker und die Symbolmanipulatoren, die ihre Fähigkeiten koppeln und über Millionen Dollar verfügen, stellen ein faszinierendes und zuweilen beunruhigendes Gespann dar. Die Ergebnisse ihrer Manöver zeigen, daß es mit ihrer Unfehlbarkeit noch gute Weile hat. Viele geben unumwunden zu, daß ihre Techniken noch unvollkommen sind. Aber erschreckende Anfänge sind gemacht.

Diese tiefenpsychologischen Manipulatoren sind im Begriff, mit ihrem Wirken unter der Oberfläche des amerikanischen Lebens eine derartige Überzeugungsmacht zu erlangen, daß die Öffentlichkeit gut daran täte, sich mit dieser Angelegenheit zu befassen und sie aufmerksam zu beobachten.

Hoffentlich kann dieses Buch die Aufmerksamkeit der Öffentlichkeit wachrufen.

II

Der Verdruss mit den Leuten

»In den seltensten Fällen wissen die Leute wirklich, was sie wollen, selbst wenn sie sagen, sie wüßten es.«
Advertising Age

Die Neigung beim Marketing zum Weg über die Tiefenpsychologie war größtenteils durch die Schwierigkeiten ausgelöst worden, denen man bei dem Versuch begegnete, die Amerikaner zum Kauf aller Produkte zu überreden, die ihre Industrie herstellen konnte.

Eine besonders störende Schwierigkeit war die augenscheinliche Eigenwilligkeit und Unberechenbarkeit der voraussichtlichen Verbraucher. Wiederholt haben Marketer empfindliche Schlappen erlitten bei Werbefeldzügen, die nach allen Regeln der Logik erfolgreich hätten verlaufen müssen. Sie fühlten sich mit ihren konventionellen Methoden zur Einschätzung des Marktes zunehmend unbehaglich. Diese Methoden waren in Fachkreisen ganz allgemein als »Nasenzählen« bekannt. Statistikbeflissene Befrager bestimmten mittels Nasenzählen den Prozentsatz an verheirateten Frauen zwischen einundzwanzig und fünfunddreißig Jahren in Omaha (Nebraska), welche erklärten, sie hätten gern einen dreibeinigen Ofen und würden ihn kaufen, wenn er nicht mehr als 249 Dollar koste. Dieses Verfahren hatte, wie sich zeigte, insofern einen Pferdefuß, als man von dem, was die Leute den Befragern erzählen mochten, nur vage auf ihr tatsachliches Verhalten in einer Kaufsituation schließen konnte, wenn sie vor dem dreibeinigen Ofen oder was auch immer standen.

Hellhörige Marketer hegten allmählich Zweifel an drei Grundvoraussetzungen, von denen sie bei ihrem Bemühen ausgegangen waren, das vorhersagbare Verhalten von Menschen, besonders Verbrauchern, logisch zu ergründen.

Erstens, entschieden sie, darf man nicht annehmen, daß die Leute wissen, was sie wollen.

Ein großer Saucen-Hersteller erhielt ständig Beschwerden über seine Flasche, deshalb machte er eine Umfrage. Die meisten Befragten sagten, sie würden eine andere Flaschenform, welche die Firma in Betracht zog, vorziehen. Als dann die Firma die Kosten aufwandte, diese andere Flasche auf sogenannten Versuchsmärkten herauszubringen, wurde sie von der überwiegenden Mehrheit zugunsten der alten Flasche abgelehnt, auch von den Leuten, die ihr bei der Umfrage den Vorzug gegeben hatten. In einer Umfrage bei Biertrinkern brachten die Männer eine entschiedene Vorliebe für ein »leckeres trockenes Bier« zum Ausdruck. Befragt, was sie sich unter einem trockenen Bier vorstellten, gerieten sie in Verlegenheit. Diejenigen, denen überhaupt eine Antwort einfiel, äußerten sich weitgehend verschieden.

Zweitens, schlußfolgerten einige Marketer, darf man nicht unterstellen, daß einem die Leute hinsichtlich ihrer Wünsche und Abneigungen die Wahrheit sagen, sogar wenn sie sie wissen. Wahrscheinlicher sei, daß man Antworten erhalte, die dem steten Bestreben der Befragten entsprechen, vor der Welt als wirklich verständige, gescheite, vernünftige Menschen zu erscheinen. Eine Betriebsberaterfirma kam zu dem Schluß, den Worten eines Verbrauchers in bezug auf seine Wünsche zu glauben, sei »für den Hersteller der unzuverlässigste Index hinsichtlich dessen, was er tun sollte, um Kunden zu gewinnen«.

Die Advertising Research Foundation tadelte Zeitschriften, weil sie Leute fragten, welche Magazine sie häufig lesen, und die erhaltenen Antworten naiverweise als gültig hinnähmen. Die Leute, behauptete sie, werden wahrscheinlich erklären, nur sehr angesehene, wertvolle Zeitschriften zu lesen. Ein Marktforscher meinte, wenn man die Antworten der Leute ernst nehmen wollte, wäre *Atlantic Monthly* die meistgelesene Zeitschrift Amerikas und einige der »Bekenntnis-Magazine« die am wenigsten gelesenen, während in Wirklichkeit die fraglichen Bekenntnis-Magazine wohl die zwanzigfache Leserschaft des *Atlantic Monthly* haben.

Eine zwei Sorten Bier herstellende Brauerei machte, um zu einer Richtschnur für den Vertrieb zu gelangen, eine Umfrage, welche Art von Leuten welche der beiden Sorten Bier tranken. Sie befragte Leute, von denen man wußte, daß sie die Biermarke an sich schätzten: »Trinken Sie das helle oder das gewöhnliche Bier?« Zum Erstaunen der Brauerei erklärten dreimal mehr Leute, sie tränken das helle Bier. In Wahrheit stieß die Brauerei seit Jahren, der Nachfrage entsprechend, neunmal soviel gewöhnliches Bier aus wie helles. Sie sah ein, daß mit der den Leuten vorgelegten Frage eigentlich gefragt worden war: Trinken Sie die von Kennern mit feinem Geschmack bevorzugte Sorte, oder trinken Sie bloß das gewöhnliche Zeug?

Nachdem es an der Verläßlichkeit von Publikumsäußerungen zu zweifeln begonnen hatte, führte das Farben-Forschungs-Institut ein Experiment durch. Man ließ Frauen, die auf den Beginn eines Vortrages warteten, die Wahl zwischen zwei Wartezimmern. Der eine Raum war zweckmäßig, modern und in zarten Farben gehalten. Er war wohlbedacht als Augenweide entworfen und sollte ein Gefühl der Entspannung vermitteln. Der andere war ein herkömmliches Zimmer mit Stilmöbeln, Orientteppichen und teuer aussehenden Tapeten.

Es stellte sich heraus, daß im Grunde genommen alle Frauen instinktiv in das moderne Schwedenzimmer gingen, um dort zu warten. Nur wenn dort jeder Stuhl besetzt war, wandten sich die Wartenden in das üppiger ausgestattete Zimmer. Nach dem Vortrag fragte man die Damen: »Welcher der beiden Räume gefällt Ihnen besser?« Sie betrachteten nachdenklich die beiden Zimmer, und dann sagten 84 Prozent, das Zimmer mit den Stilmöbeln sei hübscher.

In einem anderen Falle fragte das Institut eine Gruppe von Leuten, ob sie Darlehen bei Kundenkreditgesellschaften aufnähmen. Alle sagten nein. Einige sogar im Brustton der Entrüstung. In Wahrheit hatte man den ganzen Kreis der Befragten aus der Kundenkartei eines ortsansässigen Kreditunternehmens ausgesucht.

Psychologen der Werbeagentur McCann-Erickson fragten eine Repräsentativgruppe von Leuten, warum sie das Erzeugnis eines Kunden – Räucherheringe – nicht kauften. Der Hauptgrund, den die Leute bei direkter Befragung angaben, lautete: Räucherheringe schmeckten ihnen nicht. Beharrlicheres Befragen brachte die Tatsache zum Vorschein, daß 40 Prozent der Leute, die erklärt hatten, der Räuchergeschmack sage ihnen nicht zu, in ihrem ganzen Leben noch keine Räucherheringe gekostet hatten!

Schließlich, entschieden die Marketer, sei es gefährlich vorauszusetzen und darauf zu vertrauen, daß die Menschen sich vernunftgemäß verhalten.

Das Farben-Forschungs-Institut stieß auf einen vermeintlich erschreckenden Hang zur Unvernunft, als es Verpackungsentwürfe für ein neues Waschmittel testete. Man wollte feststellen, ob die Meinung einer Frau über ein bestimmtes Erzeugnis, mehr als ihr selber klar ist, durch die Verpackung beeinflußt wird. Das Institut gab den Hausfrauen drei verschiedene Pakete mit Waschpulver und bat sie, alle drei eine Zeitlang auszuprobieren und dann mitzuteilen, welches davon für empfindliche Wäsche das beste sei. Man erweckte bei den Frauen den Eindruck, als hätten sie drei verschiedene Sorten Waschpulver erhalten. In Wirklichkeit waren nur die Schachteln verschieden: das Waschmittel war in allen dasselbe.

Das eine Paket war vorwiegend gelb. Man hatte Gelb für den Test verwendet, weil einige Händler überzeugt waren, Gelb sei seines kräftigen visuellen Eindrucks wegen für Läden die beste Farbe. Die andere Schachtel war blau ohne jedes Gelb, die dritte blau mit gelben Farbtupfen.

In ihren Berichten behaupteten die Hausfrauen, daß das Waschmittel in der leuchtend gelben Schachtel zu scharf war; angeblich hatte es in einigen Fällen sogar Wäsche verdorben. Bei dem Waschmittel in der vorwiegend blauen Packung beanstandeten die Frauen in vielen Fällen, die Wäsche sei nach der Behandlung nicht schön klar gewesen. Die dritte Schachtel mit dem nach Ansicht des Instituts farblich ideal ausgewogenen Verpackungsentwurf wurde ganz überwiegend günstig beurteilt. Um die Wirkung des Waschmittels aus dieser Schachtel zu beschreiben, griffen die Frauen zu Ausdrücken wie »schön« und »wunderbar«.

Ein Warenhaus, dem Zweifel an der Vernünftigkeit seiner Kunden gekommen waren, unternahm folgendes Experiment. Einer der am schlechtesten gehenden Artikel war mit vierzehn Cent ausgezeichnet. Man änderte den Preis in: zwei Stück für neunundzwanzig Cent. Als der betreffende Artikel zu diesem »Vorzugspreis« angeboten wurde, stieg der Umsatz prompt um 30 Prozent.

Einer der kostspieligsten Irrtümer in der Geschichte des Verkaufswesens war die Annahme der Chrysler Corporation, daß die Leute sich beim Autokauf von vernunftgemäßen Überlegungen leiten lassen. Auf Grund unmittelbarer Verbraucherumfragen und Überlegungen der ungewöhnlich einsichtigen und technikbeflissenen Direktion kam die Gesellschaft Anfang der fünfziger Jahre zu der Auffassung, die Leute wünschten einen zeitgemäßen Wagen, einen Wagen ohne viel Drum und Dran, robust und leicht zu parken. Nachdem Straßen und Parkplätze zunehmend mit Wagen verstopft wurden, schien offensichtlich die Zeit für einen raumsparenden Wagen mit kürzerem Radstand gekommen zu sein.

1953 fragte *Tide*, ein führendes Fachblatt für Marketingfragen: »Ist dies das Ende des großen, dicken Wagens?« und berichtete von Chryslers Ansicht, wonach dies der Fall sei, und daß die geplante Stilrevolution sich auf alle Wagenmarken der Firma erstrecken werde. Der Direktor für Formgestaltung wurde wörtlich zitiert: »Die Leute wollen nicht mehr einen großen, dicken Wagen kaufen. Das Publikum will einen schlanken Wagen.« Der Artikel erwähnte auch, daß Chrysler kürzlich an seine Aktionäre eine Broschüre »Führung im Fahrzeugbau« versandt habe, ein Gebiet, auf dem das Unternehmen sich seiner Spitzenstellung bewußt sei.

Was geschah? Chryslers Anteil am Automarkt fiel von 26 Prozent im Jahre 1952 auf etwa 13 Prozent im Jahre 1954. Die Gesellschaft war verzweifelt. Sie befaßte sich eingehender mit dem, was den Autoverkauf beeinflußt, und überprüfte ihre Formgestaltung von Grund auf. Über das Ergebnis berichtet zwei Jahre später ein weiterer *Tide*-Artikel:

Chrysler, mit dem es 1954 bergab ging, erlebt ein Comeback auf dem Automarkt. Das ganze Unternehmen krankte am meisten an der Formgestaltung ... Ein Blick auf die diesjährigen Modelle sagt alles. Die Leute wollen heutzutage lange, niedrige Wagen. Deshalb sind einige der neuen Chrysler-Wagen bis zu 16 Zoll länger und 3 Zoll niedriger. Der längste Wagen in der unteren Preisklasse ist jetzt der Plymouth. Der Dodge ist der erste Wagen mit dreifarbiger Karosserie.

Das (für Chrysler) erfreuliche Ergebnis war, daß sein Marktanteil im Jahre 1955 wieder ganz erheblich in die Höhe schnellte. *Tide* nannte das eine der bemerkenswertesten Kehrtwendungen in der Geschichte des Verkaufswesens.

Ein erstklassiges Beispiel für zumindest scheinbar vernunftwidriges Verhalten bieten unsere Zahnputzgewohnheiten. Fragt man die Leute, warum sie sich die Zähne putzen, so werden einem die meisten erzählen, sie täten es in der Hauptsache, um die Speisereste aus den Spalten zwischen den Zähnen zu entfernen und dadurch die Fäulnisbakterien zu bekämpfen. Jahrelang nahmen die Zahnpastahersteller diese Erklärung für bare Münze und stellten ihre Verkaufskampagnen darauf ab. Werbefachleute, die eine Untersuchung über unsere Zahnpflegegewohnheiten durchführten, stießen jedoch auf ein Rätsel. Sie fanden heraus, daß die meisten Leute sich nur einmal am Tag die Zähne putzen, und zwar im, vom Standpunkt der Zahnhygiene aus gesehen, unwirksamsten Moment der ganzen vierundzwanzig Stunden. Nämlich am Morgen, kurz vor dem Frühstück, nachdem die Fäulnisbakterien die ganze Nacht Zeit gehabt haben, in den vom Abendessen an den Zähnen zurückgebliebenen Speiseresten zu arbeiten – und kurz bevor das Einnehmen des Frühstücks einen neuen Bakterienschwarm hineinbringt.

Eine Werbeagentur, die über dieses anscheinend vernunftwidrige Verhalten sich den Kopf zerbrach, untersuchte die Gründe, warum wir uns die Zähne putzen, nun eingehender und kam zu dem Ergebnis, daß unterschiedliche, auf unserer Persönlichkeit beruhende Gründe uns dazu veranlassen. Manche Leute, besonders Hypochonder, sind wirklich wegen der Bakterien besorgt und vom Hinweis auf die Gefahr der »Zahnfäule« beeindruckt. (Die in den letzten Jahren für alle diese fabelhaften fäulnisbekämpfenden Zahnpasten gerührte Reklametrommel hat ein Anschwellen dieser Gruppe bewirkt.) Eine andere Gruppe, meist extrovertierte Typen, putzt die Zähne in der Hoffnung, daß sie dadurch weiß und schimmernd werden. Aber die Mehrheit der Leute putzt die Zähne hauptsächlich aus einem Grunde, der mit Zahnhygiene oder überhaupt mit den Zähnen wenig zu tun hat. Sie benutzen Bürste und Zahnpasta, um ihren Mund gründlich zu säubern und damit den üblen Geschmack loszuwerden, der sich über Nacht angesammelt hat. Kurzum, sie streben nach einer Geschmacksempfindung als Teil ihres Rituals, den Tag erfrischt zu beginnen. Zumindest zwei der großen Zahnpastafirmen fingen 1955 und 1956 an, diesen Anreiz stark herauszustellen. Eine versprach »sauberen Mundgeschmack«, und die andere verkündete, daß ihre Pasta »den Atem reinigt und die Zähne schützt«. (Unlängst wechselte eine dieser Firmen ihre Werbeagentur, wie das häufig vorkommt, und der neue Mentor appellierte an das Extrovertierte in uns mit der Schlagzeile: »Sie werden staunen, wie der gelbe Zahnbelag verschwindet ...« Der Erfolg soll gut sein, was nur beweist, daß es stets mehr als einen Weg gibt, den Verbraucher einzufangen.)

Die Zeitschrift *Business Week* schrieb in einer Stellungnahme zu dem oft vernunftwidrig scheinenden Verbraucherverhalten: »Die Leute scheinen nicht vernunftbegabt zu sein«, stellte jedoch weiterhin fest: »Aber sie handeln mit Bedacht. Ihr Verhalten bekommt einen Sinn, wenn man es im Hinblick auf seinen Zweck, auf die Bedürfnisse der Leute und ihre Motive betrachtet. Darin liegt wohl das Geheimnis der Menschenkenntnis und Menschenbehandlung.«

Eine andere Seite des menschlichen Verhaltens, die den Verkaufsspezialisten Verdruß schafft, ist, daß die Leute sich zu leicht mit dem zufrieden geben, was sie bereits haben. Die meisten Betriebe verfügen über immer größer werdende Läger voller Konsumgüter, die auf Absatz warten.

Um die Mitte der fünfziger Jahre erreichte die amerikanische Konsumgüterproduktion einen märchenhaften Ausstoß, und mit Hilfe der Automation verspricht er immer märchenhafter zu werden. Seit 1940 hat sich das Bruttosozialprodukt um mehr als 400 Prozent erhöht, und die Produktivität je Arbeitsstunde verdoppelte sich etwa alle fünfundzwanzig Jahre.

Einmal konnte man dieses reiche, üppige Leben, zu dem die Menschen gelangten, mit begeisterten Augen betrachten, weil jeder sich eines ständig steigenden Lebensstandards erfreuen konnte. Diese Ansicht wurde propagandistisch weidlich ausgeschlachtet. Man konnte es aber auch anders sehen: daß wir nämlich zum Besten unserer Wirtschaft, ob wir wollen oder nicht, mehr und mehr verbrauchen müssen.

Ende 1955 äußerte sich das Kirchenblatt *Christianity and Crisis* grimmig über »Amerikas immer mehr sich ausweitende Wirtschaft«. Die Amerikaner unterlägen dem Zwang, »zu konsumieren, zu konsumieren und zu konsumieren, ob wir nun die Erzeugnisse, die uns beinahe aufgezwungen werden, wünschen, geschweige denn benötigen, oder nicht«. Das Blatt fügte hinzu, die Dynamik eines immer mehr sich ausweitenden Systems erfordere geradezu, daß wir »zum Verbrauch verführt werden, um den Notwendigkeiten des Produktionsprozesses zu entsprechen«.

Mit wachsender Produktivität und zunehmendem Wohlstand hat der Durchschnittsamerikaner fünfmal soviel Dollar zur freien Verfügung wie 1940. (Das ist das Geld, das übrigbleibt, nachdem die grundlegenden, dringenden Bedürfnisse befriedigt worden sind.) Aber frei verfügbare Dollar bedeuten auch sparfähige Dollar – wir können zögern, sie auszugeben, wenn wir bereits mit dem, was wir haben, zufrieden sind. Die Gefahr, welche die vielen frei verfügbaren Dollar in unseren Taschen darstellen, hat ein leitender Mann des Verlages McGraw-Hill in der Ausgabe des *Advertising Age* vom 24. Oktober 1955 recht beredt zusammengefaßt. Er erklärte:

Wir sind als Volk bereits so reich, daß der Verbraucher nicht unter dem Druck unmittelbarer Notwendigkeit steht, einen sehr großen Teil – vielleicht sogar 40 Prozent – dessen zu kaufen, was produziert wird; und in den kommenden Jahren wird dieser Druck zunehmend geringer werden. Wenn aber die Verbraucher sich dafür entscheiden, auf die Abnahme eines großen Teils der Produktion zu verzichten, liegt eine schwere Depression nicht mehr in weiter Ferne.

Die Ansicht, der sich alle Konsumgüterhersteller verschreiben, sobald sie sich einer drohenden Überproduktion gegenübersehen, sprach Senator Alexander Wiley, Wisconsin (mitunter »Käse-Senator« genannt), aus, und zwar in einer Weise, die nicht aus Wisconsin gebürtigen Leuten komisch erscheinen mag. Mitte der fünfziger Jahre, als Amerika hauptsächlich dank der großen Käseproduktion des Gebietes Wisconsin eine regelrechte Käseschwemme erlebte, so daß man Käse sogar in alten Schiffen aus dem zweiten Weltkrieg einlagerte, sagte er: »Unser Problem ist nicht, daß zuviel Käse erzeugt, sondern eher, daß zuwenig Käse verbraucht wird.«

Anfangs der fünfziger Jahre, mit ihrer auf vielen Gebieten drohenden Überproduktion, trat bei den Männern auf den Direktionssesseln ein grundlegender Meinungswandel ein. Die Produktion wurde nun eine verhältnismäßig zweitrangige Sache. Die herstellungsbeflissenen Geschäftsleitungen verwandelten sich in marktbeflissene. Der Präsident des Verkaufsleiter-Verbandes erklärte wörtlich: »Der Kapitalismus ist tot – es lebe der Konsumismus!«

Auf Vorstandssitzungen sprach man von »Absatzrevolution« und machte sich beträchtliches Kopfzerbrechen darüber, wie man die Kauflust des Verbrauchers am besten »anrege«, indem man bei den Leuten Wünsche wachrufe, von deren Existenz sie noch nichts ahnten. Ein Autofabrikant sprach von einer Steigerung seines Absatzes durch den Verkauf von Autos an die Leute, »die bisher noch nicht wissen, was sie brauchen«.

Diese als dringend empfundene Notwendigkeit, die Leute »anzuregen«, verlieh den berufsmäßigen Anregern und Überredungskünstlern der amerikanischen Industrie, insbesondere den kunstfertigen »Männern im grauen Flanell« aus New Yorks Madison Avenue, der sogenannten »Anzeigen-Allee«, neue Macht, neuen Ruhm und neuen Wohlstand. Im Jahre 1955 wurden in den Vereinigten Staaten neun Milliarden Dollar in das Reklamegeschäft hineingepumpt, eine Milliarde mehr als 1954 und drei Milliarden mehr als 1950. Für jeden Mann, jede Frau und jedes Kind in Amerika wurden im Jahre 1955 rund 53 Dollar ausgegeben, um ihn, sie oder es zu überreden, Industrieerzeugnisse zu kaufen. Einige Kosmetikfirmen begannen ein Viertel ihres Gesamtverkaufserlöses für Werbung und Absatzförderung auszugeben. Ein König der Kosmetikindustrie (wahrscheinlich hat man diesen Mann nur erfunden) soll gesagt haben: »Wir verkaufen keinen Lippenstift, wir kaufen Verbraucher.«

Ein großes und lästiges Hindernis erstand den »Anregern« aus der Tatsache, daß die meisten Amerikaner bereits völlig brauchbare Öfen, Autos, Fernsehgeräte, Kleidung usw. besaßen. Darauf zu warten, daß diese Erzeugnisse schrottreif würden, bevor man den Besitzer zu Ersatzanschaffungen drängte, war unerträglich. Die Werbefachleute sprachen mehr und mehr davon, daß es wünschenswert sei, eine »psychologische Schrottreife« zu schaffen.

Auf einer Konferenz von Gasgeräte-Herstellern wurden die Teilnehmer ermahnt, sich ein Beispiel an den Autofabrikanten zu nehmen, die es besser verstünden, psychologische Schrottreife zu schaffen. Man erinnerte daran, daß die Autohändler es darauf absehen, in jedem Menschen, der einen mehr als zwei oder drei Jahre alten Wagen fährt, ein Gefühl der Beschämung hervorzurufen. Der Direktor der American Color Trends sagte den Gasleuten unverblümt: »Meine Damen und Herren, Sie wissen und ich weiß, daß allzuviele Haushaltungsvorstände der Meinung sind, ›jedes Stück im Haushalt tut es noch, solange es überhaupt noch funktioniert‹.« Er schilderte die jüngsten Bestrebungen, die Farbe vieler Produkte zu ändern, und erklärte: »Alle diese Bestrebungen tragen entschieden Früchte für Sie und zeigen Ihnen, was Sie tun können, um das Veralten von Gasgeräten zu beschleunigen.«

Mitte der fünfziger Jahre wurden die Hersteller der verschiedensten Erzeugnisse von psychologischen Ratgebern gedrängt, »Händler in Unzufriedenheit« zu werden. Ein Werbeleiter erklärte voller Inbrunst: »Dieses Land verdankt seine Größe der Schaffung von Wünschen und Verlangen, der Schaffung von Unzufriedenheit mit dem Alten und Altmodischen.«

Ein drittes Hauptdilemma, das die Marketer nach wirkungsvolleren Mitteln der Überredung Ausschau zu halten zwang, war die mit zunehmender Standardisierung wachsende Gleichheit der Produkte. Allzuviele Leute erklärten befriedigt, die Benzinmarken seien »alle gleich« und gleich gut. Pierre Martineau, der Forschungsdirektor bei *The Chicago Tribune*, fragte eine Gruppe von Werbefachleuten freimütig: »Welcher Unterschied besteht wirklich zwischen den einzelnen Benzin-, Reifen-, Zigaretten-, Orangensaft-, Milch- und was sonst noch für Marken? ... Wovon soll die Werbung ausgehen, wenn die Unterschiede unerheblich werden oder verschwinden?«

Wie kann man mit einem Interessenten ein logisches Verkaufsgespräch führen, um ihn zu überreden, auf eine Marke zu schwören, wenn in Wahrheit die Marken hinsichtlich der Materialeigenschaften im wesentlichen gleich sind? Das war für die Werbefachleute ein echtes Dilemma. David Ogilvy, Chef einer Werbeagentur, äußerte sich über dieses Problem, indem er feststellte: »Ich staune, wie viele Werbefachleute, auch der jungen Generation, glauben, Frauen könnten durch Logik und Beweisgründe überredet werden, lieber die eine Marke statt einer anderen zu kaufen, selbst wenn die beiden betreffenden Marken praktisch gleich sind ... Je größer die Ähnlichkeit zwischen den Produkten, eine um so geringere Rolle spielt die Vernunft bei der Markenwahl. Zwischen den verschiedenen Whisky- oder den verschiedenen Zigaretten- und Biermarken besteht doch wirklich kein irgendwie bedeutender Unterschied. Sie sind alle ungefähr gleich. Und das sind backfertige Kuchenmehle, Waschmittel und Autos auch.« (Damit sollte natürlich nicht gesagt sein, daß *alle* Marken eines Produktes das gleiche sind. In manchen Hinsichten bestehen erhebliche Unterschiede. Und es stimmt auch, daß die meisten Firmen sich mächtig anstrengen, um Warenunterschiede herauszuarbeiten.)

Auf einer Jahrestagung von Werbeagenturleuten wurde der Ruf nach »begabteren Überredungskünstlern« laut, die sich diesem Problem der »rapide sich verringernden Produktionsunterschiede« gewachsen zeigen müßten.

Aus mehreren triftigen Gründen begaben sich daher die Marketer auf die Suche nach neuen und eindringlicheren Überredungstechniken, scharfsinnigerer Annäherung, besseren Angelhaken. Sie brauchten Kundenfang-Techniken, die drastisch waren und ihnen trotzdem keinen Ärger von seiten der Federal Trade Commission einbrachten, die übertriebene Behauptungen und Versprechungen, wie sie in früheren Jahren für manche Werbetexte charakteristisch gewesen waren, durchaus objektiv beurteilte und ablehnte.

Diese Jagd nach überzeugenderen Verkaufsmethoden hat ein Autohändler aus Atlanta, als er von seinem Problem sprach, Autos bei »flauer« Marktlage abzusetzen, sehr bildhaft in die Worte zusammengefaßt: »Wenn die Kauflust noch weiter nachläßt, werden wir dem Verbraucher eins über den Kopf geben und ihn den Kaufvertrag unterschreiben lassen müssen, solange er bewußtlos (unconscious) ist.«

Die Verwendung des Ausdrucks »unconscious« (der nicht nur »bewußtlos«, sondern auch »unbewußt« bedeuten kann) sollte sich, wie wir noch sehen werden, unbeabsichtigterweise als prophetisch erweisen.

III

Werbefachleute studieren Freud

»Auf seiner Jagd nach Mitteln, den Absatz hochzutreiben, ist der Geschäftsmann in eine fremde Wildnis geraten, die Welt des Unterbewußten.« – Wall Street Journal

Auf der Suche nach einer gründlicheren Stellungnahme gegenüber ihren Marketingproblemen stießen die amerikanischen Werbefachleute auf einige ernste Fragen. Sie machten sich Gedanken, warum in aller Welt der Verbraucher so handelt, wie er handelt. Warum kauft er oder weigert er sich, bestimmte Erzeugnisse zu kaufen? In dem Bemühen, eine Richtschnur zu bekommen, wandten sie sich an psychologische Berater und ertappten sich selbst bei dem Versuch, jene dunklen unbewußten oder unterbewußten Faktoren zu erkunden und zu erfassen, welche die Menschen leiten. Dabei waren sie nicht nur auf der Suche nach neuen Einsichten, sondern auch, um eine übliche Redensart zu gebrauchen, nach den »Drückern«, das heißt, dem Knopf, auf den man drücken muß, um eine Handlung auszulösen.

Die Drücker würde man brauchen, sobald die wahren Motivationen erst einmal erkannt waren. Was die Drücker anbelangte, konnte ihnen Clyde Millers Buch *The Process of Persuasion* eine Richtschnur geben, in dem dargelegt wird, daß geschickte Meinungsformer stets das Wort oder das Bild als Auslöser benutzen, um gewünschte Reaktionen hervorzurufen. Ist erst ein Reaktionsschema im Sinne der Meinungsforschung einmal festgelegt, dann kann man die Leute haufenweise überzeugen, weil wir alle, wie Professor Miller anführt, »Lebewesen mit bedingten Reflexen« sind. Seiner Ansicht nach liegt die Schwierigkeit aller Überredungsarbeit – ob man alkoholfreie Getränke verkaufen will oder eine politische Philosophie – darin, diese bedingten Reflexe hervorzurufen, indem man als Auslöser wirkende Wörter, Symbole oder Darstellungen aufblitzen läßt.

Ein Werbungs-Kolumnist, Charles M. Sievert von *New York World-Telegram and Sun,* erläuterte diese moderne Denkweise, als er berichtete, die Wirtschaft suche Wege, beim Verbraucher die *Vorbedingungen* für den Kauf zu schaffen, indem sie ihm die »story« des Produkts »ins Gehirn ätze«.

Die von der neuen Dimension ihrer Perspektive begeisterten Werbefachleute begannen über die verschiedenen Bewußtseinsebenen des Menschen zu reden. Von ihrem Blickwinkel aus gibt es drei für sie interessante Hauptebenen.

Die erste ist die bewußte, rationale Ebene, auf der die Leute wissen, was vor sich geht und imstande sind zu sagen, warum. Die zweite und tiefere Ebene heißt abwechselnd: vorbewußt oder unterbewußt. Sie umschließt jenen Bereich, in dem ein Mensch auf verschwommene Weise wissen mag, was innerhalb seines Fühlens, seiner Empfindungen und seiner Haltung vorgeht, aber nicht bereit wäre zu sagen, warum. Das ist die Ebene der Vorurteile, Annahmen, Ängste, Gefühlsaufwallungen und so weiter. Die dritte ist schließlich die Ebene, auf der wir uns unserer wahren Haltung und Gefühle nicht nur nicht bewußt sind, sondern auch, selbst wenn wir es könnten, nicht über sie sprechen würden. Die Erforschung unserer Haltung auf dieser zweiten und dritten Ebene in bezug auf industrielle Erzeugnisse wurde bekannt als die neue Wissenschaft der Motivanalyse oder Motivforschung (in den USA: Motivational Research, abgekürzt M. R.).

Als wirklich ernstzunehmende Bewegung faßte die Motivforschung erst Ende der vierziger und Anfang der fünfziger Jahre Fuß. Ihr eigentlicher Vorkämpfer – wenn es einen gibt – ist nicht bekannt; nichtsdestoweniger lagen zwei Männer in heftigem Wettstreit um den Titel »Vater« der Marktbeeinflussung über die Tiefenpsychologie: Ernest Dichter, Präsident des Institute for Motivational Research, Inc., und Louis Cheskin, Direktor des Color Research Institute of America. Beide behaupten heute, schon in den dreißiger Jahren tiefenpsychologische Untersuchungsmethoden für den Absatz vorgeschlagen zu haben.

Dr. Dichter sagt beispielsweise: »Es ist jetzt fast zwanzig Jahre her, daß ich erstmals die Wörter ›Motivforschung‹ und ›Tiefeninterview‹ benutzte. Ich konnte schwerlich ahnen, daß es Standardausdrücke werden und viele Leute derartige Forschungstechniken in Anspruch nehmen würden.« Mittlerweile teilt Mr. Cheskins Mitarbeiterstab auf Anfragen mit, daß Mr. Cheskin bereits seit 1935 (also vor zwanzig Jahren) Motivforschung betrieben hat, und in einem Projekt bucht sein Institut zehn verschiedene »Erst«-Leistungen auf sein Konto. Zum Beispiel wird behauptet, es habe als erste Organisation »psychoanalytische Techniken auf die Marktforschung angewendet«. Im Jahre 1948 veröffentlichte Mr. Cheskin einen Aufsatz in der *Harvard Business Review* unter dem Titel »Der indirekte Weg zu Marktreaktionen«, der zweifellos ein Marktstein in den Anfangsbemühungen der Bewegung um ihre Anerkennung ist.

Jedoch haben mindestens zehn Jahre vor dem Auftauchen dieser Motivforscher schon Werbeagenturen nach Blößen in der menschlichen Psyche gesucht. J. Walter Thompson zum Beispiel zog den angesehenen Verhaltens-Psychologen John B. Watson zu Rate. Ein anderer früher Wegbereiter der tiefenpsychologischen Marktbearbeitung war Professor Dale Hougthon von der Universität New York. In den dreißiger Jahren führte er eine bahnbrechende Untersuchung über achtzehn so verbreitete Plagegeister des Menschen durch, wie schmutzige Zähne, Verstopfung, Husten und Kopfweh, sowie darüber, in welchem Maße das Erwähnen dieser Plagegeister bei den Leuten die Bilder von zu ihrer Linderung bestimmten Erzeugnissen auftauchen ließ.

Als Massenbewegung jedoch ist die Motivforschung im Grunde eine Nachkriegserscheinung. Einer der ersten echten Meilensteine in gedruckter Form auf dem Wege der Motivforschung ist die April-Ausgabe 1950 des *Journal of Marketing*, einer Zeitschrift, die von der American Marketing Association herausgegeben wird. Sie enthielt vier große Artikel über tiefenpsychologische Marktbeeinflussung. Und ein paar Monate später brachte die Werbezeitschrift *Printer's Ink* James Vicarys Artikel: »Wie bei der Marktforschung psychologische Methoden angewendet werden können.«

Die Werbeagenturen betrieben Marktforschung weiterhin mit Hilfe des herkömmlichen Nasenzählens, begannen aber zunehmend die Möglichkeiten der Motivforschung zu erkunden. Einige hartköpfige Werbefachleute weigerten sich, mit Motivforschung etwas zu tun zu haben, und beharrten darauf, ihre Aufgabe wie bisher zu lösen, indem sie dem Publikum die »Vorteile der Erzeugnisse« darlegten. Als ein Prediger der Motivforschung auf einem Treffen der Werbefachleute von Philadelphia sprach, warnte er: »Einige von Ihnen werden sich mächtig umstellen müssen, weil ich Ihrer Vorstellung, daß alle Handlungen von Logik und Zweck bestimmt werden, buchstäblich den Boden unter den Füßen wegziehe.«

Der Forschungsdirektor einer großen Werbeagentur, ein wacher, handfester

Mann, erklärte mir, wie er frühzeitig ein begeisterter Anhänger des tiefenpsychologischen Weges geworden war. Ich frage ihn, ob irgend etwas in seiner persönlichen Herkunft sein frühes Interesse an der Psychologie begründet habe. Er erwähnte, daß seine Mutter Psychoanalytikerin war und daß er selber einmal in einer Anstalt für Geisteskranke als Gehilfe gearbeitet habe!

Schon 1951 mahnte Dr. Dichter die Werbeagenturen, sich als das zu erkennen, was sie tatsächlich seien – »eines der fortschrittlichsten Laboratorien für Psychologie«. Die erfolgreiche Werbeagentur, sagte er, »handhabt Motive und Wünsche der Menschen und entwickelt ein Bedürfnis nach Gütern, die dem Publikum bis dahin ungewohnt gewesen sind – die zu kaufen ihm vielleicht sogar unerwünscht war«. Ein Jahr darauf brachte *Advertising Age* die Behauptung eines Werbefachmanns, die Psychologie sei nicht nur der Schlüssel zum Verständnis der Menschen, sondern »letzten Endes auch zur Kontrolle ihres Verhaltens«.

Bei all diesem Nutzen, der im Manipulieren des Unterbewußten steckt, nahm das alte Schlagwort »Käufer, sei auf der Hut!« nach und nach eine neue und tiefere Bedeutung an.

Vier der angesehensten Zeitschriften, die von Werbefachleuten und Verkaufsspezialisten gelesen werden *(Advertising Age, Printer's Ink, Tide, Business Week)*, begannen der Motivforschung in ihren Spalten größere Beachtung zu widmen. (Zwischen 1943 und 1954 hat *Printer's Ink* sechsunddreißig Beiträge über Motivforschung gebracht.) Einige der ständigen Mitarbeiter von *Advertising Age*, die zur sogenannten »alten Schule« gehörten, verfielen gelegentlich sogar selber in die neue Tiefenterminologie. James Woolf gab zum Beispiel zu: »Ich stimme zwar nicht in allen Punkten mit dem überein, was Dave Ogilvy (über Marken-Bilder) gesagt hat, glaube aber, daß der Imago-Begriff einer der wichtigsten ist. Wie ich das Publikum über meine Firma und meine Marke, vielleicht unterbewußt, empfinden lassen möchte, ist eine Frage, die jeder Werbungtreibende sorgfältig prüfen sollte.«

Business Week veröffentlichte im August 1954 eine dreiteilige Artikelfolge über Motivforschung, die dann als Broschüre mit dem Titel »*Business-Week*-Berichte für Führungskräfte über die neue Wissenschaft der Motivforschung« erschien. *Sales Management* brachte Anfang 1955 einen Beitrag in zwei Folgen von Dr. Dichter über das Thema »Aus welchen *wirklichen* Gründen kaufen heutzutage die Leute?«. Und falls noch irgendein Zweifel bestand, daß der Motivforschung endlich Anerkennung zuteil wurde, so wurde er zerstreut, als im Juni 1956 das außerordentlich angesehene intellektuelle Wirtschaftsblatt *Fortune* der Motivforschung einen Leitartikel widmete, worin diese in vorwiegend anerkennenden Ausdrücken geschildert und gelobt wurde.

Als in den Jahren 1953 und 1954 Aufregung und Anteilnahme hinsichtlich der Motivforschung ihren Höhepunkt erreichten, ernannte die Non-profit Advertising Research Foundation einen Sonderausschuß für Motivforschung unter dem Vorsitz von Dr. Wallace Wulfeck, einem Psychologen und wissenschaftlichen Mitarbeiter einer Werbeagentur. Der Ausschuß gab eine Serie von Veröffentlichungen heraus, die den Werbefachleuten als Führer durch die fremdartige Wildnis dienen sollten, in welche sie hineingeraten waren. Zum Beispiel: Eine Bibliographie der Bücher und Artikel, aus denen sie sich kurzgefaßt informieren konnten, so daß sie imstande waren, mit besserer Kenntnis über den Gegenstand zu sprechen.

Ein Büchlein *Die Fachsprache der dynamischen Psychologie auf dem Gebiete der Motivforschung.* Damit besaßen die Werbefachleute einen handlichen kleinen Sprachführer für die zungenbrecherischen Wörter, mit denen die neue Wissenschaft arbeitete, wie Autismus, Katharsis, Kompensation, Konfabulation.

Ein *Verzeichnis der Organisationen, die Motivforschung betreiben.* Dieses Handbuch zählte zweiundachtzig Gesellschaften oder Leute in den Vereinigten Staaten auf, welche behaupteten, für tiefenpsychologische Untersuchungen für Kunden qualifiziert zu sein. Preis des kleinen Handbuches: $ 25.

Ein umfängliches Buch *Motivforschung in Werbung und Absatzvorbereitung,* herausgegeben von der Stiftung und verfaßt von George Horsley Smith, einem Psychologen der Rutgers-Universität. Der knallige Klappentext versprach, es werde »für jeden interessant sein, der etwas über die neuesten Forschungstechniken zur praktischen Annäherung an die subtileren Seiten menschlicher Motivation wissen oder sie benutzen möchte.« Ein Verzeichnis der *Sozialwissenschaftler, die sich mit Motivforschung befassen.* Es enthielt die Namen von mehr als 150, meist an Colleges tätigen »Sozialwissenschaftlern« sowie nähere Angaben zur Person. Preis des Verzeichnisses: $ 25.

Diese Rekrutierung von »Bärtigen« – wie die Werbefachleute manchmal die Akademiker nennen – war für alle ernsthaften tiefenpsychologischen Untersuchungen wesentlich. Herkömmlicherweise hatten sich Amerikas Sozialwissenschaftler mit mehr esoterischen oder klinischen Dingen befaßt. Als nun die Notwendigkeit, Waren im Werte von Milliarden Dollar zu verkaufen, dringlich wurde, wandte man sich an sie, und in steigender Zahl schlossen sie ein bedenkliches Bündnis mit den Kaufleuten. In seinem Buch über Motivforschung empfahl Dr. Smith den Werbefachleuten Behutsamkeit im Umgang mit den Männern von den Universitäten. Manche seien vielleicht unpraktisch oder naiv in geschäftlichen Dingen und hätten möglicherweise übertriebene Vorstellungen von dem Grad der für eine einfache kleine Marktuntersuchung erforderlichen Exaktheit, andere wiederum würden vielleicht ihren wissenschaftlichen Idealen restlos den Laufpaß geben, um auf Fragen auf Anhieb eine Antwort bei der Hand zu haben.

Zum Glück für die Werbefachleute hat sich der Bestand an Sozialwissenschaftlern, auf die man zurückgreifen kann, im Laufe des letzten Jahrzehnts reichlich vervielfacht. Es gibt jetzt beispielsweise mindestens siebentausend anerkannte Psychologen. Zuerst war es für die Werbefachleute recht schwierig, die verschiedenen Arten von Sozialwissenschaftlern genau auseinanderzuhalten. Sie wurden dahingehend belehrt, daß Soziologen und Anthropologen sich mit Menschengruppen befassen, während Psychologen und Psychiater sich in der Hauptsache dem widmen, was in der Seele des Individuums vorgeht.

Als die Rekrutierung Schwung bekam, verlegten sich Hunderte von Sozialwissenschaftlern auf die Anfertigung von Tiefenstudien für die Absatzspezialisten. Um 1955 beschäftigte, wie aus einem Bericht hervorgeht, zum Beispiel die Werbeagentur McCann-Erickson, New York, fünf Psychologen in einer Sonderabteilung Motivation. Die Zeitschrift *The Reporter* brachte einen Artikel über Werbeagenturen, in dem es hieß, daß viele, wenn nicht die meisten Agenturen Fachleute für Motivforschung eingestellt hätten. Es hieß weiter: »Agenturen, die keine festangestellten ›Kopfmasseure‹ haben, beeilen sich, unabhängige, von Psychologen betriebene Firmen in Anspruch zu nehmen...« Und ein Werbeleiter in Rochester schrieb in einem Fachblatt: »Die Sozialwissenschaften sind für die amerikanische Wirtschaft heute so gut wie bares Geld.« Die Reihe der »Sozialwissenschaftler«, welche sich die neue Goldgrube zunutze machten, reichte nach den Worten eines maßgebenden Mannes der Advertising Research Foundation von den »Mäntelchen-nach-dem-Winde«-Forschern bis zu den sehr ernsthaften, fähigen Sozialwissenschaftlern, darunter einige der angesehensten von ganz Amerika. Zu ihnen gehörte Burleigh Gardner, Sozialanthropologe von Harvard und der Universität Chicago und Verfasser des Werkes *Human Relations in Industry*. Er errichtete seine eigene Beratungsgesellschaft, die Social Research, Inc., und hielt 1953 vor der American Marketing Association einen Vortrag über die Benutzung sozialer Stereotypen bei der Werbestrategie.

Ein hervorragender amerikanischer Psychologe, Gardner Murphy (Forschungsdirektor der Menninger Foundation), sprach im gleichen Jahr vor dem Mitarbeiterstab einer Chicagoer Werbeagentur über das Thema: »Werbung auf der Grundlage menschlicher Bedürfnisse und Verhaltensweisen.« Ein Jahr darauf veranstaltete diese Agentur eine sogar noch ungewöhnlichere Konferenz. Sie mietete eine Zimmerflucht im Chicagoer Drake-Hotel, stellte Fernsehgeräte darin auf und holte dann acht Sozialwissenschaftler aus Chicago und Umgebung heran, die mit den Männern der Agentur einen ganzen Tag lang (von 9 bis 22.30 Uhr) Fernseh-Werbesendungen ansahen und dazu Erläuterungen gaben; die letzteren lenkten ihrerseits das Gespräch auf »für Werbefachleute besonders interessante« Gebiete. Die Mahlzeiten wurden in den Zimmern serviert. (Die Sachverständigen setzten sich zusammen aus zwei Psychoanalytikern, einem Kulturanthropologen, einem Sozialpsychologen, zwei Soziologen und zwei Professoren der Sozialwissenschaft.)

Die Analyse, welche diese Fachleute von dem phantastischen Erfolg Arthur Godfreys, dem damaligen Television-Abgott der Hausfrauen, gaben, war besonders interessant. Hier folgen die Kernpunkte ihrer Schlußfolgerungen:

»Psychologisch erzeugt Mr. Godfreys Morgenprogramm eine Illusion über die Struktur der Familie. Konflikte und verwickelte Situationen des Familienlebens kommen nicht vor; übriggeblieben ist eine freundliche, gemütliche Familienszene – mit einer wichtigen Auslassung: Die Godfrey-Familie hat keine Mutter. Das gibt der zuschauenden Hausfrau Gelegenheit, jene Rolle auszufüllen. In ihrer Phantasie betritt Godfrey ihr Heim als zusätzliches Mitglied ihrer Familie, oder sie bildet sich ein, ein besonders eingeladenes Mitglied seiner Familie zu sein...« (Das war vor den aufsehenerregenden Zerwürfnissen, zu denen es in Mr. Godfreys glücklicher kleiner Fernsehfamilie hinter den Kulissen kam.)

Ehe wir zu einzelnen Fällen übergehen, könnten wir, vielleicht eine Pause einschalten und einige Hauptfiguren in dieser neuen Welt der Tiefenforschung etwas näher betrachten.

Der berühmteste dieser Tiefenanalytiker ist gewiß Ernest Dichter, Dr. phil. und Direktor des Instituts für Motivforschung (Institute for Motivational Research). Manchmal wird er als »Mr. Massenmotivation persönlich« bezeichnet. Dr. Dichter ist ein flotter Mann, trägt eine Schleife und eine Hornbrille, ist füllig und kahlköpfig. Sein übliches Beratungshonorar beträgt 500 Dollar täglich. Für diese 500 Dollar darf der Klient einen Sturzbach eindrucksvoller Anregungen erwarten.

Sein Hauptquartier, das nur auf einem holprigen, sich schlängelnden Weg zu erreichen ist, liegt in der Nähe von Croton-on-the-Hudson oben auf einem Berg mit dem Blick über den Hudson. Es ist ein aus Feldsteinen errichtetes Herrenhaus mit dreißig Räumen, wo man darauf gefaßt sein darf, Kinder vor Fernsehschirmen anzutreffen. Der Fernsehraum hat Wandschirme, hinter denen manchmal Beobachter ungesehen hocken; unauffällig angebrachte Tonbandgeräte nehmen die begeisterten oder spöttischen Kommentare der Kinder auf.

Dr. Dichter hat ein »Psycho-Panel« von mehreren hundert Familien aus der Umgebung; der Gefühls-Habitus ihrer Mitglieder ist sorgfältig karteimäßig erfaßt. Das Institut weiß genau, wie selbstsicher, ehrgeizig, realistisch oder neurotisch jedes Mitglied ist. Auf diese Weise kann das Institut durch Ausprobieren unterschiedlich kunstvoller werblicher Anziehungskräfte an diesen Versuchspersonen zweckentsprechend sagen, wie die Reaktion auf ein Produkt sein wird, das, sagen wir, für den Hypochonder oder für den Parvenü bestimmt ist. Das Institut gibt ein monatliches Nachrichtenmagazin, *Motivations*, heraus, das die Marktspezialisten für 100 Dollar im Jahr beziehen können. Die Honorare für Untersuchungen reichen von ein paar hundert Dollar für einen einfachen Verpackungstest bis zu 25 000 Dollar für eine wirklich gründliche Vertiefung in ein Verkaufsproblem. Das Bruttoeinkommen des Instituts belief sich einem Bericht zufolge im Jahre 1955 auf etwa 750 000 Dollar.

Dr. Dichter ist in Wien geboren, wo er als Laie Erfahrungen auf dem Gebiet der Analyse sammelte. Einer meiner Freunde unter den Marketern erinnert sich noch lebhaft, wie Dr. Dichter vor mehr als zehn Jahren, als er erst gebrochen Englisch sprach, seine revolutionäre Auffassung über Absatzprobleme auseinandersetzte. Damals veranschaulichte Dr. Dichter dem Schuhhandel seine auf der Tiefenpsychologie fußenden Verkaufstheorien mit der Feststellung: »Verkaufen Sie an Frauen nicht Schuhe – verkaufen Sie hübsche Füße!« 1946 gründete er in den Vereinigten Staaten sein Unternehmen zur Durchführung von Untersuchungen, und bis 1956 hatte er annähernd fünfhundert solcher Untersuchungen durchgeführt. Sein Mitarbeiterstab umfaßt mehr als fünfundzwanzig festangestellte Spezialisten, darunter Psychologen, Soziologen und Anthropologen. Zu seinen Klienten gehören und gehörten Firmen von Rang und Namen, wie General Foods, General Mills, Lever Brothers, American Airlines, Carnation Company. Einige der großen Werbeagenturen wie Young & Rubicam haben das Institut gelegentlich zu Rate gezogen, und viele Werbemittler, besonders außerhalb New Yorks, haben mit Dr. Dichters Institut einen Jahresvertrag.

Dr. Dichter betont geradezu heftig den Gefühlsfaktor beim Verkaufen. Er behauptet, jedes Produkt müsse nicht allein gut sein, sondern auch unsere »tief in den psychologischen Schlupfwinkeln des Innern« schlummernden Gefühle ansprechen. Er erklärt den Gesellschaften, sie müßten Gefühlssicherheit verkaufen oder untergehen, und behauptet, ein Hauptproblem für jeden, der etwas kaufen will, bestehe darin, den psychologischen Angelhaken zu entdecken.

Ebenso hervorragend, wenn nicht berühmt auf dem Felde der tiefenpsychologischen Untersuchung ist Burleigh Gardner von Social Research, ein Gelehrter, ein Mann mit dichtem Haarschopf, bedächtig sprechend und von liebenswürdigem Wesen. Er behauptet, die Kenntnis der Struktur (sowie der psychologischen Beschaffenheit) der Klassen sei die Grundlage eines gesunden Handels. Mehr als 60 Prozent seiner Firmenarbeit bestehen in Untersuchungen über Verbrauchermotivation, und sein Mitarbeiterstab umfaßt mehr als ein Dutzend Fachleute der verschiedenen Disziplinen. Zu seinen bekannten Klienten gehörten General Electric, General Mills, Jewel Tea Company, United Air Lines und *The Chicago Tribune*.

Seine Beziehungen zur *Tribune* haben sich zu einer Art Bündnis verdichtet. Einige seiner gepriesensten Untersuchungen machte er für *Tribune*, deren Forschungsdirektor Pierre Martineau neben Ernest Dichter wohl der begeistertste Apostel der Motivforschung in Amerika ist. Martineau gibt im Durchschnitt 100 000 Dollar jährlich für soziologische und psychologische Verbraucherstudien aus.

Mr. Martineau war von den Möglichkeiten der Tiefenpsychologie derart durchdrungen, daß er, obwohl bereits ein Mann in mittleren Jahren, noch einmal auf die Universität (Chicago) ging und, meistens nachts, dynamische Psychologie studierte. Dieser freundliche handfeste Mann trägt jetzt rosa

Hemden, weil, so sagt er, »ich mit einem rosa Hemd versuche, etwas über mich selbst auszusagen«. Im Gespräch beruft er sich bei seinen Darlegungen über das Massenverhalten auf klassische Autoritäten wie Korzybski für Semantik, Whitehead für symbolische Logik und Durkheim für Soziologie. Als ich ihn besuchte, steckte zwischen den Büchern auf seinem Schreibtisch der *Abriß der Psychoanalyse.* In seinem letzten Brief teilte er mir mit, daß er im Augenblick mit mehreren soziologischen Untersuchungen beschäftigt sei, und fügte hinzu: »Ich habe eine systematische logische Grundlage dessen formuliert, was die moderne Werbung in Verschmelzung vieler Modi der symbolischen Kommunikation zu tun versucht. Sie bezieht die Semantik ein sowie Cassirers und Langers Epistemologie symbolischer Formen, die ganze Psychologie der Ästhetik und des symbolischen Verhaltens, wie es von den Anthropologen ausgelegt worden ist.«

Das klingt reichlich geschwollen, aber die Untersuchungen, die er durch Burleigh Gardners Social Research anstellen ließ, um die wahren Kräfte zu enthüllen, die hinter unserem Kaufen von Autos, Zigaretten und Bier stehen, haben überraschend Neues erbracht.

Eine weitere tonangebende Persönlichkeit der Motivforschung ist Louis Cheskin, Direktor des Color Research Institute sowie der Chicagoer Schule für tiefenpsychologische Untersuchungen. Er ist ein derber, kräftiger, freundlicher Mann, der zugibt, daß der Name seines Unternehmens – Farbenforschungsinstitut – leicht irreführend ist. Er begann mit Farbenuntersuchungen, geriet jedoch bald in viel tieferes Gewässer. Trotzdem behielt er den ursprünglichen Namen bei. Warum, erklärte er folgendermaßen: »Wegen dieses Namens, und weil wir mit Farben arbeiten, können wir unsere Tests auf der Ebene des Unbewußten durchführen.« (Er verteilt Broschüren zu dem Thema »Wie gestaltet man sein Heim mit Farben?«, und sie erweisen sich als ein gutes Mittel, die Leute über Dinge sprechen zu lassen, die er sondieren will, ohne daß sie es gewahr werden.) Das Institut befaßt sich vor allem mit der Prüfung der tiefreichenden Anziehungskraft verschiedener Verpackungsmuster. Er erklärt: »Wir gehen den psychoanalytischen Weg«, und fügt hinzu, daß seine sämtlichen fünfzig Außenmitarbeiter Psychologie studiert haben. Er selber studierte Psychologie als Hauptfach und obendrein einige Semester Psychoanalyse. Unter den Firmen, die seine Dienste in Anspruch genommen haben, sind Philip Morris, Procter and Gamble, General Foods und General Mills.

Mit einem Anflug von Stolz verweist Mr. Cheskin darauf, daß er und Dr. Dichter einmal gleichzeitig von demselben Klienten (Quality Bakers of America) als Berater verpflichtet waren. Wessen Rat dabei den Vorzug bekam, läßt sich denken. Es ging um die Wirksamkeit eines Schutzmarkenbildes in Gestalt eines kleinen Mädchens und um eine Werbekampagne, bei der dieses Mädchen zusammen mit Filmstars gezeigt wurde. Mr. Cheskin erzählt:

»Dr. Dichters Tests und unsere hatten bezüglich der Filmstars fast die gleichen Ergebnisse. Bei dem kleinen Mädchen jedoch kam Dr. Dichter zu Schlüssen, die unseren genau entgegenstanden. Seine Tiefeninterviews ergaben, wie man mir sagte, daß das kleine Mädchen als Symbol der Marke den Verbrauchern nicht genügend vertraut sei und daß die Verbraucher nicht glaubten, daß das kleine Mädchen echt sei. Er empfahl, dieses kleine Mädchen nicht als Schutzmarke zu verwenden. Dagegen zeigten unsere auf der Ebene des Unbewußten durchgeführten Tests, daß das kleine Mädchen die meisten günstigen und weniger als zwei Prozent ungünstige Assoziationen hervorrief.« Er fügte hinzu, man habe sich seine Ansicht zu eigen gemacht. Das Mädchen erschien auf allen Firmenpackungen.

Vielleicht die freundlichste und gewinnendste aller großen Persönlichkeiten, die unabhängige Firmen für Tiefenforschung betreiben, ist James Vicary von der James M. Vicary Company in New York. Seine Spezialität ist es, Wörter, die in Anzeigen, Benennungen und Schutzmarken verwendet werden, auf ihre tieferen Bedeutungen hin zu untersuchen. Er kommt von der Sozialpsychologie her und hat für und mit Firmen der verschiedensten Art gearbeitet. Er ist eine stattliche Erscheinung und könnte geradezu aus dem Inserat eines Herrenschneiders herausgeschnitten sein. Er ist Mitglied der American Psychological Association, der Society for Applied Anthropology und der American Marketing Association. Über das Ausmaß an Tiefenforschung, dessen seine Kunden zu einem befriedigenden Marketing bedürfen, denkt Mr. Vicary realistisch: »Ein Klient braucht das Maß an Unterrichtung, das ihn der Konkurrenz überlegen macht und ihm bei seinen Entscheidungen ein Gefühl der Sicherheit gibt«.

Unter den Werbeagenturen selbst befassen sich Young & Rubicam sehr stark mit Tiefenpsychologie. Ihrem Geschäftsumfang nach gehören Y & R seit langem zu den Spitzenfirmen der Branche. Sie haben ihren eigenen Stab an Sozialwissenschaftlern und bestätigen, »viele Motivuntersuchungen erfolgreich durchgeführt« zu haben. Ihr Vizepräsident und Forschungsdirektor Peter Langhoff erklärte, die Motivforschung habe die vertrauteren Untersuchungsarten zwar nicht ersetzt, aber »wir sind der Meinung, daß sie viel geleistet hat und sehr wohl eines der dynamischsten Forschungswerkzeuge werden könnte, die uns zur Verfügung stehen«.

Eine weitere große Agentur, die mit eigenem Mitarbeiterstab sehr intensiv tiefenpsychologische Studien betreibt, ist McCann-Erickson. Sie hat mehr als neunzig Motivuntersuchungen durchgeführt.

Während die meisten großen Werbeagenturen, die sich der Motivforschung bedienen, in den Mitteilungen über ihre einzelnen Projekte – oft mit gutem Grund – auffallend zurückhaltend sind, ist die kleine, aber rührige Agentur Weiss & Geller, Chicago, sehr offenherzig und sogar sichtlich stolz auf die von ihr durchgeführten tiefenpsychologischen Untersuchungen. Der temperamentvolle, energische Präsident Edward Weiss erklärt:

»Wir haben festgestellt, daß die Verbrüderung mit den Sozialwissenschaftlern die Werbung weniger zum Glücksspiel als vielmehr zur Kapitalanlage macht.« Er beschreitet den tiefenpsychologischen Weg nicht nur, sondern er ist geradezu in ihn verliebt. Mr. Weiss hat im Vorstand des Institute of Psychoanalysis in Chicago mitgearbeitet und im Kuratorium der Menninger Foundation, der berühmten Nervenklinik in Kansas.

Anfang der fünfziger Jahre schickte Mr. Weiss seinen gesamten Führungsstab zum Studium menschlichen Verhaltens »wieder auf die Schulbank«. In der von ihm veranstalteten »Schule« fanden für den Mitarbeiterstab Vorlesungsreihen statt, mit angesehenen Sozialwissenschaftlern wie Helen Ross, Leiterin des Institute of Psychoanalysis, und Lloyd Warner, Soziologe an der Universität Chicago. In Ergänzung der Vorlesungen richtete er »schöpferische Werkstätten« ein, in denen Mitarbeiter und Psychologen sich zu »psychologischen Jam Sessions« zusammenfinden und nach allen Seiten die gefühlsmäßigen Wirkungen erwägen, die von bestimmten Produkten ausgelöst werden, welche die Agentur verkaufsreif machen will. Alle Angestellten der Agentur mit Kundenkontakt sollen regelmäßig Fachlektüre betreiben, wozu ihnen die Bücher aus der mehr als 250 Bände umfassenden sozialwissenschaftlichen und psychiatrischen Fachbibliothek der Agentur zur Verfügung stehen. Sie enthält Werke wie Reichs *Charakteranalyse,* Reiks *Masochismus beim modernen Menschen* und Pawlows *Vorlesungen über bedingte Reflexe.* Anfang 1957 verkündete die Agentur voller Stolz, sie habe 1956 ihre Geschäfte verdoppelt und neun neue Kunden gewonnen.

Ein vielbeachtetes Weiss-&-Geller-Projekt war eine psychiatrische Untersuchung über den Monatszyklus der Frau und die damit einhergehenden Gefühlszustände. Wie ich bereits andeutete, hatte die Untersuchung den Zweck, zu erfahren, wie die Frau in den verschiedenen Stadien des Zyklus werblich wirksam angesprochen werden könne. In der einen Phase (hoch) fühlt sich die Frau im allgemeinen schöpferisch, sexuell erregbar, narzißartig, hingebungs- und liebevoll und geht aus sich heraus. In einer tieferen Phase braucht und wünscht sie wahrscheinlich Aufmerksamkeit und Zärtlichkeit und möchte, daß alles für sie getan wird. Sie ist dann innerlicher und phantasiereicher. Mr. Weiss sagt erläuternd:

»Soll eine Anzeige höchstmögliche Wirkung haben, so muß sie selbstverständlich die Frau auf jeder dieser beiden Gefühlsebenen ansprechen. Zum Beispiel müßte eine einzige Anzeige für ein backfertiges Kuchenmehl die eine Frau, die gerade ihre schöpferische Stimmung hat, veranlassen, etwas Neues zu versuchen, und gleichzeitig die andere Frau ansprechen, deren entgegengesetztes Gefühlsbedürfnis im Augenblick am besten durch ein Kuchenmehl befriedigt wird, das ihr ›keine Arbeit, keinen Aufwand, keinen Ärger‹ verspricht.«

Derart begannen die Hersteller der verschiedensten Erzeugnisse, die voraussichtlichen Verbraucher von einem erschreckenden neuen Blickwinkel aus zu betrachten. Man sondierte die unter der Oberfläche schlummernden Wünsche, Bedürfnisse und Triebe, um verwundbare Stellen zu finden. Zu diesen verborgenen, im Gefühlsquerschnitt der meisten Menschen vorhandenen Motivfaktoren gehören der Herdentrieb, das Bedürfnis nach oralen Reizen und das Sicherheitsverlangen. Nachdem diese verletzlichen Stellen erst einmal abgegrenzt waren, wurden die psychologischen Angelhaken geformt, mit einem Köder versehen und für unachtsame zukünftige Verbraucher tief ins Meer des Marktes versenkt.

IV

... und die Angeln werden ausgeworfen

> *»Die vorläufigen Ergebnisse scheinen darauf hinzudeuten, daß man mit Hilfe von Hypnose an die wahren Gründe der Vorliebe für eine bestimmte Sorte oder Marke herankommt.«* – Aus einer Veröffentlichung der Advertising Research Foundation

Die zur Sondierung des Unterbewußten benutzten Techniken stammen größtenteils geradewegs aus den psychiatrischen Kliniken. Wie Dr. Smith in seinem Buch über Motivation den Marketern riet, »erreicht man die verschiedenen Bewußtseinsebenen auf verschiedenen Wegen«.

Ich werde hier einige der merkwürdigsten, von kommerziellen Tiefenforschern angewandten Sondierungstechniken zusammenfassen, wobei mir das maßgebliche Buch von Dr. Smith ein hilfreicher Wegweiser gewesen ist.

Ein in der Tiefensondierung am häufigsten benutztes Verfahren ist das sogenannte »Tiefeninterview«. Als 1100 amerikanische Wirtschaftsführer Anfang 1956 auf einer Konferenz in New York zusammenkamen (sie stand unter der Schirmherrschaft der American Management Association), wartete man ihnen mit einer Fernseh-Direktsendung eines echten, von Psychologen durchgeführten Tiefeninterviews auf.

Diese Tiefeninterviews verlaufen sehr ähnlich den von den Psychiatern geführten Gesprächen, nur die Couch fehlt. Denn eine Couch könnte den zum Versuchskaninchen erwählten Verbraucher wachsam machen. (Viele Verbraucher werden durch das Angebot kostenloser Warenmuster zur Mitarbeit gewonnen. Andere genießen es anscheinend, eines »Tests« gewürdigt zu werden.) Der Psychologe, Psychiater oder welcher Sachverständige sonst den Test vornimmt, versucht den Verbraucher regelrecht mit Zufälligkeiten und Geduld in einen traumgleichen Zustand des Erzählens zu versetzen. Er oder sie soll, nach den Worten von Dr. Smith, dazu gebracht werden, geistesabwesend über alle »Vergnügen, Freuden, Begeisterungen, Ängste, Alpträume, Enttäuschungen und Befürchtungen« zu plaudern, die das Produkt in ihnen wieder aufleben läßt.

Gelegentlich finden diese Tiefeninterviews mit ganzen Gruppen von Leuten statt, weil merkwürdigerweise die Gruppenträumerei häufig ergiebiger ist. Viele verlieren ihre Hemmungen in einer Gruppe eher, als wenn sie mit dem Interviewer allein sind, genauso wie manche Leute nur in Gesellschaft auftauen. Dr. Smith erklärt: »Das geht so vor sich: Ein Teilnehmer macht eine ›gewagte‹, selbstsüchtige oder auch unduldsame Bemerkung. Das ermutigt einen anderen, in der gleichen Art zu sprechen. Andere bekommen nun das Gefühl, man dürfe aus sich herausgehen, und verhalten sich dementsprechend. Auf diese Weise brachten wir sehr persönliche Erörterungen zustande über Abführmittel, Erkältungstabletten, Mittel gegen Körpergeruch, Schlankheitspräparate, Alkohol, sanitäre Binden und Heilmittel gegen Fußpilz. An der Tür oder im Wohnzimmer hätte der Befragte sich gesträubt, seine intimen Gewohnheiten mit einem Fremden zu erörtern.«

Ein Großteil der Tiefensondierung durch Marketer erfolgt mittels indirekter oder – wie Professor Smith sie nennt – »getarnter« Tests. Bei der Versuchsperson wird der Eindruck erweckt, daß sie aus irgendeinem anderen als dem wahren Grunde getestet wird. Meist handelt es sich um Tests, wie sie die Psychiatrie als »Projektionstests« kennt. Dabei legt man der Testperson irgendeinen Reizgegenstand oder eine Zeichnung vor, die keinen rechten Sinn ergibt. Irgend etwas muß noch hinzugefügt werden, um das Bild zu vervollständigen, und die Testperson wird gebeten, das zu tun. Dabei projiziert sie einen Teil ihres Selbst in das Bild.

Einer der meistbenutzten ist der berühmte, von dem Schweizer Psychiater Hermann Rorschach entwickelte Klecksographien-Test. Dabei benutzt man als Testmaterial zehn standardisierte Tafeln mit aufgedruckten symmetrischen schwarzen und farbigen sinnfreien Flächenfiguren, die überhaupt nichts darstellen. Die Versuchsperson sieht in dem Bilde das, was sie sehen »muß«, und projiziert sich solcherart selbst hinein – ihre Ängste, Unzulänglichkeiten und Konflikte.

Viele kommerzielle Tiefensondierer ziehen allerdings dem Rorschach-Test den sogenannten TAT vor. Der TAT (Thematischer Apperzeptions-Test) besteht in seiner klinisch reinen Form aus einer Serie von etwa 20 gedruckten, sorgfältig aus illustrierten Zeitschriften, Gemälden usw. ausgewählten Bildern. Die Wirtschaft paßt ihn ihren Zwecken an, indem sie eigene Bilder einbezieht, Bilder, die bei der Anzeigenwerbung Verwendung finden sollen.

Wiederum wird die Testperson ermuntert, sich selbst in das Bild zu projizieren, damit die Tester daran ihre Impulse, Ängste, Wünsche und Abneigungen abschätzen können. Angenommen, jedes einzelne Bild einer Serie zeigt einen Burschen bei seiner Auseinandersetzung mit einer offensichtlichen Autoritätsperson, wie dem Chef, dem Lehrer, einem Polizisten oder den Eltern. Die Testperson wird gebeten, zu jedem Bild eine Geschichte zu erzählen. Wenn in ihren Geschichten der schwächere Teil gewöhnlich die Autoritätsperson umbringt oder verprügelt oder demütigt, haben wir den einen Charaktertyp; wenn sie dagegen ein sicheres und angenehmes Abhängigkeitsverhältnis zu der Autoritätsperson aufbaut, liegt der Fall ganz anders.

Eine Abart davon ist der Karikaturentest, bei dem die Versuchsperson Wörter in eine »Blase« schreiben kann, die auf der Zeichnung leer gelassen wurde. Bei dem Rosenzweig-Bildertest zum Beispiel sagt eine der Personen etwas, das die andere dargestellte Person offensichtlich kränkt; der Getestete wird nun aufgefordert, die Antwort der gekränkten Person hineinzuschreiben. In einem solchen von Dr. Smith zitierten Bild standen Mann und Frau neben ihrem geparkten Wagen, während der Mann verzweifelt in seinen Taschen nach dem Schlüssel suchte. Die Frau schalt: »Ausgerechnet jetzt mußt du die Schlüssel verlieren!« Was würde der Mann wohl erwidern?

Unter den von den Marktforschern angewendeten Bildertests ist der Szondi-Test einer der erschreckendsten. Er ist, wie mir der Marktforschungsdirektor einer Werbeagentur erzählte, »eine prima Sache«. Er wendete ihn bei Whiskytrinkern an. Der Test unterstellt, daß wir alle ein bißchen verrückt sind. Man zeigt der Testperson eine Reihe Karten mit Bildern von Leuten und bittet sie, die Person herauszusuchen, neben der sie auf einer Eisenbahnfahrt am liebsten, und die Person, neben der sie höchst ungern sitzen würde. Man verschweigt, daß alle auf diesen Karten abgebildeten Personen gründlich geistig zerrüttet sind. Jede leidet schwer an einer von acht psychiatrischen Störungen (ist homosexuell, sadistisch, epileptisch, katatonisch, paranoid, hysterisch, depressiv oder manisch). Es wird als erwiesen angenommen, daß wir uns zu einigen stärker als zu anderen hingezogen fühlen und daß wir beim Wählen eines Reisegefährten die Person wählen, die unter dem gleichen Gefühlszustand akut leidet, von dem wir nur leichthin betroffen sind.

Die betreffende Werbeagentur benutzte diesen Szondi-Test, um herauszufinden, warum die Menschen wirklich Whisky trinken. Die Agentur war an einer Persönlichkeitsdiagnose des starken Trinkers aus einem durchaus praktischen Grunde interessiert: der meiste Whiskyverbrauch entfällt nämlich auf das Konto starker Trinker (22 Prozent der Trinker konsumierten 85 Prozent des gesamten Whiskys). Als man den Szondi-Test bei starken Whiskytrinkern anwandte, testete man die Versuchspersonen einmal, bevor sie getrunken hatten, und dann nochmals nach dem dritten Glas. Der Marktforschungsdirektor berichtet: »Eine Veränderung findet statt, daß sich Ihnen die Haare sträuben würden!« Warum trinkt ein Mann stark? Die Schlußfolgerung lautet: »Er würde nicht trinken, wenn er nicht eine Persönlichkeitsumwandlung an sich erführe, die ihn befriedigt.« Manche dieser Menschen unterliegen außerordentlich überraschenden Persönlichkeitsumwandlungen. Sanftmütige Männer werden streitlustig und so weiter.

Bei anderen Tests verwendet man Instrumente, um die physiologischen Reaktionen der Testperson als Anhaltspunkte für ihren Gefühlszustand zu messen. Das unter dem Namen »Lügendetektor« bekannte Galvanometer ist, um nur zwei Beispiele zu nennen, vom Color Research Institute und von *The Chicago Tribune* benutzt worden. Man registriert die körperlichen Reaktionen einer Testperson auf Bilder und Töne, die man vielleicht zur Absatzförderung bestimmter Erzeugnisse verwenden will. James Vicary dagegen bedient sich einer verborgenen Spezialkamera, welche in den wechselnden Testsituationen die Häufigkeit des menschlichen Lidschlages festhält. Die Häufigkeit unseres Lidschlages ist ein Schlüssel zu unserer Gefühlsspannkraft oder zum Fehlen derselben.

Hypnose wird auch angewendet, wenn man durch Erforschung unseres Unterbewußten zu klären versucht, warum wir gewisse Produkte kaufen oder nicht kaufen. Die New Yorker Werbeagentur Ruthrauff & Ryan hat einen prominenten Hypnotiseur und ein Gremium von Psychologen und Psychiatern bei ihren Bemühungen eingeschaltet, unsere geistigen Sperren zu durchbrechen, die, wenn wir bewußt handeln, den Testern so lästig sind. Die Agentur hat entdeckt, daß Hypnose unser Erinnerungsvermögen schärft. Unter Hypnose können wir uns an Dinge erinnern, deren wir uns sonst nicht zu erinnern vermögen. Die Agentur wendete sie unter anderem an, um herauszufinden, warum wir uns für ein bestimmtes Markenerzeugnis entscheiden. Ein Angestellter führte einen Fall an, wo ein Mann unter Hypnose erzählte, warum er eine bestimmte Automarke bevorzugt und auch stets gekauft habe. Unter Hypnose war dieser Mann imstande, Wort für Wort eine Anzeige zu wiederholen, die er vor mehr als zwanzig Jahren gelesen und die Eindruck auf ihn gemacht hatte. Auf die Frage, ob sie zur Zeit einen Hypnotiseur beschäftige, äußerte sich die Agentur nur unbestimmt. Sie behauptet jedoch, die bisherigen Ergebnisse seien derartig »erfolgreich« gewesen, daß »wir glauben, daß die Hypnose in den kommenden Jahren methodisch angewandt werden kann«.

Ein Werbefachmann, mit dem ich sprach, offenbarte mir, er habe häufig über die Möglichkeit nachgesonnen, um des tieferen Eindrucks willen in Hypnose geübte Fernsehansager einzusetzen.

The London Sunday Times berichtete Mitte 1956 auf der Titelseite, daß in den Vereinigten Staaten Werbefirmen – in dem Bemühen, Verkaufs»losungen« durch die Bewußtseinssperre der Leute zu schmuggeln – mit »unterschwelligen Effekten« experimentierten. Das Blatt zitierte ein Kino in New Jersey, wo angeblich während des regulären Filmablaufs plötzlich Werbedias für Eiskrem auf der Leinwand erscheinen. Diese Einschaltungen dauerten nur Sekundenbruchteile, zu kurz, um von den Zuschauern bewußt wahrgenommen zu werden, aber lang genug für eine unterbewußte Aufnahme.

Dem Zeitungsbericht zufolge war das Ergebnis ein klarer und anderweitig nicht erklärbarer Aufschwung im Eiskremverkauf. »Unterschwellige Wirkungen in Bild und Ton sind den Experimentalpsychologen seit Jahren bekannt«, erläuterte das Blatt. Es gab zu bedenken, daß solcherart auch eine politische Beeinflussung möglich wäre, ohne dem Betreffenden irgendeinen auf ihn ausgeübten Einfluß bewußt werden zu lassen.

Als ich Dr. Smith über das angebliche Eiskrem-Experiment befragte, erklärte er, davon bisher noch nichts gehört zu haben, und äußerte Zweifel. »Erwiesenermaßen kann man auf Menschen mittels unterschwelliger Reize einwirken; beispielsweise kann man sie zur Reaktion auf Gerüche und Töne bringen, die noch so eben außerhalb des Bereichs bewußter Wahrnehmung liegen. Indessen geschieht das selten durch eine einzige blitzschnelle Einschaltung ...« Ich fragte dann *The London Sunday Times* nach ihrer Quelle und erhielt die Auskunft: »... Obgleich die von uns veröffentlichten Tatsachen zuverlässig bezeugt sind, wünschen die Gewährsleute nicht, sich näher dazu zu äußern.« Das Blatt fügte hinzu: »Seit Veröffentlichung dieses Berichtes haben sich zwei Fernsehprogramme von BBC mit diesem Thema befaßt, indem man Versuche ähnlicher Art mit den Zuschauern gemacht hat; obzwar gewisse Erfolge erzielt sein sollen, ist man doch allgemein der Auffassung, daß derartige Formen der Werbung sich mehr für das Kino als für den langsameren Fernsehschirm eignen.« Obgleich jede Tiefenforschungsgruppe ihre eigenen Lieblingstechniken hat, wendet sie auch viele andere an, falls es ihr angebracht erscheint. Der Marktforschungsdirektor von Young & Rubicam sagt zum Beispiel: »Bei Y & R gehen wir gern in der Marktforschung ›eklektisch‹ vor, ein abschreckendes Wort, das schlichtweg ›Auswahl des Besten‹ bedeutet. Wir sind bereit, mit Tiefeninterviews zu experimentieren, mit Wortassoziation, Satzvervollständigung, multiphasischen Persönlichkeitsverzeichnissen vom Typ Minnesota (bei denen gelegentlich Dinge wie innere oder äußere Feindseligkeit zum Vorschein kommen) und sogar mit Rorschach- und TAT-Tests ...«

Natürlich bietet unsere unterbewußte Einstellung keineswegs eine vollständige Erklärung für unser Kaufverhalten, das geben auch die Tiefenforscher ohne weiteres zu. Ein Verkauf kann aus einer Mischung von Faktoren resultieren. Dr. Wulfeck von der Advertising Research Foundation sagt: »Ein Verbraucher kann ein Erzeugnis innerlich ablehnen und es anderer Fakten wegen dennoch kaufen, wie Werbung, Vertriebsweise, Mißfallen an der Konkurrenzmarke usw.«

Auch die der Motivforschung am stärksten ergebenen Werbeagenturen betreiben nach wie vor ausgiebig Marktforschung (Untersuchung von Erzeugnissen, Einkommensstufen, Preisen, Händlern usw.) und Werbungsforschung (Testen von spezifischen Layouts, Werbesprüchen usw.).

Es scheint jedoch hinlänglich erwiesen, daß 1957 sehr viele einflußreiche Marketer bei einem Teil ihrer Aufgaben den neuen Weg über die Tiefenpsychologie einschlugen.

Wenn wir in den folgenden Kapiteln an Hand von einzelnen Fällen in das Labyrinth der Tiefenmanipulatoren eindringen, wird der Leser ab und zu kopfschüttelnd erklären, derartige Taktiken könne nur das eigenwilligste und ungebundenste Außenseitertum der Geschäftswelt einschlagen. In kurzen Zügen werden wir hier den Beweis für das Gegenteil erbringen; er zeigt, daß der tiefenpsychologische Weg – trotz seiner zugegebenen Grenzen und Schwächen – eine sehr wesentliche Bewegung im amerikanischen Wirtschaftsleben geworden ist. Einige der bei den führenden amerikanischen Marketern angesehensten Zeitschriften sagten dazu Mitte der fünfziger Jahre:

Printer's Ink: »Eine Gruppe von Werbeagenturen und Werbeleitern der Spitzenklasse, die viele hervorragende Inserenten Amerikas vertreten, setzt sich in überwältigender Weise für die stärkere Einbeziehung der Sozialwissenschaften und der Soziologen ... bei der Planung von Werbefeldzügen ein.« (27. Februar 1953.)

Tide: »Einige der angesehensten amerikanischen Firmen haben Millionen Dollar in Werbefeldzüge gesteckt, die zum mindesten teilweise einer Analyse der Verbrauchermotive entsprechend gestaltet wurden.« (26. Februar 1955.) Die Zeitschrift berichtet, eine Untersuchung habe ergeben, daß 33 Prozent der führenden Industriefirmen von »höchster Ebene« bei ihren Werbeagenturen Motivforschungsgutachten einholten. (22. Oktober 1955.)

Wall Street Journal: »Mehr und mehr Werbe- und Marketingstrategen passen ihre Verkaufskampagnen den Erkenntnissen und Ratschlägen der Psychologen an.« Die Zeitschrift erklärt, Goodyear Tire and Rubber, General Motors, General Foods, Jewel Tea und Lever Brothers seien nur ein paar der großen Unternehmen, die Motivations-Untersuchungen durchgeführt hätten. (13. September 1954.)

Sales Management veröffentlichte eine Schätzung, wonach im Jahre 1956 von den Marketern zwölf Millionen Dollar für Motivanalyse ausgegeben würden. (1. und 15. Februar 1955.)

Advertising Age: »Die großen Neuigkeiten auf dem Gebiet der Marktforschung waren im Jahre 1955 die Motivforschung, ihre Verteidiger und ihre Kritiker.« (2. Januar 1956.)

Fortune: »Von den $ 260 000 000 000, die im vergangenen Jahr (1955) für Verbrauchsgüter ausgegeben worden sind, ist gut die Hälfte in Industriezweige geflossen, wo ein oder mehrere große Hersteller Versuche mit der Motivforschung gemacht hatten.« Nach Schätzung des Blattes kam von den 1955 aufgewandten Werbungskosten nahezu eine Milliarde Dollar von den großen Aktiengesellschaften, die sich unmittelbar oder über ihre Werbeagenturen der

Motivforschung bedient hatten. *Fortune* fügte hinzu, daß für einige größere Veränderungen in der werbewirksamen Gestaltung der Anzeigen die Motivforschung verantwortlich gewesen sei. (Juni 1956.)

V

LEITBILDER FÜR JEDERMANN

> *»Die Leute sind ihrer Zigarettenmarke ungeheuer treu und können sie bei Tests trotzdem nicht von anderen Marken unterscheiden. Sie rauchen allesamt eine Vorstellung.«* — Der Marktforschungsdirektor einer New Yorker Werbeagentur. (Auf Wunsch Name nicht genannt.)

Auf der Suche nach besseren Ködern gingen die mit dem Unterbewußten arbeitenden Fachleute in verschiedenen Richtungen vor. Ein Gebiet, das sie in wahrhaft großzügiger Weise erkundeten, war die Formung von Leitbildern: die Schaffung ausgeprägter, in hohem Maße ansprechender »Persönlichkeit« für Produkte, die sich im wesentlichen nicht voneinander unterscheiden. Das Ziel war, Leitbilder zu gestalten, die bei der bloßen Erwähnung des Produktnamens vor unserem »inneren Auge« auftauchen sollten, sobald wir erst einmal entsprechend »abgerichtet« sein würden. Bei einer Auswahl unter Konkurrenzprodukten würden sie dementsprechend unser Handeln auslösen.

Wie ich bereits andeutete, empfand die Wirtschaft auf Grund der zunehmenden Vereinheitlichung und Kompliziertheit der Bestandteile bei den meisten Erzeugnissen solche Leitbilder als zwingend notwendig. Fabrikate entstanden, die sich einer vernünftigen Unterscheidung entzogen. Man hat dreihundert Rauchern, die auf eine von drei großen Zigarettenmarken schworen, diese drei Marken (mit verdecktem Aufdruck) zu rauchen gegeben und sie aufgefordert, ihre eigene Lieblingsmarke herauszufinden. Ergebnis: nur 35 Prozent waren dazu imstande, und nach dem Gesetz der großen Zahlen war unter den richtigen Erkennungen ein Drittel einfach geraten. Kurzum, etwas weniger als zwei Prozent der Testpersonen konnte wirkliches Unterscheidungsvermögen zugebilligt werden. Ziemlich vergleichbare Resultate wurden bei »Blindtests« mit Bier- und Whiskytrinkern erzielt.

Wenn die Leute, so überlegten die Marketer, nicht vernünftigerweise unterscheiden können, sollte man sie auf mühelose, eingängige, gefühlsmäßige Weise im *unvernünftigen* Unterscheiden unterstützen.

Pierre Martineau, ein heftiger Verfechter des Leitbild-Gedankens, analysierte das Problem mit bestürzender Offenheit Anfang 1956 in Philadelphia vor Werbefachleuten. Werbung, ermahnte er sie, ist nicht mehr lediglich eine geschickte kleine Erörterung der Vortrefflichkeit des Produktes.

»Im Grunde genommen versuchen Sie, eine unlogische Situation zu schaffen ... Der Kunde soll sich in Ihr Produkt verlieben und der Marke tiefe Treue bewahren, obwohl es dem Gehalt nach tatsächlich Hunderten von Konkurrenzprodukten stark ähnelt.« Um diese unlogische Treue zu bewirken, sei es die erste Aufgabe, »irgendeine Unterscheidung im Geiste zu schaffen – dem Erzeugnis, das dem Gehalt nach eine lange Reihe sehr ähnlicher Konkurrenten hat, irgendwie Individualität zu verleihen«.

Während ein Konkurrent ein Erzeugnis hinsichtlich der Bestandteile und des Qualitätsanspruchs oftmals mit Erfolg nachahmen kann, läßt sich ein lebensvolles Persönlichkeitsbild viel schwieriger nachahmen und kann daher ein zuverlässiger Verkaufsfaktor sein. Eine überaus einfache, offene Verwendung nicht die Vernunft ansprechender Symbolik zur Formung eines Leitbildes war Louis Cheskins Umgestaltung der Verpackung für die Good-Luck-Margarine. Ursprünglich enthielt die Verpackung mehrere Elemente einschließlich eines Bildes der Margarine. In einer Ecke war ein kleines, vierblättriges Kleeblatt. Mr. Cheskin entdeckte bei seinen tiefenpsychologischen Untersuchungen, daß vierblättriger Klee »ein wundervolles Leitbild« ist und rückte ihn deshalb in drei aufeinanderfolgenden Umgestaltungen immer mehr in den Vordergrund, bis er schließlich zu einer einfachen, gänzlich von einem großen vierblättrigen Kleeblatt beherrschten Stanniolpackung kam. Mr. Cheskins berichtet, der Umsatz sei mit jeder Änderung gestiegen.

David Ogilvys Werbefirma ersann für eine bekannte Hemdenmarke ein höchst erfolgreiches, nicht die Vernunft ansprechendes Symbol – einen schnurrbärtigen Mann mit schwarzer Augenklappe. Bald wußte das Publikum, daß jeder Mann mit schwarzer Augenklappe ein Hathaway-Hemd tragen müsse. Um sein Vertrauen in die Macht der Bildersprache zu beweisen, ließ Mr. Ogilvy in Zeitschriften wie dem *New Yorker* kostspielige ganzseitige, farbige Inserate erscheinen, die kein einziges Wort Text, nicht einmal das Wort Hathaway enthielten. Es wurde nichts als das Bild eines Mannes gezeigt. Er stand am Fernrohr einer Sternwarte und machte Notizen. Er hatte einen Schnurrbart. Er trug ein lebhaft kariertes Hemd. Und er hatte eine schwarze Augenklappe. Der Verkauf von Hathaway-Hemden blühte.

Procter and Gamble's Leitbildschöpfer haben für jede Seife und jede Pflanzenfettbüchse eine lebende Personifizierung gewählt. Elfenbeinseife wird durch Mutter und Tochter auf einer Art Sockel der Reinheit verkörpert. Sie strömen einfach Gesundheit aus. Im Gegensatz dazu hat man für Camay-Seife das Leitbild einer bezaubernden, kultivierten Frau gewählt. Für Crisco und Golden Fluffo, die beiden Pflanzenfette der Firma, wird die

Unterscheidung erreicht, indem man Crisco mit dem Leitbild einer streng sachlichen Diätikerin im weißen Kittel und Golden Fluffo als freundliche, kernige, mütterliche Person darstellt.

Die Leitbildschöpfer begannen gründliche Überlegungen anzustellen, welche Leitbildtypen die stärkste Anziehungskraft auf die größte Anzahl von Menschen haben würden. Mit einer Augenklappe mochten sich Hemden an Intellektuelle verkaufen lassen, aber sie würde nicht an das Gemüt rühren, und die Bildschöpfer überlegten, daß die Zugkraft des Gefühls ein echter Plusfaktor im Massenabsatz sein könnte. Die »Jewel«-Lebensmittelfilialen in Chicago stießen bei ihrer Suche nach einer ansprechenden »Persönlichkeit«, die ihnen einen Vorsprung vor den Konkurrenten geben könnte, durch die Tiefensondierung auf eine vielversprechende Antwort: Die Filialen sollten die Merkmale in ihr Leitbild aufnehmen, »die wir bei unseren Freunden schätzen«. Das hieß Großzügigkeit, Höflichkeit, Sauberkeit, Geduld, Offenheit, Ehrlichkeit, Wohlwollen und Gutartigkeit.

Aber wäre es nicht sogar besser, überlegten die Produzenten, wenn sie in ihre Produkte die gleichen Merkmale einbauen könnten, die wir bei uns selbst erkennen? Untersuchungen über Narzißmus deuten darauf hin, daß nichts den Menschen stärker anzieht als sein Selbst. Warum sollte man also nicht den Leuten helfen, eine Projektion ihres Selbst zu kaufen? Auf diese Weise würden die Leitbilder eine Vorauswahl unter ihrem Publikum treffen, aus der Verbraucherschaft die Leute auswählen, auf deren Persönlichkeit das Leitbild eine natürliche Anziehung ausübe. Baute man in das Leitbild Wesenszüge ein, die bei der Verbraucherschaft weit verbreitet sind, könnte man nach Ansicht der Leitbildschöpfer millionenfache Liebe zu dem Produkt entfachen.

Der Verkauf von Leitbildern hat alsbald den Güterabsatz im Werte von Hunderten Millionen Dollar beschleunigt, besonders den Absatz von Benzin, Zigaretten und Autos. Und die Bildschöpfer lieferten manchen erstaunlichen Beweis für das Ausmaß, in dem der amerikanische Verbraucher zum Leitbildkäufer wurde.

Der Marktforschungsleiter einer großen Werbeagentur zeigte mir Dutzende von Zeichnungen; sie stammen von Leuten, die von seinen Befragern aufgefordert worden waren, »ein Auto zu zeichnen«. Beiläufig sagte er: »Aus der Art, wie ein Mensch ein Auto zeichnet, können Sie ziemlich genau erkennen, welche Benzinmarke er kaufen wird.« Ich bekundete Erstaunen und sagte, ich dächte, die Leute kauften Benzin wegen der Lage der Tankstelle oder weil ihnen der Tankwart gefällt oder wegen der angeblichen Qualität des Benzins. Er gab zu, alle diese Dinge trügen dazu bei, aber nicht so viel, wie wir annähmen, und berief sich auf eine Untersuchung, die erwiesen habe, daß, wenn von vier Händlern an einer Straßenkreuzung einer die Marke wechselt, als Folge des Bildwechsels sein Umsatz plötzlich bis zu 30 Prozent zu- oder abnimmt.

Der Mann erklärte mir, sein Mitarbeiterstab habe die Zeichnungen der Art der Persönlichkeit nach, die sie von dem Zeichner enthüllen, geordnet und dann den Befund mit der von dem Zeichner ständig gekauften Benzinmarke verglichen. Dabei habe man eine verblüffende Wechselbeziehung entdeckt zwischen der Art, wie jemand ein Auto zeichnet, und dem Benzinleitbild, das ihn anziehen wird. Er erläuterte das folgendermaßen:

»Wenn Sie Benzin kaufen, werden Sie auf Ihr eigentliches Wesen zurückgespult. Jedes Benzin hat sich ein Leitbild oder eine Persönlichkeit geschaffen. Jedes hilft dem Käufer bei der Antwort auf die Frage ›Wer bin ich?‹ Der Zweck ist, die Leute anzuziehen, die eine Wesensverwandtschaft mit ihrem Benzin haben.«

Er zeigte mir eine Reihe Autozeichnungen von Leuten, die ständig die Benzinmarke kaufen, für welche seine Agentur arbeitet. Die Agentur hat mit Bedacht versucht, diesem Benzin ein Leitbild von Größe und Ansehen zu geben. Die von den Benzinkunden gezeichneten Autos zeigten deutlich eine Neigung zum Langgestreckten, Stromlinienförmigen, Großen. Und er erzählte mir, eine Analyse der persönlichen Charakteristika dieser Kunden habe ergeben, daß sie entweder Lokalgrößen in ihrer Gemeinde (Kaufleute, Ärzte, Anwälte usw.) zu sein pflegten oder aber Leute, deren Verlangen nach Größe unerfüllt geblieben war.

Dann zeigte er mir eine andere Serie gezeichneter Autos. Diese verrieten nicht den Hang zum Großartigen, sondern Liebe für das Detail. Sie stammten sämtlich von Leuten, die Benzin der Marke B vorziehen, für die das Leitbild »freundlicher« Treibstoff aufgebaut worden war. Ihr Leitbild erinnert die Leute an Ausflüge »ins Grüne«, Kleinstädte und warme Farben. Auch die Fernsehschau dafür bietet Volkstümliches dar. Die Leute, die dieses Benzin kaufen, sagte mein Informant, gehören zu den gesprächigen Menschen, die gern aussteigen und sich mit dem Tankwart unterhalten, während ihr Wagen aufgetankt wird.

Eine dritte Serie von Zeichnungen betonte, wie Rube Goldbergs Karikaturen, das Dekorative. Der Wagen lief vielleicht nicht, aber er hatte eine Antenne und eine Menge anderer Spielereien. Bezeichnenderweise hält der Künstler seinen Wagen für ein wunderbares Spielzeug. Das Benzin, das er ständig kauft, hat sich bemüht, im Fernsehen und mittels anderer Werbeträger ein Inbild dieses Typs aufzubauen: munter, lebhaft und dekorativ. Mein Informant erläuterte:

»Indem wir diese Charakterzüge erfassen, können wir nicht nur unsere gegenwärtige Kundschaft besser halten, sondern wissen auch, wie wir Kunden von der Konkurrenz abziehen können. Von diesen fünf Marken kann ich sagen: Wohin wende ich mich, um meinen Kundenkreis zu vergrößern? Welches Benzin ist für unsere Werbung am anfälligsten?‹ Tatsächlich treffen wir am leichtesten den Käufer des B-Benzins, weil er, obwohl er kleinbürgerlich ist, nach Größe verlangt. Wenn wir unser Leitbild der Marke A ›gemütlicher‹ machen, können wir auch den Marke-B-Käufer ansprechen.«

Etwas später kam dieser Forschungsdirektor auf die Leitbilder von Zigaretten zu sprechen. Grob gerechnet sind 65 Prozent aller Raucher absolut und 20 Prozent verhältnismäßig einer Zigarettenmarke treu. Obwohl sie bei Tests ihre Zigarette nicht von anderen unterscheiden können, steigen sie lieber fünf Treppen hinunter, um ihre Marke zu kaufen, als daß sie einen Ersatz annehmen. Er führte ein von seinem Chefpsychologen Anfang der fünfziger Jahre durchgeführtes Experiment an. Dieser Psychologe stellte eine Gruppe von achtzig Rauchern zusammen, von denen man wußte, daß sie irgendeiner Zigarettenmarke auffallend treu waren, und unterwarf diese achtzig dem Rorschach-Klecksographien-Test. Später sah der Psychologe, dem man nicht gesagt hatte, welche Marke jeder bevorzugte, die Ergebnisse des Rorschach-Tests durch und nannte auf Grund der darin zum Ausdruck kommenden Gefühlsstruktur mit nur wenigen Versagern die Zigarettenmarke, welche jeder der achtzig Raucher bevorzugen *mußte!*

Diese Agentur hat ein umfassendes Charakterprofil des für jede größere Zigarettenmarke typischen Rauchers aufgestellt. Diese Unterlagen sind vertraulich. Die Typen ähneln jedoch in hohem Maße den von anderen Testern ermittelten Profilen. Social Research zum Beispiel profilierte mehrere führende Zigarettenmarken für *The Chicago Tribune.* Dabei entdeckte sie beispielsweise, daß Camels als männlich und kräftig und als Zigaretten für den einfachen Arbeiter betrachtet werden. Lucky Strikes hatten einen ähnlichen Ruf – ebenfalls stark und für Männer, für einfache Leute, jedoch weniger für den Arbeiter. Chesterfields galten als für Männer und Frauen geeignet, milder und nicht klassenmäßig gebunden.

Diese Untersuchung wurde durchgeführt, kurz bevor die Zigarettenindustrie durch die mittlerweile berühmte Krebspanik aus dem Häuschen geriet, welche nach den Worten eines Sprechers der Werbeagenturen »die Zigarettenindustrie in eine höllische Klemme« brachte. Einige der alten führenden Marken, die sich das Leitbild der kräftigen, starken Zigarette geschaffen hatten, verloren mit einem Male Kunden. Es gab allerhand Aufregung, weil die Zigarettenfirmen nach beruhigenderen Leitbildern suchten. Der Einzelhandel wurde mit neuen Marken überschwemmt, die alle behaupteten, sei seien ungefährlicher als andere. Als Folge der Krebsfurcht brachte eigentlich jede größere Tabakfirma eine Filterzigarette heraus, und in vier Jahren stieg der Filterzigaretten-Absatz um 1800 Prozent. Um 1957 herum entwickelten die Filterzigaretten durch geschickten Leitbildaufbau ebenfalls Unterscheidungsmerkmale. Die alten Marken legten sich eine »mildere« Persönlichkeit zu, und der Zigarettenabsatz insgesamt begann seit 1955 wieder zu steigen.

Die am offensichtlichsten erfolgreiche Leitbildschaffung gelang wohl der Automobilindustrie. Das Auto ist weit mehr geworden als ein bloßes Beförderungsmittel. Wie Pierre Martineau es ausdrückt, »sagt das Auto, wer wir sind, und was wir sein möchten ... Es ist das bewegliche Symbol unserer Persönlichkeit und unserer Stellung ..., das sicherste Mittel, das wir haben, um den Leuten deutlich unsere Stellung zu zeigen. Beim Kauf eines Wagens sagen wir gewissermaßen: ›Ich möchte den Wagen haben, der besagt, wer ich bin‹.« Buick deutet das in seinen Anzeigen sogar an, als er dem Publikum versprach: »Sie fühlen sich darin als der Mensch, der Sie sind.«

Eines der bemerkenswertesten Dokumente, auf die ich bei meiner Untersuchung stieß, war eine Broschüre mit dem Titel »Was das Auto für die Amerikaner bedeutet«. Sie berichtet über eine von der Social Research, Inc., für *The Chicago Tribune* durchgeführte Untersuchung, deren Ergebnisse von den großen Wirtschaftsblättern sehr ausführlich erörtert wurden. Diese Untersuchung führte eine Arbeitsgemeinschaft von Sozialwissenschaftlern durch, die mit einer Vielzahl von Testmethoden 352 Wagenbesitzer im Raum Chicago prüften.

Sie stellte dabei fest, daß nur eine Minderheit der Bevölkerung – meist Männer der unteren Klassen – ein echtes Interesse an der technischen Beschaffenheit von Autos hat. Als Wichtigstes erbrachte diese Untersuchung die Erkenntnis, daß Autos reich mit sozialen Bedeutungen beladen sind und sehr geschätzt werden, weil sie »Ausdrucksmittel ... für Charakter, Temperament und die Vorstellung sind, die Eigentümer und Fahrer von sich selber haben ... Der Kaufvorgang ist eine Wechselwirkung zwischen der Persönlichkeit des Wagens und der Persönlichkeit des Individuums.«

Der Bericht kennzeichnete die Persönlichkeit des Besitzertyps für verschiedene große Wagenmarken durch eine Reihe von Kreisen. Jeder Kreis enthielt einen Text, der die vorherrschenden Merkmale dieses Besitzers und ihre relative Bedeutung beschrieb. Hier einige der aufgeführten Besitzerprofile:

Cadillac: »Stolz ... großspurig ... Kaufmann ... in mittleren Jahren ... gesellschaftliche Beweglichkeit ... gute Einkommensstufe ... verantwortungsbewußt.«

Ford: »Schnelligkeitsteufel ... gutes Einkommen ... junger Mann ... stolz ... obere Mittelklasse ... fährt zur Arbeit ... praktisch.«

DeSoto: »Konservativ ... verantwortungsbewußt ... Hausmütterchen ... gehobener Mittelstand ... gutes Einkommen ... stolz.«

Studebaker: »Gutaussehend ... Angeber ... intellektuell ... beweglich .. im freien Beruf ... junger Mann.«

Pontiac: »Trachtet nach stabilen Verhältnissen ... Straßenmitte ... verheiratete Frau ... Mutter ... zuverlässig ... konventionell ... fleißig.«

Mercury: »Vertreter... bestimmt ... beweglich ... modern ... solid ... untere Mittelklasse ... Vater ... flink.«

Der Bericht bestätigt, daß »die Leute den Wagen kaufen, von dem sie glauben, daß er zu ihnen ganz besonders paßt«, und stellt dann fest:

Leute, die konservativ erscheinen und der Umwelt sagen möchten, daß sie sehr seriös und verantwortungsbewußt sind, pflegen Plymouth, Dodge, DeSoto, Packard, viertürige dunkle Limousinen mit einem Minimum an Ausstattung und Spielereien, zu kaufen.

Leute, die gesellig und modern erscheinen möchten, doch sozusagen hübsch auf dem Mittelweg, pflegen Chevrolet, Pontiac, Buick, Chrysler, zweitürige Limousinen, helle Farben, maßvoll in Zubehör und Spielereien, zu bevorzugen.

Leute, die sich ein bißchen zeigen, ihre Individualität und moderne Lebensauffassung geltend machen möchten, kaufen gern Ford, Mercury, Oldsmobile, Lincoln, Hardtops, zweifarbige kräftige Kontrastwirkung, einen Haufen Sonderausstattung, technischen Kleinkram und Modespielereien.

Leute, die einen ungewöhnlichen Rang oder persönlichen Anspruch zum Ausdruck bringen müssen, bevorzugen Cadillac (Wirkung nach außen, hoher Rang), Studebaker, Hudson, Nash, Willys, Cabriolets (Impulsivität), sehr leuchtende Farben, Rot, Gelb, Weiß, und das Neueste an Ausstattung und Spielereien.

Eine interessante Variante der Möglichkeiten, durch den Besitz eines Autos den »Wunsch nach Beachtung« zu befriedigen, ist das, was die Tester »betonte Zurückhaltung« nennen. Solche Leute wollen andere ihren sozialen Rang erkennen lassen, möchten aber gleichzeitig, daß dies auf bescheidene Art geschieht. Manche stufen sich absichtlich niedriger ein. Das ist eine von »Leuten, die sich ihrer hohen sozialen Stellung sicher sind, häufig angewandte Methode. Sie zeigen ihre Überlegenheit durch eine zur Schau gestellte Gleichgültigkeit gegenüber dem sozialen Status, indem sie absichtlich weniger teuere Wagen kaufen, als man von ihnen erwarten könnte. Sie lieben klapperige Caravans und alte Autos.« Andere versuchen vielleicht durch extravagant wirkende Wagentypen Aufsehen zu erregen: ausländische Wagen, Nash Rambler oder der neue Studebaker. Burleigh Gardner erzählte von einer Spannung, die in einer Gruppe von vier Ärzten mit gemeinsamer Praxis an der eleganten Michigan Avenue in Chicago aufkam, als einer der Kollegen anfing, seinen leicht urtümlichen, aufsehenerregenden Wagen vor dem Hause zu parken. Nachdem sie sich beraten hatten, erklärten sie ihm, der Wagen passe nicht in das Bild standesbewußter Ärzte, das zu bieten sie bestrebt seien.

Die Social-Research-Untersuchung hatte u. a. gezeigt, daß DeSoto als der passende Wagen für Leute in geordneten Verhältnissen, einschließlich solcher in mittleren Jahren und solcher, die sich zur Ruhe gesetzt hatten, betrachtet wurde. Der gereiften und verantwortungsbewußten Menschen angemessene Dodge war chronologisch etwas jünger als DeSoto.

Kurz nach Veröffentlichung dieser Untersuchung begann die Chrysler Corporation die Leitbilder ihrer sämtlichen Wagen zu überholen. (Inwieweit der

Bericht die Firma dazu veranlaßt hatte, war nicht genau festzustellen.) Jedenfalls gab man mit dem »Forward Look« der gesamten Produktion eine jugendlichere, lebhaftere Note. In dem Social-Research-Bericht hieß es, der Dodge-Besitzer wünsche als solider Bürger zu gelten. Als der Dodge auf »Forward Look« umgemodelt wurde, kündigten die Hersteller an, der solide Bürger habe einige Überraschungen zu erwarten. Und als Plymouth durch eine Änderung seines Leitbildes sein großes Comeback einleitete, führte er keinen »Schrauben-und-Bolzen«-Werbefeldzug. Statt dessen war die Werbung, wie Mr. Martineau darlegte, auf »im Herzen jung« abgestellt, ein Thema, das den ewigen Jüngling in uns anspricht.

Ich fragte Mr. Martineau, ob seit der Durchführung seiner beiden Untersuchungen wesentliche Wandlungen im Persönlichkeitsbild von Autos und Zigaretten vor sich gegangen seien, und er antwortete: »Ganz allgemein möchte ich sagen, daß – entgegen dem oberflächlichen Eindruck – solche Vorstellungen von einem Produkt sich sehr langsam verändern, es sei denn, bei dem Produkt selbst oder bei der Werbung träte eine Wandlung von Grund auf ein. Der Plymouth hat sich, meiner Meinung nach, sehr schnell von einem langweiligen zu einem recht lebhaften Wagen gewandelt. Die Vorstellung von Lucky Strike als einer männlichen Zigarette verblaßt, glaube ich, langsam. Natürlich wandeln sich diese Bilder im Laufe der Zeit, aber im großen und ganzen sind die Produktpersönlichkeiten der beiden Untersuchungen ... verhältnismäßig gleich geblieben.«

Obwohl Autos unterschiedliche, sorgfältig für sie geschaffene und auf Anziehungskraft für einen bestimmten Käufertyp berechnete Bilder haben, beschränken die Autofirmen ihre Kundenwerbung nicht auf eine einzige Persönlichkeitsgruppe. Der Kreis würde für eine auf Massenabsatz eingestellte Produktion zu eng sein. Der Bericht stellt fest: »Ein Wagen läßt sich an verschiedene Leute verkaufen, indem man die verschiedenen Seiten seiner Persönlichkeit aufzeigt ... Werbung ist ein Symbolmultiplikator. Wie ein Prisma kann sie viele verschiedene Seiten des Wagencharakters zur Geltung bringen, so daß viele grundverschieden geartete Leute ihn als ›ihren‹ Wagen betrachten.«

Wenn die Analytiker ein paar von den Vorstellungen kennen, die wir kaufen, können sie daraus auf unser Verhalten in anderen Kaufsituationen schließen und viele Lücken in ihrer Vorstellung von der Gesamtstruktur unserer Persönlichkeit ausfüllen. Ich unterhielt mich mit zwei Psychologen von Social Research, und einer von ihnen sagte: »Nehmen Sie etwa den Mann, der einen Studebaker fährt, Old Golds raucht, Haarpomade, einen elektrischen Rasierapparat und einen Füllhalter Parker 51 benutzt. Bestimmt ist er Handelsvertreter, aktiv, steht in schwierigen Situationen seinen Mann und möchte einen guten Eindruck machen. Wahrscheinlich war er in seiner Jugend ein rechter Schwärmer.« Und der andere Psychologe fügte hinzu:

»Ferner werden Sie feststellen, daß er auffallende Shorts trägt.«

VI.

Rezept gegen unsere geheimen Nöte

»Bei diesem Konflikt zwischen Genuß und Schuld liegt die Hauptaufgabe des Werbungtreibenden weniger darin, das Produkt anzupreisen, als die moralische Erlaubnis zu einem Vergnügen ohne Schuld zu erteilen.« — Ernest Dichter, Präsident des Institute for Motivational Research, Inc.

Begreifend, daß man unser Unterbewußtsein gewinnen muß, begannen die Hersteller sorgsam jenen weiteren Bereich zu erkunden, der unsere geheimen Nöte und Zweifel umschließt. Sie kamen zu dem Schluß, daß der Absatz von Erzeugnissen im Werte von Milliarden Dollar in hohem Maße von dem erfolgreichen Manipulieren oder Beschwichtigen unserer Schuldgefühle, Befürchtungen, Ängste, Feindseligkeiten, Einsamkeitsgefühle und inneren Spannungen abhänge.

Unsere Schuldgefühle erwiesen sich tatsächlich als eines der Hauptprobleme, mit denen die Motivanalytiker zu ringen hatten. Gönn-dir-was- und Mach's-dir-leicht-Erzeugnisse, wie Süßigkeiten, alkoholfreie Getränke, Zigaretten, Spirituosen, backfertige Kuchenmehle und arbeitsparende Geräte, umfaßten allmählich einen bedeutenden Sektor des gesamten amerikanischen Marktes — dabei waren die Amerikaner im Grunde ihres Herzens immer noch Puritaner.

Dr. Dichter brütete lange über diesen altmodischen Puritanismus des Durchschnittsamerikaners nach, der »alkoholfreie Getränke aller Art, Zigaretten, Spirituosen und was sonst noch verbraucht ... nichtsdestoweniger gleichzeitig über sein Tun durchweg bekümmert zu sein scheint«. Mit Grübeln und Sondieren gelangte Dr. Dichter zu dieser allgemeinen Schlußfolgerung: »Jedesmal, wenn Sie ein Genußmittel anpreisen, müssen Sie sein (des Käufers) Schuldgefühl besänftigen ... und Absolution anbieten.«

Für viele Leute war das Zigarettenrauchen tief mit derartigen Schuldgefühlen verknüpft. Zum Teil kamen sie wohl daher, daß ihnen das Rauchen in ihrer Kindheit streng untersagt worden war, und zum Teil von dem eigenen Argwohn, daß Zigaretten Sargnägel sind. Die Krebsangst Anfang der fünfziger Jahre war nur der letzte Anstoß, der die Umsätze ins Rutschen brachte.

Motivanalytiker, die das Dilemma der Zigarettenindustrie untersuchten, merkten, daß die Werbung trotz der dafür ausgegebenen wahrhaft königlichen Vermögen psychologisch verkehrt und deshalb großenteils Geldverschwendung sei. Einige hatten sogar den Eindruck, die Zigarettenfabrikanten hätten sich mit ihren Verkaufssprüchen in ausgesprochene Dummheiten verrannt. Sie versprachen entweder pure, traumhafte Glückseligkeit oder versuchten Kunden mit der Versicherung zu ködern: »Das bringt Sie nicht um!«

Dr. Dichter streifte all die verträumten Gesichter auf den Zigarettenplakaten mit spöttischem Blick und sagte rundheraus, sie wären falsch. Er sagte, der Raucher wisse, daß er das Bedürfnis nach Rauchen am meisten verspüre, wenn er angestrengt oder unter Zeitdruck arbeite. Und Pierre Martineau erklärte öffentlich, die Zigarettenindustrie habe anscheinend die Absicht, mit ihrem negativen Slogan »Das bringt Sie nicht um!« Selbstmord zu begehen. »Ich kann mir nicht vorstellen«, äußerte er, »daß ein Whiskyinserent den Leuten in familiärem oder vertrauensvollem Ton erzählt: ›Hütet euch vor Leberzirrhose!‹, oder verkündet: ›Eine zehnmonatige Untersuchung durch führende medizinische Autoritäten ergab keine Fälle von akuter oder chronischer Alkoholvergiftung‹.«

Er ärgerte sich derart, daß er Social Research, Inc., mit einer gründlichen tiefenpsychologischen Untersuchung von mehr als 350 Rauchern beauftragte, wobei eine ganze Batterie psychiatrischer und anderer Testmethoden angewendet wurde. Der Abschlußbericht »Rolle und Funktion der Zigarette« fand in Wirtschaftskreisen starke Beachtung.

Die Tester entdeckten etwa ein Dutzend Gründe, warum viele Leute weiterrauchen trotz der Schuldgefühle, die sie wegen dieser Gewohnheit haben. Sie rauchen zur Entspannung, aus Geselligkeit, als Belohnung für Anstrengungen, um Haltung zu bewahren, um Streß vorzubeugen, als Mutbeweis, als Beweis der Übereinstimmung, weil es so der Brauch ist und so weiter. Sie entdeckten, daß viele Leute gern eine Zigarette zwischen den Fingern halten, wenn sie einen menschengefüllten Raum betreten, weil es sie weniger nervös, überlegener erscheinen läßt.

Die vielleicht größte Entdeckung der Tester war indessen, daß die Amerikaner rauchen, um zu beweisen, daß sie ein Volk männlicher Reife sind. Sie sehen das Rauchen als Beweis ihrer Vitalität und Stärke an. Der Bericht erläutert das folgendermaßen: »Darin liegt eine psychologische Befriedigung, die ausreicht, gesundheitliche Bedenken zu überwinden und der Moralkritik zu widerstehen, ›Sklave einer Gewohnheit‹ zu sein, mache lächerlich oder sei Schwäche.«

Junge Leute möchten durch Rauchen älter erscheinen, und ältere Leute möchten dadurch jünger wirken! Dieser nebelhaften Mythologie zufolge steht der wahre ideale Raucher in der Blüte des Lebens. Jünglinge wissen daher, daß sie »zum Rauchen alt genug« sein müssen, und wenn man sie beim Rauchen ertappt, sagen die Erwachsenen vielleicht: »Ach, die Küken möchten eben einfach erwachsen sein.« Genauso entsteht ein leises Gefühl der Mißbilligung, wenn ältere Frauen rauchen. Ein Psychologe von Social Research berichtete, eine der befragten Personen habe sich über das Rauchen einer älteren Frau aus ihrem Bekanntenkreis ereifert: »Ach, die will bloß wie ein junges Ding wirken.«

Um 1957 wurde die Zigarettenwerbung, vom Standpunkt der Motivanalytiker aus, weitaus realistischer. Viele Inserate zeigten Menschen, die in schwierigen Situationen oder als Belohnung für harte Arbeit sich eine Zigarette gönnten. Die Typen strotzten vor männlicher Reife. Und die »negativen« medizinischen Behauptungen schlugen einen sanfteren Ton an. *Printer's Ink* brachte die gute Nachricht: »Das Publikum nimmt jetzt nach Erwachsenenart zu dem gesundheitlichen Problem des Rauchens Stellung.«

Unterdessen litt das Publikum, mit dem die Süßwarenhersteller zu tun hatten, unter massiven Schuldgefühlen anderer Art. Das Publikum begann nämlich alles zu meiden, was verdächtig nach Süßigkeiten und Zuckerwerk aussah. Die Amerikaner litten nicht nur an unaufhörlichen Schuldgefühlen, weil sie sich verwöhnten, sondern es wurde ihnen doppelt unbehaglich angesichts all der Veröffentlichungen über die Gefahren des Übergewichts und der Zahnfäule, die beide weitgehend einer fett- und zuckerreichen Ernährung zugeschoben wurden. (Der Süßwarenkonsum sank von 1950 bis 1955 um mehr als zehn Prozent.) Ein erheblicher Teil dieser Veröffentlichungen stammte – das muß in diesem Zusammenhang gesagt werden – von Zahnpastafabrikanten und Herstellern kalorienarmer Nahrungsmittel. (Der Verbrauch an kalorienarmen alkoholfreien Getränken verdreihundertfachte sich von 1952 bis 1955!) Wirtschaftsberichten zufolge büßten die Süßwarenhersteller bei »zögerndem Markt« Kunden ein. Die Fabrikanten von zuckerhaltigen Nahrungsmitteln brachten über eine halbe Million Dollar auf, um ihr Anliegen in die Öffentlichkeit zu bringen. Und, was weit wichtiger war, sie beauftragten Dr. Dichter.

Er rügte sie, weil sie nicht Schlag auf Schlag gekontert, sondern sich jämmerlich darein geschickt hatten, daß man mittels Propaganda das Zuckerwerk als schädlich für die Zähne und dickmachend abstempelte, statt es als bekanntermaßen köstlich, lecker, gesund und nahrhaft anzupreisen... Er entwarf ihnen einen strategischen Plan, um die Amerikaner trotz aller Propaganda wieder auf Massenbasis zum Candykauen zurückzubringen. Das echte, tiefsitzende Problem, das sie bewältigen müßten, sei das Schuldgefühl wegen der Genußsucht. Eine der Taktiken, die er den Süßwarenherstellern dringend ans Herz legte, bestand in der Betonung der mundgerechten Einteilung der Candypackungen, wie man sie heute hat. Damit werde einer maßvollen Nascherei das Wort geredet. Vertraulich sagte er: »Sie liefern damit dem Verbraucher die Entschuldigung, deren er für den Kauf einer Candystange bedarf: ›Schließlich muß ich ja nicht alles auf einmal essen, nur ein Häppchen; den Rest tue ich dann beiseite.‹ Wir zweifeln ernstlich, ob der Rest beiseite gelegt wird. Wie dem auch sei, dem Verbraucher bleibt das Gefühl, daß die Süßwarenhersteller ihn verstehen und die mundgerechten Stücke geben ihm die ›Erlaubnis‹, mit Maßen zu essen.«

Eine einzelne Süßwarenherstellerfirma, die ihren eigenen psychologischen Berater beschäftigte, entwickelte eine andere Strategie: »Dir zum Lohne!« Hinter dieser Strategie stand die Überlegung, daß Kinder ein Bonbon zur Belohnung bekommen, weil sie »ein braver kleiner Junge« oder »ein braves kleines Mädchen« sind. Auf diese Weise wird den jungen Gemütern schon in frühem Alter die Candystange zum Symbol der Belohnung. Mit dieser Erkenntnis gewappnet, trommelte der Fabrikant nun los: »Gönn dir M.-&-M.-Candy — das macht die schwere Arbeit leichter.« Der Gesellschaft zufolge verdoppelte sich darauf der Absatz in den Testgebieten. Ein anderer Fabrikant, Lofts, machte sich sowohl die Erkenntnis von der Bissengröße als auch die von der Belohnung zunutze und begann mit der Veröffentlichung ganzseitiger Inserate, die so schlanke tatkräftige Leute wie die sehr graziöse Primaballerina Maria Tallchief zeigten. Sie tanzte und griff gleichzeitig nach einem winzigen Stück Candy (falls Sie sich das vorstellen können). Der Werbetext ließ sie erzählen, wie schwer es für sie sei, sich dauernd in Form zu halten; zwischen den Auftritten greife sie daher gern zu Lofts Little Aristocrats, ohne ein »Fülle«-Gefühl zu bekommen. Sie schätze sie auch nach der harten Arbeit am Abend zu Hause. Am Schluß heißt es: »Ich liebe leckere Sachen.« (Inzwischen hat die Sugar Informations, Inc., mit der Veröffentlichung einer Serie ganzseitiger Anzeigen begonnen, die den Leuten dringlich empfehlen, Süßigkeiten zu knabbern, um den Appetit einzudämmen.)

Daß man, als der Candyabsatz abflaute, großartige Geschäfte mit Hustendrops machte, wirft ein interessantes Seitenlicht auf die »süße Situation«. Social Research befaßte sich damit, weil die Hustendrops-Leute beglückt nach Mitteln suchten, den Auftrieb in Schwung zu halten. Hustendrops sind angeblich Medizin; indessen stellte Social Research fest, daß sie in Wirklichkeit für die meisten Verbraucher eine zulässige Form von Candy geworden waren, gekauft, um ihr Verlangen nach Süßigkeiten zu stillen. Deshalb empfahl Social Research den Hustenbonbon-Fabrikanten dringend, kräftig und geschickt das Thema »schmeckt gut« anzuschlagen. Das Institut rief: »Das Wort Süßigkeit sollte jedoch nicht erwähnt werden, da es die Vernunftgründe des Verbrauchers stört — nämlich, daß er die Hustendrops als Vorbeugungs- und Heilmittel nimmt.« Vielleicht haben Pine Brothers aus dieser Erwägung heraus das Wort »Honig« in Großbuchstaben an zwei verschiedenen Stellen auf ihre Packungen gesetzt, und die Cocilana-Hustendrops unterstreichen die Worte »köstlich schmeckend«.

Ein weiteres Gebiet, auf dem die Schuldgefühle den Marketern großes Kopfzerbrechen bereiteten, waren die für die moderne Hausfrau konstruierten schrittesparenden Mach's-dir-leicht-Geräte. Statt für diese wunderbaren Erleichterungen dankbar zu sein, betrachteten die Frauen sie in vielen Fällen als

Bedrohung ihres Schaffensgefühls und ihres Empfindens, nützlich zu sein. Berufstätige Frauen (das sind etwa zehn Millionen) mochten solche arbeitsparenden Produkte wie Haushaltsgeräte begrüßen, aber die Durchschnittsfrauen zeigten vielfach unerwarteten Widerstand.

Der Marktforschungsdirektor einer Werbeagentur kleidete diese Sachlage trübsinnig in die Worte: »Wenn Sie der Hausfrau erzählen, daß sie durch Ihre Waschmaschine, Ihre Trockenschleuder oder Ihre Geschirrspülmaschine Zeit zum Bridgespielen gewinnt, haben Sie schon verloren! Die Hausfrau von heute ist bis zu einem gewissen Grade ›entemanzipiert‹; sie fühlt sich schon durch die Tatsache schuldig, daß sie nicht so hart arbeitet wie ihre Mutter. Wenn Sie ihr mehr Freiheit bieten, geht ihr das gegen den Strich. Betonen Sie statt dessen lieber, daß die Geräte ihr mehr Zeit lassen, sich mit ihren Kindern zu beschäftigen und eine bessere Mutter zu sein.«

Genau wie unsere Schuldgefühle, boten unsere kleinen Befürchtungen und Ängste den Tiefenmanipulatoren viele Gelegenheiten, unternehmenden Fabrikanten erfolgreiche Werbekampagnen zu entwerfen. Man entdeckte zum Beispiel, daß uns manche Produkte in geringem, aber meßbarem Grade abstoßen, weil sie ein leises Gefühl des Unbehagens in uns hervorrufen.

Der Verdruß, der Jell-o widerfuhr, ist ein Beispiel dafür. In Millionen Haushalten war Jell-o jahrelang ein vertrauter Anblick, denn im Urteil des Publikums behauptete es sich als eine einfache, leicht herzustellende, anspruchslose Nachspeise. Anfang der fünfziger Jahre zeigten seine Werbeberater mit einem Male (in dem Ehrgeiz, es auf den Inseraten hübsch aussehen zu lassen) Jell-o als eindrucksvolle, kunstreich gestaltete, mehrfarbige Schöpfungen mit sorgfältig herausgearbeiteten dekorativen Akzenten. Die Anzeigen erregten Aufsehen, bewirkten aber nicht den erwarteten Absatz. Jell-o hatte Sorgen und wußte nicht, woher sie kamen.

Dr. Dichter wurde mit der tiefenpsychologischen Untersuchung der Situation beauftragt. Seine Tester unterhielten sich des langen und breiten mit den Frauen, die ihnen alsbald haargenau den Fehler zeigten. Die Frauen empfanden beim Anblick der wundervollen Schöpfungen auf den Inseraten vage Minderwertigkeitsgefühle. Sie fragten sich, ob es ihnen gelingen würde, das nachzumachen, und wehrten sich innerlich gegen den Gedanken, daß ihnen jemand sozusagen über die Schulter schaute und sagte: »Das muß *so* aussehen.« Deshalb dachten viele Frauen, wenn sie ein Jell-o-Inserat sahen: »Wenn ich mir diese ganze Arbeit machen soll, dann kann ich ebensogut selber einen Pudding kochen.«

Nachdem Dr. Dichter seine Diagnose gestellt hatte, wurde Jell-o wieder eine einfache, leckere, anspruchslose Nachspeise ohne großartige Aufmachung. Im Jahre 1956 zum Beispiel zeigte man Jell-o meist als simplen, einfarbigen Puddingberg inmitten heiterer Märchenzeichnungen, die überall Beachtung fanden und die Nachfrage erhöhten.

Die Weinerzeuger erlebten fast das gleiche Massenmißvergnügen der Leute über ihre Produkte. Ein mit dem Problem näher befaßter Psychologe erklärte den Weinhändlern, daß sie psychologisch vor einer sehr üblen Situation stünden. Die große Zahl der Weinsorten, die Betonung guter und schlechter Weinjahre und des richtigen Glases für jeden Wein, alles das zusammengenommen mache den möglichen Verbraucher ängstlich und unglücklich bei dem Gedanken, eine Flasche Wein zu kaufen. Er riet den Weinleuten, mit diesem Erlesenheitsunfug Schluß zu machen und den Leuten einzuhämmern, daß jeder Wein gut ist, ganz gleich, wie er aufgetragen wird. Das taten die Weinhändler im wesentlichen dann auch mit beträchtlichem Erfolg.

Zuweilen schienen unsere Ängste vor gewissen Produkten völlig vernunftwidrig, bis ihnen ein Fachmann zu Leibe rückt. Die Corning-Glaswerke stießen auf einen scheinbar unlogischen Widerstand gegen die Pyrex-Glasröhre, welche sie den Ingenieuren und Einkäufern der chemischen Lebensmittelverarbeitung verkaufen wollten. Rein sachlich hatten sie eine ausgezeichnete Verkaufsgrundlage, aber die Verbraucher sträubten sich heftig gegen den Gedanken, eine derartige Röhre zu verwenden, und mochte sie angeblich noch so gut sein. Die Firma wandte sich deshalb an den Marktforschungsberater Dr. Charles Winick. Er ließ ein Team von Psychologen auf die in Frage kommenden Einkäufer los. Die Gespräche mit ihnen erbrachten, wie *Wall Street Journal* schrieb, folgendes Ergebnis: »Auf Grund ihrer Kindheitserfahrungen mit Glas haben die Ingenieure und Einkäufer eine ›emotionale Sperre‹ wegen der Zerbrechlichkeit der Glasröhre. Als kleine Jungen machten sie die Erfahrung, daß ein zerbrochenes Wasserglas immer eine Tracht Prügel nach sich zog.« Von da an drillte die Firma ihre Vertreter darauf, wie derartiger vernunftwidriger Widerstand im Verkaufsgespräch herauszufinden und wie ihm zu begegnen sei.

Andererseits sind manche unserer Befürchtungen durchaus real und ihre Grundlagen augenscheinlich; und auch in solchen Fällen beraten Motivations-Sachverstandige die Hersteller, wie unser Widerstand zu umgehen ist. Ein großer Landmaschinenhersteller im Mittelwesten, der seinen Traktorenabsatz steigern wollte, fand mittels psychologischer Untersuchungen heraus, daß ländliche Traktorfahrer im Gespräch eine geheime Befürchtung verrieten, die Maschine könnte beim Fahren hügelauf nach hinten überkippen und sie unter sich begraben. Diese Befürchtung hemmte den Absatz. Die Zeitschrift *Tide* erläuterte das Problem und die Lösung, zu der man gelangt war, mit folgenden bestürzenden Worten: »Wenn ein Traktor einen steilen Hügel hochgejagt wird, kommen infolge der Gewichtsverteilung der Maschine mitunter solche tückischen Unfälle vor. (Das Schwergewicht ruht zwangsläufig auf den Hinterrädern.) Um diese Befürchtung zu überwinden, änderte die Firma das äußere Bild ihres Traktors derart, daß er *aussah*, als ob das Gewicht gleichmäßiger auf Vorder- und Hinterräder verteilt sei.«

Die Motivanalytiker wurden aufgefordert, Wege zur Umgehung unserer Befürchtungen nicht allein hinsichtlich bestimmter Produkte, sondern auch in bezug auf Situationen zu finden, an denen die Wirtschaft interessiert ist. Eine Sachlage solcher Art, deren Analyse Dr. Dichter anvertraut wurde, schuf die Besorgnis von Flugreisenden. Vor einigen Jahren bereitete es den American Airlines einige Unruhe, daß viele ihrer Passagiere nur flogen, wenn ihnen gar nichts anderes übrigblieb. Die Gesellschaft beauftragte eine herkömmliche Marktforschungsfirma damit, ausfindig zu machen, warum nicht mehr Leute das Flugzeug benutzten. Die Antwort lautete, sie flögen nicht, weil sie sich vor dem Sterben fürchteten. Die Luftfahrtgesellschaft gab einen Haufen Geld aus, um das Sicherheitsmoment bis zum Äußersten zu betonen; laut Dr. Dichter machte sich das aber nicht, wie man hätte erwarten dürfen, mit einer Verkehrssteigerung bezahlt. Dann zog man Dr. Dichter hinzu. Er ging dem Problem tiefenpsychologisch zu Leibe und wendete sogar Projektionstests an, die den potentiellen Reisenden die Vorstellung vermittelten, bei einem Flugzeugabsturz ums Leben zu kommen. Die Tester entdeckten, daß die Menschen in solchen Augenblicken gar nicht an den Tod, sondern eher daran dachten, wie ihre Familie die Nachricht aufnehmen würde. Dr. Dichter schloß daraus, daß diese Leute nicht den Tod fürchteten, sondern eher Bestürzung und Schuldgefühl, sozusagen posthume Bestürzung empfanden. Der Ehemann stellte sich vor, daß seine Frau sagte: »Der verflixte Narr, er hätte mit dem Zug fahren sollen.« Die Luftfahrtgesellschaft nahm diese Diagnose ernst und stellte nun ihre Werbung mehr auf die kleine Frau ab, um ihr beizubringen, daß der Mann mit Hilfe des Flugzeugs schneller zu ihr heimkomme. Durch Einführung von Familienflügen bemühte man sich, auch sie als Fluggast zu gewinnen. Auf diese Weise erhielt, wie Dr. Dichter sagt, »der Mann durch die symbolische Zustimmung der Familie zum Fliegen eine Absolution«.

Mittlerweile gingen sämtliche Fluglinien dazu über, dem Passagier unter allen Umständen eine »psychologisch ruhige Umgebung« während des Fluges zu verschaffen. Die Gesellschaften schulten ihre Stewardessen, wie man Passagiere behandeln muß, die in Aufregung geraten, wenn sie Funken aus dem Motor sprühen sehen. Ein Angestellter sagte, die Stewardessen seiner Gesellschaft fragten hauptsächlich deswegen jeden Fluggast nach seinem Namen und ließen diesen auf ein Blatt Papier niederschreiben, um Gelegenheit zu haben, mit jedem Passagier zu sprechen und ihm durch die Ruhe ihrer Stimme zu versichern, daß alles in Ordnung ist. Manche Fluggesellschaften verlangen von ihren Stewardessen, daß sie zur Übung mit ruhiger, sanfter Stimme auf Tonband sprechen und die Stimmwiedergabe anhören, um Mängel abzustellen. Bei manchen Gesellschaften werden auch die Pilotenstimmen auf »vertrauenerweckend« geschult. Eine Gesellschaft sagte, sie wünsche Piloten, die genauso zuverlässig über die Lautsprecheranlage sprechen, »wie sie eine Maschine fliegen können«. Eine andere bringt ihren Piloten bei, mit »der Stimme der Kanzelautorität« zu sprechen.

Unser Verhältnis zu Banken ist ein weiterer Bereich, wo die Tiefenpsychologen einen deutlichen Angstfaktor festgestellt und Techniken zur Verringerung dieser Angst ersonnen haben. Eine Werbeagentur in Rochester (New York) wandte sich der Motivforschung zu, um herauszufinden, wie der Kundenkreis einer führenden Bank in Rochester auszuweiten wäre. Die Tester brachten bei den Versuchspersonen eine Menge unterschiedlicher Angstgefühle im Zusammenhang mit Banken ans Licht: Angst vor Kreditverweigerung, Angst, die Bank käme dahinter, wie ungeordnet die finanziellen Angelegenheiten der Familie in Wirklichkeit sind, oder Angst vor einem Anzeichen von Mißbilligung. Die Agentur schloß daraus, daß die Leute im Unterbewußtsein ihre Bank als eine Art Eltern betrachten, Eltern, die schelten oder ihre Zustimmung versagen und ständig kontrollieren können. Im Hinblick auf dieses unterbewußte Kuschen im Geiste vor dem Elternsymbol entwarf die Agentur für die Bank ein Inserat, das einen Mann zeigt, der am Bankportal steht und sagt: »Wie widerwillig habe ich diese Tür geöffnet!«, während der folgende Text die freundliche Aufnahme schildert, die ihm in der Bank zuteil wurde.

Auch Dr. Dichter hat sich mit dem Problem befaßt, wie man den Banken Freunde gewinnt. Sein besonderes Interesse galt der paradoxen Tatsache, daß die Kreditunternehmen einen starken Zulauf hatten, obwohl die meisten Banken Personaldarlehen zu einem niedrigeren Zinssatz geben und für die Darlehensgewährung weniger strenge Maßstäbe anlegen. Er schloß daraus, daß die weniger lautere Haltung der Kreditgesellschaften ihnen das große Übergewicht gegenüber den Banken verschafft! Der Banken starkes Hemmnis – und darin stimmt er mit den Ergebnissen von Rochester überein – ist ihr gestrenges Leitbild als ein Symbol unerschütterlicher Lauterkeit. Wenn wir uns wegen eines Darlehens an einen Bankier wenden, sagt Dr. Dichter, bitten wir diese Personifikation der Tugend, er möge sich dazu herablassen, es mit uns schwachen Menschenwesen zu versuchen. Wenden wir uns dagegen um ein Darlehen an eine Kreditgesellschaft, so sind wir die Tugendhaften, und die Kreditgesellschaft ist der Bösewicht, mit dem wir zeitweilig zu verkehren gezwungen sind. Hier lassen wir, die Geldborger, uns herab. Dr. Dichter erläuterte das so: »Diese Verlagerung der moralischen Überlegenheit vom Gläubiger auf den Schuldner verändert den ganzen gefühlsmäßigen Unterton des Vorganges vollständig.« Statt uns wie »unzuverlässige junge Burschen« zu fühlen, kommen wir uns als »moralisch rechtschaffene Erwachsene« vor. »Die höheren Kosten für das Darlehen sind in der Tat ein geringer Preis für einen derart bedeutsamen Wechsel der Lage.« Er rät den Banken, die mehr Geschäftsverkehr suchen, ihr Leitbild Rechtschaffenheit zu mildern.

Eine andere alltägliche kommerzielle Situation, wo das Unbehagen des

Verbrauchers eine bedeutsame Rolle spielt, ergibt sich im Lebensmittelladen. James Vicarys stellte fest, daß viele junge Hausfrauen das große Selbstbedienungsgeschäft dem kleinen Lebensmittelladen vorziehen, weil sie der Verkäuferin ihre Unkenntnis in bezug auf Lebensmittel schwerer verhehlen können. Die Jewel Tea Company ermittelte bei einer Motivuntersuchung, daß diese Ängstlichkeit vor allem Platz greift, wenn die Frauen in der Fleischwarenabteilung dem Metzger gegenüberstehen. Sie fürchten den Metzger, weil sie so wenig von den Fleischstücken verstehen. Die Jewel-Läden schulten ihre Metzger deshalb auf viel Sympathie und Geduld mit den Frauen, und diese Taktik machte sich durch gesteigerte Umsätze in allen Abteilungen des Hauses bezahlt.

Die Zahnpastafabrikanten verdoppelten ihren Absatz innerhalb weniger Jahre. Die eine Erklärung dafür ist, daß es ihnen gelang, bei einer Menge Leute ständig ein unbehagliches Gefühl wegen der Zähne wachzuhalten. Sie rührten die Trommel für die wunderbaren neuen Möglichkeiten, Bakterien zu töten und Zahnfäule zu verhüten. Mitte der fünfziger Jahre wurde die Zahnpasta Crest, die eine Fluor-Verbindung enthielt, mit der für die Zahnpastaindustrie typischen Bescheidenheit als »Meilenstein der modernen Medizin«, der Entdeckung von Mitteln zur Beherrschung ansteckender Krankheiten im achtzehnten Jahrhundert vergleichbar, angepriesen. Die Männer des Marketings waren bei der Erörterung der neuen Fluor-Pasten untereinander weniger ehrerbietig. *Advertising Age* nannte die Fluor-Zahnpasta den jüngsten Trick in einer Serie hochtrabender Versprechungen (Salmiakgeist, Chlorophyll, Antienzyme) und fügte hinzu, »man hat nach wie vor den Eindruck, daß das Publikum für jede in den letzten Jahren in die Welt gesetzte neue therapeutische Behauptung empfänglich gewesen ist ... Es steht zu hoffen, daß es diese Bereitwilligkeit auch angesichts der Fluor-Zahnpasten aufbringen wird.«

Was die Zahnpasten anbelangt, ist die Erfolgsgeschichte von Gleem interessant, einer Zahnpasta, die, äußerlich betrachtet, nichts Auffallendes zu bieten hatte, um die Drachen im Mund zu töten. Sie enthielt einen anscheinend wirksamen bakterientötenden Bestandteil, Gl-70 genannt, aber *Fortune* wies darauf hin, daß Gl-70 als »Aushänger« für Werbetexte einigermaßen kümmerlich erscheine im Vergleich zu jenen auffallenderen Zahnpflegemitteln, für die anreißerische Reklame gemacht worden war. Gleem hatte jedoch eine Geheimwaffe entdeckt. Tester hatten die Tatsache enthüllt, daß viele Leute infolge des Alarmgeschreis, mit dem ihnen die Zahnpastafabrikanten seit Jahren in den Ohren lagen, sich irgendwie schuldig vorkamen, weil sie nicht nach jeder Mahlzeit die Zähne bürsteten. Diesen schuldbedrückten Leuten verhieß Gleem die Rettung ihrer Zähne mit der Erklärung, diese Zahnpasta sei für Leute geschaffen, die »nicht nach jeder Mahlzeit ihre Zähne putzen können«. (Was natürlich für den größten Teil der Bevölkerung zutrifft.) Zwei

Jahre nach ihrer Einführung übertraf der Absatz von Gleem mit einer einzigen Ausnahme sämtliche Konkurrenzzahnpasten.

Auch die Hersteller schmerzstillender Mittel begannen sich sorgfältig mit unseren verborgenen Ängsten zu beschäftigen. Social Research entdeckte, die beiden besten Gruppen voraussichtlicher Abnehmer für schmerzstillende Mittel seien (1) beeinflußbare, zur Ängstlichkeit neigende Leute, die gern ihre großen und kleinen Schmerzen übertreiben, und (2) die aggressiven, selbstbewußten, spartanischen Typen, die den Arzt verschmähen und darauf bestehen, sich selbst zu verarzten. Eine Motivuntersuchung ergab die interessante Tatsache, daß die Benutzer des schmerzstillenden Mittels Bufferin lebensfeindlicher zu sein pflegen als die des älteren Mittels Anacin. Es mag bezeichnend sein, daß Bufferin-Inserate für den Hypochonder eine wahre Wonne sind. Sie zeigen den menschlichen Körper im Querschnitt, und die Bufferin-Pillen durchwandern den Organismus, als wäre er ein System von Leitungen, Behältern und Röhren.

Selbst die sonntäglichen Bildergeschichten (Comic strips) sind hellhörig geworden für die Möglichkeiten, mit unseren geheimen Ängsten zu spielen. Die sonntags erscheinende Comic-Zeitung *Puck*, die sich Comic Weekly nennt, gab eine Motivuntersuchung in Auftrag mit dem Titel »Die Comics am Sonntag – eine sozialpsychologische Studie nebst den daraus erwachsenden werbetechnischen Folgerungen«. Sie ergab, daß die Lektüre von Comics einen »privaten, nahezu geheimen Zeitvertreib« bilde. Von da aus zog sie eilfertig den Schluß, daß die Comics jedem Marketing-Mann, der sich unsere hypochondrischen Ängste zunutze machen will, fruchtbaren Boden bieten. Mit Comics lassen sich, so hieß es in dem Bericht, »auf ziemlich unverblümte Art die Wünsche oder Befürchtungen einflößen, die für viele Menschen unausgesprochen bleiben müssen. Über die Befürchtung unangenehmen Körpergeruchs, über ernstliches Leiden oder Schwäche infolge unsichtbarer, aber gefährlicher Krankheitskeime, über Schmerzen läßt sich ungeschminkt reden.« Der Bericht bot Beispiele von Firmen, welche in ganz bestimmter Form aus diesen Möglichkeiten Vorteile ziehen.

Ein weiterer Bericht, in dem gerissene Fabrikanten ihre Verkaufsmethoden auf unsere geheimen Nöte schalten, umfaßt unsere Feindseligkeiten und aggressiven Gefühle. Die Fabrikanten verstehen sich darauf, vermittels ihrer Erzeugnisse dieser Gefühle habhaft zu werden.

Die Untersuchung der *Chicago Tribune* über Automobile macht es ganz deutlich, daß eine wichtige Aufgabe des Kraftwagens darin besteht, »Angriffslust auszudrücken«. Sie erläutert: »Dieses Motiv kommt in dem Interesse an Geschwindigkeit, Kontrollinstrumenten, Pferdekräften, Beschleunigung, Bremsen und Wagenform deutlich zum Vorschein.« Dr. Smith stellt in seinem Buch über Motivforschung ebenfalls fest, daß viele Leute gern einen hochpferdigen Wagen schnell fahren, um aggressiven Impulsen freien Lauf zu lassen. Dementsprechend betonen einige Autofabrikanten jene Eigenschaften, die versprechen, daß man den Wagen losbrausen lassen kann, wenn einem danach zumute ist.

Der motivbeflissene Leiter einer Chicagoer Werbeagentur behauptet, seine Motivforscher hätten festgestellt, daß Menschen mit starkem Körpergeruch insgeheim diesen gar nicht beseitigen wollen. Er erzählte mir: »Körpergeruch ist ein feindseliger Akt. Ein Mensch mit Körpergeruch benutzt ihn gleich dem Stinktier als Verteidigungsmechanismus.« Zu diesem interessanten Ergebnis waren seine Tester auf Grund einer tiefenpsychologischen Untersuchung für eine Seifenfirma gelangt, die versucht hatte, den strengen Geruch einer seit langem von ihr hergestellten Seife zu mäßigen. Als sie diese Seife mit einem angenehmeren, milderen Geruch herausbrachte, bekam sie viele heftige Beschwerden von Kunden, die sich im Unterbewußten von dem unangenehmen Geruch anscheinend stark angezogen fühlten. Als sei es die selbstverständlichste Sache von der Welt, fügte dieser Mann hinzu: »Leute mit sehr starkem Körpergeruch sind außerordentlich reizbare oder feindselige Menschen. Ihr Körpergeruch ist ein Abwehrmechanismus. Sie befürchten immer einen Angriff.«

(Ein anderer Seifenhersteller indessen bekam einander widersprechende Ratschläge, als er zwei führende Motivforschungsinstitute befragte, ob er die behaupteten geruchsbeseitigenden Eigenschaften seiner Seife herausstellen solle. Ein Institut erklärte, die Leute wollten ihren Körpergeruch gern loswerden; das andere entschied, sie fühlten sich bei dem Gedanken, den ihnen eigentümlichen Körpergeruch zu verlieren, im Unterbewußtsein unbehaglich. Der verwirrte Klient rang die Hände und sprach in seinen Inseraten einfach von dem peinlich sauberen Geruch der Seife.)

Und schließlich lernten die Kaufleute ebenso sachverständig mit unserem verborgenen Einsamkeitsgefühl umzugehen, das vielleicht, wie der bekannte Psychiater Dr. Harry Stack Sullivan einmal sagte, von allen menschlichen Empfindungen die unerträglichste ist. Eine große Grußkartenfirma im Mittelwesten wollte gern wissen, warum die Leute in Wirklichkeit Grußkarten kaufen, damit sie ihren Vertrieb darauf einstellen könnte. Seit langem rätselte die Geschäftsleitung schon an einer Sache herum; eine der Jahr für Jahr meistverkauften Karten zeigte einen kahlen, knorrigen, einsamen auf einem windumwehten, verschneiten Hügel stehenden Baum. Die Karte war alles andere als heiter, dennoch besaß sie eine ungeheure Zugkraft. Bei der von der Firma veranlaßten Motivuntersuchung stellte sich heraus, warum: Ein Schlüsselfaktor für die Versendung von Grußkarten ist das Alleinsein. Die häufigsten Käufer pflegen Witwen, alte Jungfern und Geschiedene zu sein, die sich anscheinend oftmals »knorrig« und einsam fühlen und doch umgänglich sein möchten. Freudsche Analyse brachte auch ans Licht, daß viele der beliebteren Grußkarten mit Sexualsymbolik beladen waren, mit kunstvollen Monden, Kerzen, Ovalen und Kreisen. Harry Henderson berichtete in der Zeitschrift *Pageant*, daß die mit diesen Erkenntnissen ausgerüstete Grußkartenfirma ihren Künstlern eine Kurzfassung des Berichtes sandte, »als Hilfe beim Gestalten volkstümlicher Karten und um die Produktion von Karten zu beschneiden, die der unbewußten Symbole ermangeln«.

VII

Verborgenes Verlangen schafft Märkte

> *»Die Tiefkühltruhe im Heim wird zum kalten Eiland der Sicherheit!«* – Aus einem Bericht der Werbeagentur Weiss & Geller

Auf der Suche nach besonderen psychologischen Werten, mit denen man die Erzeugnisse anreichern könnte, um ihnen stärkere Anziehungskraft zu verleihen, stießen die kommerziellen Tiefenpsychologen auf viele ergiebige Hinweise, indem sie unsere unterbewußten Bedürfnisse, Verlangen und Begierden unter die Lupe nahmen. War das Verlangen bekannt und als zwingend befunden, bauten sie alsbald das Versprechen seiner Befriedigung in ihre Verkaufsangebote für so grundverschiedene Erzeugnisse ein wie Klimaanlagen, backfertige Kuchenmehle und Motorboote. Wir wollen hier einige besonders anschauliche Anwendungen dieses Marktverfahrens auf acht unserer verborgenen Bedürfnisse untersuchen.

Sicherheitsgefühl verkaufen. Die Werbeagentur Weiss & Geller mißtraute den üblichen Gründen, welche die Leute für den Kauf von Haushaltsgefriertruhen angaben. In vielen Fällen stellte man fest, daß diese Froster – rechnete man die Anschaffungskosten, die zusätzlichen Summen auf der monatlichen Stromrechnung und den Betrag für die schließlich doch weggeworfenen Überbleibsel zusammen – wirtschaftlich sinnlos waren. Alles in allem genommen erwiesen sich die Eßwaren aus dem Froster tatsächlich als oft recht kostspielig.

Nachdem ihre Neugier einmal geweckt war, machte die Agentur eine psychiatrische Leituntersuchung. Die Psychologen fanden es bezeichnend, daß die Haushaltsgefriertruhe in breiten Kreisen nach dem zweiten Weltkrieg beliebt wurde, als viele Familien nicht allein der Ungewißheit der Ernährung, sondern so ziemlich aller Dinge wegen voll innerer Angst lebten. Diese Menschen gedachten gern der früheren Zeiten voll Sicherheit und Geborgenheit, was sie unterbewußt in ihre Kindheit zurückversetzte, wo es die Mutter gab, die sie niemals enttäuschte, und wo Liebe eng mit Nahrung spenden verknüpft war. Die Forscher schlußfolgerten: »Für viele verkörpert der Froster die Gewähr, daß immer Nahrung im Hause ist, und Nahrung im Hause bedeutet Sicherheit, Wärme und Geborgenheit.« Leute, die sich unsicher fühlen, brauchen immer mehr Lebensmittel im Hause, als sie essen können, stellte man fest. Die Werbeagentur entschied, die Tiefkühltruhen-Hersteller sollten bei der Werbung diesen »Eichhörnchen-Faktor« mit in die Rechnung einbeziehen. Die gleiche Agentur entdeckte, daß die Klimaanlage einen verborgenen Sicherheitswert anderer Art hat, den man ausnutzen kann. Die Befrager fanden heraus, daß manche Leute das Bedürfnis haben, sich geschützt und umhegt zu fühlen und während der Nachtruhe die Fenster geschlossen halten, damit nichts »Bedrohendes« herein kann. Solche Leute sehnen sich, wie es scheint, unterbewußt nach einer Rückkehr in die Geborgenheit des Mutterleibes.

Während diese Typen einen leicht zugänglichen Markt für Klimaanlagen darstellen (der Jahresumsatz an Klimaanlagen liegt zur Zeit bei etwa fünfhundert Millionen Dollar), gibt ein anderer Typ dem Klimaanlagen-Verkäufer eine harte Nuß zu knacken. Die Rechercheure der Agentur entdeckten, daß viele von uns eine latente Klaustrophobie, eine heimliche Angst vor dem Aufenthalt in geschlossenen Räumen, haben. Für solche Menschen ist die Klimaanlage keineswegs ein Symbol der Sicherheit, sie wird vielmehr zur Bedrohung. Ihre versiegelte Welt erweckt in uns das Gefühl des Eingeschlossenseins. Die Agentur schlußfolgerte, es müsse ein Weg gefunden werden, solchen Leuten das offene Fenster zu lassen und sie dennoch zum Kauf von Klimaanlagen zu überreden; wie man das fertigbringe, sagte sie allerdings nicht. (Ein anderer Werbefachmann belehrte uns, daß nichtsdestoweniger viele Menschen beim Einbauen der Klimaanlage ein Schuldgefühl haben, weil »Gott das schlechte Wetter macht, darum finde Dich damit ab«. Er sagte: »Diese Einstellung findet man in Amerika noch erstaunlich häufig.«)

Dr. Dichter wies die Marketer für Bastelwerkzeug und -zubehör darauf hin, daß sie einen Fehler begingen, wenn sie den Männern nur Zubehör und nicht auch Sicherheit verkauften. Er meinte: »Der auf sein Werkzeug oder seine Geräte sich konzentrierende Mann lebt in einer abgeschlossenen Welt. Er ist frei von den Spannungen zwischenmenschlicher Beziehungen. Er ist in einem friedlichen Zwiegespräch mit sich selber begriffen.«

Mitte 1956 war auf einer Kindermöbelschau eine Kombination von Kinderstuhl, Badewanne und Töpfchen ausgestellt. Der Leiter der Firma erklärte, dieses Möbel sei darauf berechnet, dem Kind ein »Heim« und ein »Gefühl der Sicherheit« zu geben, und fügte hinzu: »Die Dinge treiben auf den Punkt zu, wo die Hersteller mehr und mehr Psychologen sein müssen.«

Wertbestätigung verkaufen. Mitte der fünfziger Jahre führte *The Chicago Tribune* eine tiefenpsychologische Untersuchung des Waschmittel- und Seifenmarktes durch, um ausfindig zu machen, warum diese Produkte versäumt hatten, wie viele andere Erzeugnisse eine Markentreue aufzubauen. Die Hausfrauen pflegten von einer Marke zur anderen zu wechseln. *Tribune* hielt das für bedauerlich und folgerte, die Seifen- und Waschmittelhersteller trügen offensichtlich selber Schuld daran. Ihre Werbung sei altmodisch gewesen. »Die meiste Werbung zeigt praktisch den Mangel an Erkenntnis, daß die Frauen beim Gebrauch dieser Erzeugnisse irgendein anderes Motiv bewegt, als sauber zu sein, Hände zu schonen oder Gegenstände sauberzuhalten.« Dem tiefenpsychologisch bewanderten Seifenhersteller, mahnte der Bericht, wird klar sein, daß viele Hausfrauen das Gefühl haben, mit der Wäsche eine Plackerei am Hals zu haben, die weder anerkannt noch belohnt wird. Der Werbetreibende sollte daher das Gefühl der Frauen für »Wert und Schätzung« heben und pflegen. Seine »Werbung sollte die Rolle des Haushaltens preisen – nicht aufdringlich und plump oder durch befremdliches direktes Lob, sondern auf vielerlei Umwegen klarmachen, was für eine wichtige und stolze Sache es ist oder sein müßte, Hausfrau zu sein und eine oft als Plackerei angesehene Aufgabe zu erfüllen«.

In seinem Buch über Motivforschung weist Dr. Smith darauf hin, daß Kofferfabrikanten ihre Umsätze steigern können, wenn sie das Publikum daran erinnern, daß sie eine Art Wertbestätigung verkaufen. »Hübsches neues Gepäck«, belehrt er, »verleiht dem Menschen das Gefühl eigener Wichtigkeit und mehr Ansehen, wenn er in die Welt hinausfährt.«

Gelegentlich bedarf sogar der allwissende Doktor sehr der Bestätigung, und Dr. Dichter zufolge wird eine kluge pharmazeutische Firma ihm dieses Gefühl verkaufen, was ihr die Dankbarkeit des Arztes eintragen wird. Zumindest kann sie, wenn ein Rezept auszuschreiben ist, auf eine allgemeine Empfehlung ihrer Präparate rechnen. Dr. Dichter unterzog 204 Doktoren einer tiefenpsychologischen Untersuchung, um den Inserenten der Arzneimittelbranche aufzuzeigen, wie sie »die Rezeptmotivation der Ärzte« wirksamer beeinflussen könnten. Die pharmazeutischen Firmen müßten begreifen, daß der Arzt sich durch die Häufung fabrikmäßig zusammengestellter, fertig gemischter Medikamente ein wenig bedroht fühle. Die befragten Ärzte bekundeten tiefen Verdruß über die Werbung der Arzneimittelhersteller, welche den Arzt eher in die Position eines Pillenverschreibers verweise, statt ihn vor allem als Diagnostiker und Heiler herauszustellen. Nach Dr. Dichter wird die kluge pharmazeutische Firma nicht einen so großen Teil des Heilerfolgs für sich beanspruchen oder über den Arzt hinweg sich an das Publikum wenden. Statt dessen wird sie danach trachten, die Vorstellung des Arztes von sich selbst als dem »allmächtigen Heiler« zu untermauern und bei der Werbung eher den Doktor in den Vordergrund schieben, als »die medizinischen Eigenschaften der Arznei« überzubetonen.

Ego-Befriedigung verkaufen. Das ist in gewisser Hinsicht dem Verkaufen von Wertbestätigung verwandt. Ein Fabrikant von dampfbetriebenen Schaufelbaggern stellte fest, daß es mit dem Absatz haperte. In seinen Inseraten hatte er herrliche Fotos seiner Mammutmaschinen gebracht, wie sie große Lasten Fels und Sand emporhoben. Eine Motivuntersuchung von möglichen Abnehmern sollte erweisen, was eigentlich verkehrt war. Als erstes zeigte sich, daß die mit dem Kauf solcher Maschinen beauftragten Einkäufer stark von den Meinungen und Empfehlungen ihrer Baggerführer beeinflußt waren, und die Baggerführer bewiesen beträchtliche Abneigung gegen das Fabrikat dieser Firma. Als man bei den Baggerführern sondierte, fanden die Befrager auch alsbald den Grund. Die Baggerführer waren verdrossen über die Bildanzeigen, wo der ganze Ruhm der gewaltigen Maschine zufiel und der Baggerführer nichts weiter als eine kaum erkennbare Figur im Führerstand war. Um diese Einsicht bereichert, wandelte der Baggerfabrikant seine Werbung ab und schoß seine Fotos nun über die Schulter des Baggerführers, so daß sie ihn als den Herrn und Meister der Mammutmaschine zeigen. Diese neue Form »besänftigte die Abneigung der Baggerführer«, wie die Zeitschrift *Tide* berichtete.

Eines der besten Beispiele für das Verkaufen von Ego-Befriedigung bietet die »Eitelkeitspresse«, welche vollständig vom Autor finanzierte Bücher herausbringt. Anfangs der fünfziger Jahre gehörten zehn Prozent aller in Amerika erschienenen Bücher dieser Kategorie an. Einer der rührigsten Eitelkeitsverlage, Exposition Press, bringt an die zweihundert solcher Bücher im Jahr heraus. Der Verleger, Mr. Edward Uhlan, sagt: »Unsere Autoren müssen psychologisch und finanziell darauf gefaßt sein, Geld einzubüßen. Andere Verlage mögen Reichtümer versprechen ... wir bieten nur Unsterblichkeit!« Er druckt nicht nur den Namen und die Worte des Autors in unsterblichen Lettern, sondern veranstaltet auch Autorenfrühstücke, Autogrammtage in den Buchhandlungen und sorgt für Zeitungskritiken und Rundfunkinterviews. Mr. Uhlan sagt, er habe Autoren gehabt, die derart versessen darauf waren, sich gedruckt zu sehen, daß sie bereit waren, ihre Autos zu verkaufen und Hypotheken auf ihre Häuser aufzunehmen, nur um die Herausgabe ihrer Bücher bei Uhlan zu finanzieren. Einer erbot sich, seine 240 Morgen große Viehranch in Neu-Mexiko zu verkaufen. Mr. Uhlan, ein aufrichtiger Mann, meint: »Ich hatte öfters das Gefühl, mein Schreibtisch im Büro sollte zweckmäßig gegen die Couch eines Psychoanalytikers ausgetauscht werden.«

Schöpfungsauswege verkaufen. Die Abteilungsleiterin für psychologische Forschung bei einer Chicagoer Werbeagentur erwähnte beiläufig in einem Gespräch, Gartenarbeit sei eine Art »Schwangerschaftsaktivität«. Darüber befragt, erwiderte sie, als erkläre sie die selbstverständlichste Sache von der Welt, daß die Gartenarbeit älteren Frauen eine Möglichkeit gebe, noch Dinge wachsen zu lassen, nachdem sie über das Stadium des Kinderkriegens hinaus seien. Dies erkläre, sagte sie, warum die Gartenarbeit von besonderem Reiz sei für ältere Frauen und für Männer, die ohnehin keine Kinder bekommen können. Sie führte den Fall einer Frau mit elf Kindern an, die nach dem Eintreten der Menopause beinahe einen Nervenzusammenbruch erlitt, bis sie die Gartenarbeit entdeckte, mit der sie sich zum erstenmal in ihrem Leben mit offensichtlichem und großem Entzücken befaßte.

Hausfrauen erzählen durchweg, daß Kuchenbacken eine der erfreulichsten Aufgaben sei. Um Verkaufshinweise zu erlangen, wurden Psychologen zur Erforschung dieses Phänomens angesetzt. James Vicary machte eine Untersuchung über die Kuchensymbolik und kam zu der Schlußfolgerung, daß »überlieferungsgemäß Kuchenbacken stellvertretend für Nicht-mehr-gebären-Können steht«; das heißt, wenn die Frau einen Kuchen für ihre Familie bäckt, beschenkt sie die Familie symbolisch mit einem neuen Baby – eine ihr sehr liebe Vorstellung. Als Beweis führte Mr. Vicary die vielen Späße und das Altweibergeschwätz über das Kuchenbacken an: die Stichelei, daß eine Braut, deren Kuchen zusammenfällt, offenbar dereinst kein Kind zur Welt bringen kann; der eheliche Scherz über »einen Kuchen im Ofen belassen« und der Aberglaube, daß einer Frau, die während der Menstruation bäckt, der Kuchen wahrscheinlich zusammenfällt. Eine psychologische Beratungsfirma in Chicago führte ebenfalls eine Untersuchung über die Kuchensymbolik durch und stellte fest: »Frauen erleben das Kuchenbacken als ein Geschenk ihrer selbst an die Familie«, womit im großen und ganzen das gleiche angedeutet wird.

Die tischfertigen Konserven – vor allem die backfertigen Kuchenmehle – sahen sich bald tief in dieses Problem weiblicher Schöpfungskraft verstrickt und stießen auf weit mehr Widerstand, als die Hersteller sich als logisch denkende Menschen je hätten träumen lassen. Sie mußten mit der Ablehnung und dem Schuldempfinden der Frauen fertig werden, die das Gefühl hatten, die Verwendung von tischfertigen Konserven sei ein Zeichen schlechter Haushaltführung und drohe sie einer gewohnten Quelle des Lobes zu berauben.

Anfänglich lautete die Gebrauchsanweisung auf den Kuchenmehlpackungen: »Keine Milch, nur Wasser hinzufügen«. Trotzdem ließen viele Frauen es sich nicht nehmen, Milch – als ihren eigenen schöpferischen Beitrag – hinzuzufügen und überluden dadurch den Kuchen oder das Gebäck mit Kalzium; folglich fiel oft der Kuchen zusammen, und die Frauen schalten auf das Kuchenmehl. Oder auf der Packung stand: »Keine Eier hinzufügen«. Normalerweise waren bereits vom Hersteller Milch und Eier in Trockenform beigemengt. Aber die Frauen, die man tiefeninterviewte, sagten empört: »Was ist das schon für ein Kuchen, wenn man nur Leitungswasser hinzuzufügen braucht?« Mehrere psychologische Beratungsfirmen rangen mit diesem Problem, und alle gelangten im wesentlichen zu der gleichen Antwort. Die Konservenfabriken sollten stets der Hausfrau etwas zu tun übriglassen. Daher riet Dr. Dichter der General Mills, von nun an der Hausfrau zu sagen, daß sie und Bisquick es *gemeinsam* schafften, nicht Bisquick allein. Swansdown White

Cake Mix wies die Frauen in dicken Lettern an: »Man nehme frische Eier ...« Bei manchen kochfertigen Konserven muß die Hausfrau beides hinzutun, frische Eier und frische Milch.

Wer etwas auf den Markt bringt, entdeckt viele Bereiche, wo der Absatz sich verbessern läßt, indem man dem möglichen Abnehmer nahelegt, das Produkt durch sein eigenes schöpferisches I-Tüpfelchen zu vollenden. Eine Baufirma an der Westküste kam dahinter, daß ihre Architekten und Gestalter die Häuser zwar bis ins letzte Detail entwerfen konnten, es aber trotzdem klüger war, hier und da ein Plätzchen zu belassen, wo die Bauherren ihre eigene persönliche Note anbringen können. Und Dr. Dichter empfahl als Berater pharmazeutischer Firmen, den Ärzten bei medizinischen Präparaten die Möglichkeit zu belassen, nach eigenem Ermessen etwas hinzuzufügen, so daß jeder Arzt das Gefühl haben könne, die Zusammensetzung sei »seine eigene«.

Liebesobjekte verkaufen. Man mag das für eine merkwürdige Verkaufsart halten, aber die Reklameleute des Fernsehpianisten Liberace haben – anscheinend mit Vorbedacht – seinen Verkauf an Frauen jenseits der Wechseljahre (aus denen ein großer Teil seiner Anhängerschaft besteht) künstlich durch die Fallen der Ödipus-Symbolik beeinflußt. Der Fernsehjournalist John Crosby spielte bei der Schilderung des Empfanges in England darauf an, wo Liberace – nach Mr. Crosby – »in der ganzen Fülle seiner Grübchen« im britischen Werbefernsehen auftrat. *New Statesman and Nation* zitierte Mr. Crosby wie folgt: »Jede amerikanische Mammi verlangt es danach, diese schelmischen Schmalzlöckchen zu streicheln. Sein breites, zutrauliches Kinderlächeln bleibt sogar, wenn er lauthals singt.« Fernsehzuschauer, die Gelegenheit hatten, Mr. Liberace auf dem Bildschirm zu begegnen, werden sich erinnern, daß in sein Auftreten häufig ein Bild seiner richtigen Mammi eingeblendet wird, wie sie während der Darbietungen ihres Sohnes strahlend im Schaukelstuhl oder auf dem Sofa sitzt.

Kraftgefühl verkaufen. Der Zauber, den jedes Produkt auf die Amerikaner ausübt, das ihre persönliche Kraft zu erweitern scheint, hat Industrie und Handel ein ergiebiges Ausbeutungsfeld erschlossen. Die Autofabrikanten waren zum Beispiel bestrebt, Wagen mit immer mehr PS zu bauen. Nach einer psychologischen Sondierung kam eine Werbeagentur im Mittelwesten zu dem Ergebnis: Der Entschluß, alle zwei Jahre einen funkelnden neuen und stärkeren Wagen zu kaufen, erhält einen wichtigen Anstoß durch die Tatsache, daß er ihm (dem Käufer) »ein erneutes Kraftbewußtsein verleiht und ihn in seiner Männlichkeit bestätigt, ein Gefühlsbedürfnis, das sein alter Wagen nicht mehr befriedigt.«

Eine Erschwerung liegt für den PS-Reiz eines kraftvollen neuen Wagens nach den Feststellungen des Institute for Motivational Research darin, daß der Käufer sich häufig schuldig fühlt, weil er sich Motorkraft leistet, die man als unnötig ansehen könnte. Der Käufer braucht eine vernunftmäßige Begründung für die Befriedigung seiner geheimen Wünsche. Als gute Lösung schlug das Institut vor, zwar mit den PS zu locken, jedoch zu betonen, daß diese ganze wunderbare geballte Kraft »zusätzliche Sicherheit im Notfall« bedeute. Das verschafft ihm, wie ein Angestellter des Instituts erläutert, jene »Illusion der Vernünftigkeit«, die der Käufer braucht.

Die Werbeagentur McCann-Erickson führte für die Esso eine Untersuchung über die Kaufmotive der Verbraucher durch, um wirksamer neue Esso-Freunde zu werben. Sie entdeckte den beträchtlichen Zauber, der in dem Wort »Kraft« steckt. Nach vielen Tiefeninterviews mit Benzinkäufern vollzog die Agentur eine Werbestrategie, die unentwegt mit zwei Wörtern in Großbuchstaben trommelte: TOTALE KRAFT.

Dieses insbesondere bei Männern vorhandene Verlangen nach Kraftbewußtsein wurde von den am Absatz von Motorbooten interessierten Marketern beobachtet und weidlich ausgenutzt. Obwohl der Besitzer eines Tourenbootes kein bestimmtes Ziel hat oder es zumindest nicht eilig hat, kaufen die Amerikaner achtmal mehr Motorboote als Segelboote. Das Institute for Motivational Research untersuchte die amerikanische Einstellung zum Bootskauf und kam zu dem Ergebnis, daß der Durchschnittskäufer sein Boot als ein hervorragendes Mittel zur Befriedigung seines Kraftverlangens ansieht. Ein leitender Mann der Wirtschaft, um eine eingehende Äußerung zu diesem Thema gebeten, sagte: Mit einem guten Motorboot »kann man zeigen, daß man ein ganzer Mann ist, und man kann damit lospreschen ohne die Befürchtungen, die man auf der Straße ständig haben muß«. Das Institut erklärte, viele Männer schienen ihr Boot zu benutzen, um ihr Kraftbewußtsein »auf beinahe sexuelle Weise« auszudrücken, und umriß das »Kraftprofil« des Durchschnitts-Enthusiasten beim Bootskauf. Wenn der Mann nacheinander fünf Boote besessen hat, sieht sein »Kraftprofil« etwa so aus: erstes Boot 3,5 PS; zweites Boot 5 PS; drittes Boot 2/10 PS; viertes Boot 20/25 PS; fünftes Boot obere PS-Grenze in den Wolken. Das Institut empfiehlt: »Auf Gewinn bedachte Fabrikanten sollten die psychologischen Mittel und Wege zur Auswertung dieser Motive bis ins letzte ergründen.«

Verwurzelungsgefühl verkaufen. Als der Mogen-David-Weinvertrieb einen Weg suchte, um seine Absatzwerbung für die damals noch unbekannte Weinmarke mit einem gewissen Zauber auszustatten, wandte er sich über seine Werbeagentur an die Motivforschung. Psychologen und andere Tester hörten sich an, was die Leute aus dem Stegreif über Wein redeten, und stellten fest, daß viele ihn mit familiären und festlichen Anlässen in Verbindung brachten. Manche sprachen mit fast so etwas wie Heimweh über den Wein und von der damaligen guten alten Zeit. Man stellte ein schlagkräftiges, auf diesen anheimelnden Assoziationen basierendes Streuwerbungs-Programm auf. Geschickt wurden »Heim« und »Mutter« in die Anpreisungen verflochten.

Eine Schlagzeile lautete: »Die gute alte Zeit – der Wein des trauten Zuhause – der Wein, den Großmutter immer hatte.« Infolge dieser sorgfältig »motivierten« Slogans verdoppelte sich der Absatz von Mogen David innerhalb eines Jahres, und bald veranschlagte die Firma allein zwei Millionen Dollar für Werbung – die größte Werbekampagne in der Geschichte des Weinhandels.

Unsterblichkeit verkaufen. Von allen Anstrengungen, geheime Sehnsüchte zu verkaufen, war die einer Konferenz von Lebensversicherungsleuten im Mittelwesten vorgeschlagene vielleicht die verblüffendste. Die Konferenz hatte Edward Weiss, Chef von Weiss & Geller, gebeten, den Mitgliedern der versammelten North Central Life Advertisers Association (im April 1955 in Omaha) zu erzählen, wie man der Versicherungswerbung mehr Schwung geben könnte. In seinem Vortrag »Die verborgene Einstellung zur Lebensversicherung« berichtete er über eine von mehreren Psychologen durchgeführte Untersuchung. (Nebenbei wies er darauf hin, daß eines der ernstlichen Probleme für den Versicherungsabschluß bei Frauen darin bestehe, wie man sie zur Unterzeichnung des Vertrages bringe, ohne sie daran zu erinnern, daß sie älter werden. Fangen sie erst an, über ihr fortschreitendes Alter nachzugrübeln, kann die ganze Werbungsmühe um sie vergebens gewesen sein. Weiss meinte, dieses Problem verlange echtes »schöpferisches« Denken.)

Den Kern seiner Darlegungen bildeten jedoch die Erkenntnisse über das Verkaufen von Lebensversicherungen an den Mann, der in den meisten Familien der Ernährer ist und dessen Leben versichert werden sollte. Weiss kritisierte viele der üblichen Verkaufsgespräche als blind gegenüber den Realitäten dieses Mannes, der gewöhnlich die Kaufentscheidung trifft. Normalerweise preise die übliche Werbung entweder die Beharrlichkeit und Hilfsbereitschaft des Versicherungsagenten, oder sie male liebevoll den behaglichen Lebenszuschnitt der Familie aus, der dank der Versicherung nach dem Tod des Ernährers gewährleistet sei. Beide Parolen sind grundfalsch, sagte Mr. Weiss. Er gab zu, daß in ein paar Fällen der Ernährer für seine Vorsorge gelobt werde, aber trotzdem wird er stets als einer dargestellt, der schon tot und dahingegangen ist.

Ein echter Anreiz zur Lebensversicherung liegt nach Feststellung der Tester für einen Mann darin, daß ihm der Anschluß »vermittels der Fortdauer seines Einflusses die Aussicht auf Unsterblichkeit« bietet, denn »nicht die Tatsache seines *physischen* Todes ist ihm unfaßbar, sondern die Aussicht, *ausgelöscht zu sein*«. Der Mensch kann den Gedanken daran nicht ertragen. Weiss berichtete, wenn Männer auf der Ebene des Bewußtseins und des mehr Formalen über Versicherungsschutz redeten, sprachen sie von ihrem innigen Bestreben, ihre Lieben im Fall einer »Eventualität« zu schützen. Dabei kam ihr Wunsch nach Unsterblichkeit deutlich zum Vorschein. Aber Weiss sagte, es gebe kräftige Beweise dafür, daß diese sozial begrüßenswerte Verantwortungsbereitschaft nicht immer der wahre und hauptsächliche Wunsch des möglichen Versicherungsnehmers sei. Zwar scheine er für viele Männer zuzutreffen, aber keineswegs für alle. »In vielen Fällen enthüllten unsere Projektionstests den brennenden Wunsch des Befragten nach Unsterblichkeit, um seine Familie noch nach dem Tode *beaufsichtigen* zu können. Diese Menschen versichern sich gegen das *Ausgelöschtsein* durch die Gewißheit, ihre Familie weiterhin *beherrschen,* den Lebensstandard der Familie *bestimmen* und die Erziehung ihrer Kinder leiten zu können, nachdem sie längst von hinnen gegangen sind.«

Mr. Weiss warf dann die Frage auf, wie die Werbung diese beiden Typen wirksamer jener Art von Unsterblichkeit versichern könne, nach der sie sich sehnten. Kurz gesagt, wie könnte ein Prospekt beide Versprechen – Schutz und Kontrolle – enthalten, ohne den einen oder den anderen Versicherungswilligen abzustoßen? Weiss sagte: »Ich möchte zu bedenken geben, daß eine solche Werbung wirksamer werden kann, wenn sie auf die Gefühlsprobleme des Versicherungsnehmers selbst abgestellt wird, statt die Annehmlichkeiten für seine Hinterbliebenen auszumalen.« Er schlug vor, bei der Darstellung von Sicherheit und Eintracht der Hinterbliebenen müsse die »lebende Person« des Ernährers als Bild oder Hinweis stets gegenwärtig sein. Nicht genug damit, daß er ins Familienbild gehöre, »sondern er, und nur er, ist der Held, der ewig Beschirmende, Sorgende, Tröstende und Lenkende«.

VIII

Der sexuelle Beiklang

> *»In den eigenen Körper verliebt zu sein, ist ein im Unterbewußtsein manches Erwachsenen fortbestehender infantiler Zug ... Ob es moralisch ist, ihn auszunutzen ... um Waren zu verkaufen ... steht auf einem anderen Blatt.«* – Fortune

Die verkaufsfördernde Macht des Sexus war allerdings keine Originalentdeckung der kommerziellen Tiefenpsychologen. Schon seit langem haben die Werbefachleute Sex-Verkörperungen rein als Blickfang geschätzt. Aber mit dem tiefenpsychologischen Weg begann der Sexus manche interessante Abweichungen, Verästelungen und Verfeinerungen anzunehmen. Man bemühte sich, in tiefere Bewußtseinsschichten einzudringen. Simple nackte Frauenbeine und andere wohlbekannte Männerfangobjekte, wie man sie für den Routineverkauf benutzte, wurden als begrenzt durchschlagskräftige Waffen betrachtet.

Die Männerfang-Themen hatten den einen Nachteil, daß die Käuferin hinterher oft enttäuscht und verärgert war. Die Parfümhersteller, die anfangs der fünfziger Jahre einander mit sextriefenden Namen und Themen zu überbieten suchten, hatten Mühe, die Frau zum Kauf einer zweiten Flasche zu bewegen, wenn die erste sexuell vielversprechende Flasche ihnen keinen passenden Mann in die Arme getrieben hatte. Das Institut für Motivforschung berichtete, nachdem es sich mit diesem Problem befaßt hatte, man finde den Toilettentisch vieler Frauen übersät mit »erstorbener Begeisterung« – abgestandenen Krüglein, ungeöffneten Flaschen und halb aufgebrauchten Töpfchen mit Schönheitsmitteln. Nach den Feststellungen des Instituts ist es unter den Benutzerinnen schlecht um die Markentreue bestellt, und die Industrie mußte gegen Enttäuschung ankämpfen und neue Hoffnungen erwecken, indem sie unablässig neue Erzeugnisse herausbrachte, ein kostspieliges und entmutigendes Verfahren. (Werbefachleute erzählen sich auf Tagungen die Geschichte von dem schüchternen Mädchen, das all die leidenschaftlichen Etikette auf dem Verkaufstisch einer Parfümerie musterte und errötend fragte, ob es nicht auch etwas für Anfängerinnen gäbe.) Im Jahre 1955 erschienen auf dem Gebiet der Körperpflegemittel über 250 neue Warenzeichen. Eine weitere, die Kosmetikleute plagende Schwierigkeit war, daß moderne Frauen nicht mehr mit dem bloßen Versprechen des Männerfangs oder sexueller Bezauberung zu behexen waren. Sie verlangten etwas mehr: von den Männern als *Gefährten* anerkannt und geachtet zu werden, was natürlich für einen einfachen Parfümkaufmann etwas schwieriger zu versprechen war. Das wollte überlegt sein. Die Sachlage erheischte, um mit den Worten des Instituts zu reden, »subtilere und passivere Sexsymbole als eine Generation zuvor«, mit behutsamer Betonung solcher Komponenten wie Poesie, Phantasie und Launen, wobei der reine Sex bloß ausgesprochen sanft anklingen darf.

Während man für die tiefenpsychologische Marktschaffung den Sex sanfter anklingen ließ, fand er als simpler Blickfang in immer gewagteren Formen Verwendung. Das Publikum war abgestumpft und duldsam geworden. Die Büstenhalter- und Miederreklame zum Beispiel befleißigte sich immer kühner eines Beigeschmacks von Masochismus, Exhibitionismus und so weiter. Ein weitverbreitetes Inserat zeigte ein reizendes blondlockiges Mädchen, das, nur mit Büstenhalter und Hüftgürtel bekleidet, von einem modernen Höhlenmenschen an den Haaren über den Boden geschleift wird. Die freche Schlagzeile lautete: »Heraus aus der Beinzeit, Liebling!« Ein anderes Miederinserat zeigte ein Mädchen mit seinem Freund in einem Windtunnel, wie man ihn auf den Vergnügungsplätzen in Coney Island findet; der Wind bläst ihr den Rock über den Kopf und gibt ihren Körper mit dem zum Kauf angebotenen Hüftgürtel den Blicken preis. Das Mädchen kichert verschämt.

Der umstrittenste Blickfang dieser Art war die Werbekampagne »Mir träumte, ich rief mit meinem ›Maidenform‹-Büstenhalter eine Verkehrsstockung hervor«. Die Situationen wechselten, aber immer bewegte sich das bis auf den nur mit einem Büstenhalter bedeckten Oberkörper vollkommen bekleidete Mädchen unter normal angezogenen Leuten. Da sie ja träume, so argumentierte man, sei ihre unzulängliche Bekleidung zulässig. Die Werbefachleute stritten über die Möglichkeit dieses Inserats und was Frauen bei seinem Anblick wohl empfinden mochten. Einige waren nach Gesprächen mit ihren psychologischen Beratern überzeugt, daß die dargestellte Szene bei Frauen einfach einen Angstzustand hervorrufen würde, da sie eine gewöhnliche oneiroide oder Traumäußerung der von vielen Frauen erlebten neurotischen Ängste darstelle. Andere indessen waren nach Rücksprache mit ihren Psychologen überzeugt, daß die Anzeige geschickt sei, weil der Wunsch, nackt oder spärlich gekleidet in einer Menschenmenge zu erscheinen, »bei den meisten Leuten bestehe«, und sie »ein ausgezeichnetes Beispiel der Wunscherfüllung darstelle«. Diese Ansicht überwog offenbar; denn die Werbung wurde verstärkt, und Maidenform bot dem Publikum für darstellbare Ideen zu Traumsituationen Preise bis zu 10 000 Dollar.

In den Händen tiefenpsychologischer Kaufleute nahmen die Sex-Verflechtungen mitunter seltsame Formen an. Für eine große Füllhalterfirma im Mittelwesten wurde eine Untersuchung über die sinnlichen und sexuellen Nebenbedeutungen der Füllhalter durchgeführt. Ein Psychologie-Berater aus Chicago, R. R. McMurry, untersuchte die Motive für den Füllhalterkauf und kam zu der Schlußfolgerung, daß der Füllhalter von den Männern als Körper-Imago erlebt werde – deshalb seien sie bereit, bis zu fünfzehn Dollar für einen Füllhalter zu zahlen, dessen Äußeres sie als Imago besonders befriedige, selbst wenn ein billigerer ebensogut schreibe.

Einen Beweis, in welchem Umfang sexuelle Anreize sich durchsetzen, bietet der sogenannte Ringsport. Man entdeckte, daß die von Grunzen und Stöhnen begleiteten Schaustellungen der Berufsringer – angeblich ein schwitziger, männlicher Kraftsport – nur noch wegen der weiblichen »Fans« weiterleben. Eine Nielsen-Umfrage unter ringkampfbegeisterten Fernsehzuschauern ergab, daß die weiblichen Zuschauer die männlichen im Verhältnis zwei zu eins überwogen. Die Kampfveranstalter, jeden Dreh geschickt einkalkulierend, der den weiblichen Fans die meisten schrillen Schreie entlockte, schalteten um auf Sadismus (unter der Quälerei sich windende Männer), allgewaltige männliche Symbolik (auf die Brust trommeln und Muskeln springen lassen) und modische Reize (immer elegantere Kostüme für die Ausübenden).

Ein klassisches Beispiel dafür, wie die Motivanalytiker in unserem tieferen sexuellen Verlangen Verkaufsmöglichkeiten aufspüren, war eine Untersuchung, die Dr. Dichter in den Anfangszeiten der Motivforschung für die Chrysler Corporation durchführte. Sie ist als »Geliebte contra Ehefrau« bekanntgeworden.

Man erbat von Dr. Dichter eine Erklärung für eine den Autohändlern unerklärliche Tatsache. Obgleich die meisten Männer Limousinen und nur selten Kabrioletts kauften, übten offensichtlich die Kabrioletts eine stärkere Anziehungskraft auf sie aus. Die Händler hatten herausgefunden, daß sie mehr Männer in ihre Ausstellungsräume lockten, wenn sie Kabrioletts ins Fenster stellten. Nachdem Dr. Dichter den Sachverhalt erkundet hatte, kam er zu der Schlußfolgerung, daß Männer das Kabriolett als eine symbolische mögliche Geliebte ansehen. Kabrioletts rufen in ihnen den Traum von Jugend, Romantik und Abenteuer hervor, genauso wie sie wohl von einer Geliebten träumen mögen. Der Mann weiß, daß er seinen Wunsch nach einer Geliebten nicht befriedigen wird, aber es ist angenehm, davon zu träumen. Dieses Wunschträumen zieht den Mann in den Auto-Verkaufsraum. Einmal dort, wählt er schließlich eine viertürige Limousine, genauso wie er einst ein schlichtes Mädchen geheiratet hat, von dem er wußte, daß es eine gute Ehefrau und Mutter werden würde. »Symbolisch ausgedrückt, heiratet er die Limousine«, erläuterte ein Vertreter Dr. Dichters. Die Limousine ist zweckmäßig, praktisch, solide und sicher. Dr. Dichter war der Meinung, die Firma würde einen groben Fehler begehen, wenn sie ihr Schwergewicht auf Limousinen verlegte, nur weil sie der von den Männern am Ende meistgekaufte Wagen war. Statt dessen empfahl er der Gesellschaft dringend, den Männern die Hoffnung auf ein Abenteuer mit einer Geliebten ein bißchen näherzurücken und die Kabrioletts besonders auffällig zur Schau zu stellen. Der Sprecher erklärte Dr. Dichters Gedankengang folgendermaßen: »Wenn wir Ehefrau und Geliebte vereinigen könnten – alles, was wir bei einer Ehefrau suchen, plus Liebe, Jugend und Abenteuer, die wir uns bei einer Geliebten wünschen –, dann hätten wir ... siehe da, den ›hardtop‹.« Der Hardtop wurde sehr bald der erfolgreichste neue Wagentyp, der seit Jahren auf dem amerikanischen Markt erschienen war, und Dr. Dichters Organisation nimmt das Verdienst für sich in Anspruch, ihn durch ihre Untersuchung »Geliebte contra Ehefrau« angeregt zu haben.

Die Motivanalytiker stellten fest, daß um die Jahrhundertmitte in Amerika sowohl bei Männern als auch bei Frauen ein starkes Bedürfnis nach sexueller Bestätigung bestand. Millionen Frauen sehnten sich nach Beweisen, daß sie im Grunde immer noch feminin seien, und Millionen Männer sehnten sich nach Beweisen, daß sie immer noch unbestreitbar und entschieden maskulin seien. Die Geschäftsleute erkannten rasch die Möglichkeiten, beiden Erzeugnisse anzubieten, die als Bestätigungssymbole dienen mochten.

Frauen bedurften der Bestätigung ihrer Weiblichkeit, weil in der ersten Hälfte des Jahrhunderts ihre Rolle im Leben radikalen Veränderungen unterworfen gewesen war. Sie hatten viele ihrer alten Aufgaben eingebüßt, viele männliche Aufgaben übernommen und im Wirtschaftsleben oft darum gekämpft, als den Männern gleichberechtigt anerkannt zu werden.

Bei einem psychiatrischen Gedankenaustausch der Mitarbeiter von Weiss

& Geller stellten die Konferenzteilnehmer Überlegungen an, warum ein großer Teil der »sexbetonten« Kosmetikwerbung anscheinend nicht den entsprechenden Anklang fand; einer der Berater äußerte folgende Ansicht: »Ich glaube, das moderne Inserat sollte mehr Nachdruck auf einen Begriff legen, den (der bekannte Analytiker) Eric Fromm hervorgehoben hat, und der bei uns heutzutage fast ganz fehlt – nämlich Zärtlichkeit.« Und er fuhr fort: »Ich erwähne das, weil Fromm darin das schreckliche Kennzeichen der Frau von heute erblickt, die ständig voranzukommen versucht und mit ihrem mangelnden Zärtlichsein einen so ungeheuren Tribut dafür zahlt.«

Die Agentur wandte diese Gedankengänge auf ihre Verkaufswerbung für Damenwäsche und Haarpflegemittel an. Das bedeutete eine beträchtliche Umstellung. Einer der Angestellten erläuterte die Werbung für Haarpflegemittel folgendermaßen: »Bisher hatten wir das gewöhnlich so gemacht, daß irgendein Bursche seine Nase in das Haar der Dame steckte.« Unter der neuen Betrachtungsweise verschwand die Männernase völlig aus dem Bild. Männerfangsthemen wurden unmodern. Jetzt legte man den Nachdruck auf Themen, welche die Frau ihrer Weiblichkeit versicherten. Die Agentur führte eine tiefenpsychologische Untersuchung über das Marketing-Problem für Damenwäsche durch und folgerte daraus, daß die Frau, wenn es um Beifallssymbole geht, in erster Linie sich selbst beifällig betrachten könne und ihrer vollen Weiblichkeit sicher sein möchte; in zweiter Linie wünscht sie den Beifall anderer Frauen. Den Beifall des Mannes – wie er in der Werbesymbolik durch den bewundernden Blick eines schwärmerisch dreinschauenden männlichen Wesens verkörpert wird – bewerte man als das von diesen dreien am schwächsten wirkende Mittel, Damenwäsche zu verkaufen. Nachdem man zu dieser Erkenntnis gekommen war, arbeitete die Agentur eine Werbestrategie für Damenwäsche aus, die einfach darin bestand, eine Frau zu zeigen, die sich vor einem bis zum Boden reichenden Spiegel in dieser Wäsche bewundert und alle Frauen auffordert, es genauso zu machen. Eine derartige Werbung hat natürlich einen starken Beigeschmack von Narzißmus. Sie erwies sich aber als kräftiger Verkaufsförderer, und innerhalb von zwei Jahren überstieg der Absatz der betreffenden Wäsche den allgemeinen Trend dieser Industrie bei weitem.

In seinem Buch über Motivforschung berichtet Professor Smith beiläufig, daß diese Werbeagentur bei dem Versuch, den Frauen ein Haarpflegemittel zu verkaufen, beinahe auf eine versteckte Klippe aufgelaufen wäre, wenn sie nicht beizeiten den Rat von Soziologen eingeholt hätte. Man hatte die scheinbar geniale Idee gehabt, eine Heimdauerwelle zu verkaufen, indem man unter der Schlagzeile »Ein doppelter Haupttreffer bei Vati« Mutter und Tochter mit der gleichen Frisur zeigte. Es war eine nette Sache, und als man Frauen beiläufig – und zwar auf der Bewußtseinsebene – fragte, ob sie den Gedanken scheuten, im Wettbewerb um die Bewunderung des Gatten und Vaters mit ihrer Tochter verglichen zu werden, schlossen sie die Möglichkeit, daß eine derartige Konkurrenz bestehen könnte, glatt aus. Die Agentur war jedoch auf der Hut und beschloß, die Frage in Tiefeninterviews zu klären. Dabei stellte sich rasch heraus, daß die Frauen den »doppelten Haupttreffer bei Vati« in Wirklichkeit arg verübeln würden. Die Idee wurde fallengelassen.

Was die Männer und ihr Bedürfnis nach sexueller Bestätigung anbelangt, so hatte man entdeckt, daß Bestätigungssymbole bei ihnen »ankommen«, weil die Frauen in so viele männliche Domänen eingedrungen waren, daß die Männer sich sehr bewogen fühlten zu beweisen, daß sie immer noch Vollmänner seien. Trugen doch die Frauen lange Hosen und behaupteten sich.

Eine Zeitschrift, die blühte und gedieh, indem sie ein von kräftig maskulinem sexuellem Selbstvertrauen erfülltes Produkt anbot, war *True Magazine*. Ihre Zwei-Millionen-Auflage erreichte sie weitgehend, weil sie die bedrängten Männer in ihrer Männlichkeit bestätigte. Sie sprach zu ihren zwei Millionen größtenteils zweifelsohne seßhaften männlichen Lesern, als wären sie alle Holzfäller mit behaarter Brust, die soeben von einer Trampfahrt durch die Wälder Alaskas zurückgekehrt seien. Und sie lieh dem männlichen Groll über die »schleichende Gleichberechtigung« der Frau ihre Stimme. Chefredakteur Ralph Daigh erzählte Anfang 1956 einer Gruppe von Männern, daß eine »beispiellose Zahl« von Lesern sich für *True* entschieden hätte, weil sie »ihr maskulines Ego zu einem Zeitpunkt aufstachelt, da der Mann sich gegen die Bestrebungen der Frau, sich seiner überkommenen Rolle als Familienoberhaupt zu bemächtigen, zur Wehr setzen will«.

Das Marketingproblem für Rasierapparate und -zubehör kann, wie kommerzielle Tiefenpsychologen feststellten, vereinfacht werden, wenn man das Verhältnis des Mannes zu seinem Bart begreift. Die Psychologen des Stabes einer New Yorker Werbeagentur entdeckten bei einer Untersuchung, daß der Bart für den Mann symbolisch sehr wichtig ist, und daß der bloße alltägliche Akt, dieses Symbol der Männlichkeit wegzuschneiden, für manche Männer eine Art täglicher Kastration bedeutet. Manche Männer gaben zu, beim Rasieren zu schwitzen, und viele klagten, wie langweilig und lästig es sei. Bei einer Testbefragung indessen wurde einer Anzahl Männer folgende hypothetische Frage vorgelegt: Wenn zu einem vernünftigen Preis eine Creme auf den Markt käme, die Sie nach dreimaliger Anwendung für immer von Ihrem Bart befreien würde, so daß Sie sich niemals mehr zu rasieren brauchten, würden Sie diese Creme kaufen? Die Antwort: Praktisch keiner der Männer war daran interessiert. Nur drei Prozent bezeigten einiges Interesse am Kauf eines solchen Wundermittels. Einer dieser wenigen Interessenten erklärt: »Das wäre prima, ich habe nämlich Haare auf der Brust.«

Die Tatsache, daß die Zigarettenfabrikanten sich des größten Umsatzes der letzten 25 Jahre erfreuten (6 000 000 000 Zigaretten im Jahre 1955), ist von einigen Leuten dem »Mann-in-Bedrängnis«-Markt zugeschrieben worden. Die

Zigarre ist sicherlich eines der stärksten Männlichkeitssymbole überhaupt, bestimmt jedenfalls das stärkste, das für 50 Pfennig zu haben ist. Wenn Männer zu Herrenabenden zusammenkommen, zu denen Damen keinen Zutritt haben, zünden sie alle schwere Glimmstengel an, sogar diejenigen, die nur mit Mühe einen Hustenanfall unterdrücken. Die Zigarre ist unserer Vorstellung nach ein Symbol männlicher Stärke; sie wird von Gangstern wie von hartgesottenen Bankiers bevorzugt. Die Werbeagentur Young & Rubicam stellte bei einer tiefenpsychologischen Untersuchung fest, daß junge Männer sich beim Zigarrenrauchen unbehaglich fühlen, vermutlich weil Zigarren so ausgeprägte Symbole männlicher Kraft sind; es kommt ihnen wohl ein wenig anmaßend vor, Zigarren rauchen zu wollen. Eine von der Chicagoer Agentur Weiss & Geller angestellte Untersuchung ergab, daß sowohl sehr starke als auch im Grunde schwächliche und kleine Männer zur Zigarre greifen. Eine Zigarre gibt dem kleinen Kerl das Gefühl von Größe. Wenn der junge Vater eines eben geborenen Kindes an seine Freunde Zigarren verteilt, dann bedeutet das einer tiefenpsychologischen Untersuchung zufolge in Wirklichkeit, daß er frohlocken möchte: »Was bin ich doch für ein tüchtiger Mann, daß ich ein Kind gezeugt habe!«

Und wenn ein Mann die Damen höflich fragt, ob er eine Zigarre rauchen dürfe, dann ist er, einer Theorie nach, alles andere als aufrichtig. In Wirklichkeit macht er herausfordernd seine Männlichkeit geltend. Edward Weiss sagte dazu: »Er weiß verflixt gut, daß er das Zimmer verstänkern will.«

Mr. Weiss befaßte sich mit der symbolischen Bedeutung der Zigarre, weil eine Zigarrenwerbung sich als verkaufshindernd herausstellte, bei der eine Frau gezeigt wurde, die mit strahlendem Lächeln Männern Zigarren anbot. Eine tiefenpsychologische Untersuchung, die das Warum ausfindig machen sollte, führte zu dem Ergebnis, daß Männer Zigarren rauchen, um ihre Männlichkeit geltend zu machen und gern glauben, daß die Frauen diese Gewohnheit verabscheuenswürdig finden. Jeder dieser Ansicht zuwiderlaufende Werbetext beraubt den Mann eines seiner Hauptgründe für das Zigarrenrauchen.

Trotz dieser Warnung von Mr. Weiss sind die Zigarrenfabrikanten anscheinend ganz allgemein dafür, Frauen mit ins Bild zu bringen. Marktmäßig gibt es dafür gute Gründe. Allem Anschein nach kann man Frauen beim Einkaufen in großen Selbstbedienungsläden dazu bringen, eine Handvoll Zigarren für den Ehemann mit nach Haus zu nehmen. Als Impulsartikel für Frauen bietet die Zigarre so verlockende Möglichkeiten, daß das Amerikanische Zigaretteninstitut zum Vatertag 1956 in einem 200 000-Dollar-Werbefeldzug eine Frau herausstellte, die das Zigarrenrauchen ihres Mannes gutheißt. Zeitungsberichte erwähnten, das Zigaretteninstitut habe »ein Auge auf die einkaufende Frau«, und es sei eine Bewegung für gute Manieren beim Zigarrenrauchen im Gange. Die Zigarre war offensichtlich im Begriff, dem Umsatz zuliebe entmännlicht zu werden.

Sodann entdeckten die Motivanalytiker, daß manche Produkte für Männer und Frauen eine grundverschiedene Bedeutung haben. Die Industrie machte sich dieses Wissen zunutze, was sie befähigte, ihre Werbung gezielter zu gestalten. Die Einstellung von Mann und Frau, beispielsweise ihrem neuen Wagen gegenüber, weist hinsichtlich der Motivation eine Kluft auf. Während die Frau es kaum erwarten kann, damit zu fahren, möchte der Mann am liebsten gleich mit dem Polieren und Pflegen anfangen. In den letzten Jahren hat die Stimme der Frau bei der Entscheidung, welcher Wagen angeschafft wird, zunehmend Gewicht erlangt. Besonders überzeugungskräftig ist ihre Stimme beim Entscheiden über Farbe und Form der Familienkutsche. Die Automobilfabriken stellten sich darauf ein. Eine pries 1956: »Sicher und elegant wie nie zuvor!«

Anfang der fünfziger Jahre ließ Dr. Dichter die Autoservice-Industrie hoch aufhorchen, als er darauf hinweis, daß sie sich mit ihren Werbeparolen nicht an das richtige Geschlecht wende. Die Marketer hatten ihre Werbung für Tankstellenerzeugnisse ausschließlich auf den Mann abgestellt, da bekanntermaßen er der Praktiker in der Familie war. Dr. Dichter berichtete dagegen (und wer darüber nachdenkt, wird ihm recht geben): »Im Verlaufe unserer Untersuchung stellten wir fest, daß sich etwas geändert hatte, besonders in den Vorortgegenden. Augenscheinlich hat die Frau das Steuer in die Hand genommen, und zwar gründlich. In Wirklichkeit ist sie diejenige, die den Wagen in Ordnung hält; sie entdeckt das erste Klappern, und sie kennt Charlie, den Autoschlosser, viel besser, als ihr Mann ihn kennt . . .«

Auch beim Hauskauf ist die Motivation beträchtlich vom Geschlecht abhängig. Vor mehreren Jahren stand ein Siedlungsunternehmen bei Chicago vor dem Problem, rasch tausend Häuser zu verkaufen. Um diese gewaltig erscheinende Aufgabe zu beschleunigen, wandte es sich an eine tiefenpsychologisch orientierte Werbeagentur in Chicago. Diese zog mehrere Psychiater zu Rate und machte eine tiefenpsychologische Untersuchung, um den »Drücker« zu entdecken, der die Interessenten auf Kaufstimmung schalten würde. Die Aufgabe, Häuser zu verkaufen, wird durch die Tatsache kompliziert, daß Männer ein Haus in einem ganz anderen Licht sehen als Frauen. Der Mann sieht das Haus als eine symbolische Mutter, als einen ruhigen Zufluchtsort für sich nach einem aufreibenden Tag in der kampferfüllten Außenwelt, wo er sich oftmals nach einem gestrengen Chef richten muß. Sehnlichst hofft er in seinem idealisierten Heim jene Art Trost und Geborgenheit zu finden, wie er sie als Kind auf der Mutter Schoß zu finden pflegte.

Frauen, da sie bereits symbolische Mütter sind, sehen dagegen ein Haus als etwas ganz anderes. Eine Frau betrachtet ein Haus als einen Ausdruck ihrer selbst und oftmals buchstäblich als eine Ausweitung ihrer Persönlichkeit. In ein neues Haus kann sie selbst sich einpflanzen und wachsen, sich gestalten und frei entfalten. Diesen Einsichten folgend, ersann die Agentur mehrere zugkräftige Themen, mit denen sie beide, Männer wie Frauen, ansprach. Ein Inserat, das besonders für Männer entworfen war, zeigte ein kleines Haus und zwei ausgebreitete Frauenarme, die sich dem geplagten männlichen Leser entgegenstreckten und ihn an den Busen ihres Herdes zu ziehen schienen. Bei Mutti würde er gut aufgehoben sein!

Mitte der fünfziger Jahre wurden verschiedene, von Motivanalytikern als sexuell falsch eingestellt beurteilte Erzeugnisse einem planmäßigen Transvestitismus unterworfen. Die Wandlungen des Geschlechts wurden häufig für notwendig erachtet, um den sich wandelnden Kaufgepflogenheiten gewachsen zu sein.

Whisky, Gin und Bier zum Beispiel waren herkömmlicherweise, dem mutmaßlichen Geschlecht des Käufers entsprechend, in handfester, männlicher Aufmachung herausgebracht worden. Der Damenmodenzeitschrift *Vogue* stiegen Mitte der fünfziger Jahre Zweifel an dieser Voraussetzung auf, und sie befragte vierhundert Spirituoseneinzelhändler. 38 Prozent der Händler gaben an, mehr als die Hälfte ihrer Spirituosenkunden seien Frauen. Die Frauen mißachteten offenbar viele der alten männlichen Tabus, vielleicht weil die Spirituosenhandlungen sich zunehmend in den Einkaufszentren niederließen. Die Werbetexterin Dorothy Diamond rüffelte ihre männlichen Kollegen wegen ihrer altmodischen Einstellung: »Wenn ich die amerikanischen Trinkgepflogenheiten allein von der Werbung her kennenlernen würde, müßte ich annehmen, daß Whisky und Gin ausschließlich von Männern getrunken werden: Klubmitglieder, Sportler, Männer im Abendanzug ... aber niemals Frauen.« Sie räumte ein, daß es hinsichtlich der Menge noch einige Tabus gebe, meinte aber, die Branntweinindustrie könnte ein viel besseres Geschäft machen, wenn sie sich, besonders für Geschenkartikel, an das Frauchen wende. »Tatsächlich ziehen viele Gastgeberinnen Spirituosen den Pralinen vor«, schrieb sie und ermahnte die Industrie, »aus dem üblichen Spirituosenladen eine etwas reizvollere Einkaufsstätte« zu machen mit einladenden Schaufenstern und geschmackvoller Inneneinrichtung. Da sie nur an Männer verkauften, hätten die Spirituosenhandlungen das *dècor* vernachlässigt, meinte die Verfasserin, so daß der Durchschnittsladen flau sei wie ein abgestandener »highball«.

Fleischmann's Gin versuchte der sexuellen Umwälzung Rechnung zu tragen und wandte sich an Louis Cheskin um Rat. Er empfahl eine kleine Änderung am Etikett, die wahrscheinlich dem Durchschnittskäufer nicht einmal auffiel, jedoch, wie er behauptete, den Sex-Appeal des Etiketts entschieden wandelte und der Gesellschaft eine kräftige Umsatzsteigerung einbrachte. Das alte Etikett war ein einfaches Rechteck mit scharf rechtwinkligen Kanten.

Mr. Cheskin rundete bloß die Ecken ab, wodurch angeblich das Etikett femininer wurde.

Das 1956 im Spirituosengeschäft zu beobachtende Wettrennen, Whisky in Karaffen herauszubringen, war teilweise eine Antwort auf die neue Sex-Situation. Frauen, entdeckte man, mögen gern hübsche, dekorative Flaschen. Diese Neigung bereitete indessen einigen tiefenpsychologischen Kummer, was die Marketer zu ernstem weiterem Nachdenken brachte. Untersuchungen erwiesen, daß viele Leute, die geistige Getränke in karaffenähnlichen Flaschen gekauft hatten, mit Schuldbewußtsein überall im Haus alte Whiskyflaschen als Lampenfüße herumstehen sahen; und falls sie nicht so etwas Gefälliges daraus gemacht hatten, fühlten sie sich wiederum schuldig, weil sie für ihr Geld nicht den vollen Wert aus der Flasche herausgeholt hatten.

Auch die Bierbrauer hatten Überraschungen erlebt. 1955 warnte der Brauereiverband der Vereinigten Staaten seine Mitglieder, weiterhin anzunehmen, der durchschnittliche Biertrinker sei ein älterer Mann. Der Durchschnittsbiertrinker, so hieß es nach Erkundung der Sachlage, ist die Frau zwischen 25 und 36, die vom wöchentlichen Haushaltsgeld Bier kauft und besonders für weiblich ausgerichtete Inserate, hübsche Verpackung und Schaufensterauslagen empfänglich ist.

Nun fingen die Dosenbier-Hersteller an, mit dem Sex-Appeal der Büchsen in einer Weise herumzupfuschen, die manchem männlichen Wesen Mißvergnügen bereitet haben muß. Pabst unterstrich das Modische als Lockmittel für den Verkauf; er benutzte die Schlagzeile »Das Feinste bleibt stets in Mode«, und seine Inserate zeigten elegante junge Leute beiderlei Geschlechts beim Bier. Inzwischen kam Budweiser mit einer schlanken neuen Bierdose heraus, die auf die Frau als Käufer abzielte. Der Verkaufsdirektor erklärte, die Dose sei so »elegant« geformt worden, um den weiblichen Käufer anzusprechen. »Wir glauben, daß die den Frauen angeborene Vorliebe für Anmut, Schönheit und Stil sich auch beim Bierkauf durchsetzt.«

Einen auffallenden Transvestitismus in entgegengesetzter Richtung machten 1956 die Marlboro-Zigaretten durch, die bis dahin lippenstiftrot mit elfenbeinfarbenem Mundstück in erster Linie für Frauen gedacht waren. Diese sexuelle Abstempelung behagte Marlboro nicht ganz, weil die männlichen Raucher die weiblichen noch immer zwei zu eins überwogen. Als die Krebsfurcht Millionen Männer veranlaßte, nach dem Filtermundstück zu greifen, entschlossen sich die Marlboro-Leute um der Männer willen zu einem sexuellen Purzelbaum, während man auch weiterhin so viele Frauen wie möglich halten wollte. Als erstes ließ man Louis Cheskin vom Farbenforschungsinstitut eine männlichere Packung entwerfen. Er gestaltete sie in frechem Rot und Weiß. Doch war das nur eine von mehreren bedeutsamen Veränderungen. Die Marlboro-Inserate zeigten nun rauhe, männlich aussehende Männer mitten bei der Arbeit. Um den gewünschten männlichen Eindruck zu bekommen, verwendete die Firma für die Bilder keine berufsmäßigen männlichen Fotomodelle, sondern Seeleute, Cowboys und angeblich auch einige in der Vertrags-Werbeagentur tätige Leute. Und die Anzeigen-Schlagzeilen sprachen von Marlboros »männlichem Aroma«.

Die wohl faszinierendste Neuerung war, daß sämtliche in den langen Serien abgebildeten rauhen Männer – ob Cowboys, Fischer, Skiläufer oder Texter – eines gemeinsam hatten: sie trugen Tätowierungen; und ein verblüffender Zufall wollte es, daß alle Tätowierungen sich zufällig auf dem Handrücken befanden, bei Nahaufnahmen also deutlich sichtbar waren. Dieses Tätowierungsmotiv verwirrte manche Leute, denn Tätowierungen findet man gewöhnlich bei Anstaltssträflingen. Nichtsdestoweniger entschied Marlboro, die Tätowierung sei genau das, was man brauche, um den Männern ein männliches Aussehen und das Merkmal einer »interessanten Vergangenheit« zu verleihen. Die Marlboro-Leute fanden tatsächlich so viel Gefallen an diesem Symbol der Männlichkeit, daß sie millionenfach Abziehbilder-Tätowierungen verteilten, mit denen die Männer ihr Handgelenk schmücken konnten, wie sie es früher als Kinder getan hatten.

Interessanterweise erwiesen die ersten Berichte, daß Marlboro mit dieser um männliche Kunden werbenden Kampagne viele Frauen fesselte. Sie schienen den Anblick der flotten Männer in den Inseraten zu genießen, und Marlboro nannte vorsichtshalber sein Produkt »eine Männerzigarette, die auch Frauen mögen«.

Der Motivexperte Pierre Martineau lobte die Marlboro-Werbung, da sie ihre Marke mit einer »furchtbar aufregenden Persönlichkeit« ausstatte. Er meinte, die höchst männlichen Figuren und die Tätowierungssymbole träfen »genau den Kern einiger Grundbedeutungen des Rauchens: Männlichkeit, Reife, Kraft und Potenz. Selbstverständlich können diese Bedeutungen nicht unverhüllt dargestellt werden. Der Verbraucher würde sie ganz entschieden ablehnen. Der Unterschied zwischen einem erstklassigen schöpferischen Mann und einem Tagelohner der Werbung besteht eben in der Fähigkeit, starke Bedeutungen indirekt auszudrücken ...«

IX

Zurück zur Mutterbrust – und noch weiter

»Einer Menge infantiler Leute geht nichts über die Mundfreuden.« – Aus dem Bericht für eine New Yorker Public-Relations-Firma

Die Erkenntnis der Freudschen Lehre, daß viele Erwachsene unterbewußt die angenehme Befriedigung suchen, die sie als Säugling an der Mutterbrust und als kleine Kinder empfunden haben, eröffnete den kommerziellen Tiefenpsychologen neue Perspektiven, deren Ausmaße an der Tatsache erkennbar sind, daß vom Gesamtwert des amerikanischen Jahreskonsums mehr als 65 Milliarden Dollar durch den Mund gehen.

Eine Chicagoer Werbeagentur hielt das Feld der oralen Befriedigung für so ergiebig an geschäftlichen Möglichkeiten, daß sie zur Information über dieses Thema ein Rundschreiben herausgab. Darin hieß es recht pedantisch: *Alle Kulturen haben das Grundbedürfnis nach oralem Behagen durch irgendeine Form des Rauchens oder Saugens zum Ausdruck gebracht. Auf den Südseeinseln kaut man Betelnüsse. Gummikauen ist sowohl bei Männern als auch bei Frauen üblich, und das gleiche gilt vom Zigarettenrauchen. Beides bietet orales Behagen. Das tiefwurzelnde Bedürfnis nach Aufnahme durch den Mund entstand ursprünglich im Säugling als Reaktion auf Hunger- und Spannungsgefühle, die an der Brust oder mit der Flasche besänftigt wurden. Dieses Bedürfnis wandelt sich, bleibt aber das ganze Erwachsenenleben hindurch primärer Impuls und primäres Bedürfnis ... Das Rauchen dient im allgemeinen dazu, Spannung, Ungeduld, Ärger, Enttäuschung zu mildern – genau wie beim Kinde das Saugen ...*

Der Bericht vermerkte auch, daß unter oraler Entbehrung leidende Leute (mangels ausreichender Gelegenheiten zur Befriedigung ihrer oralen Begierden in der Kindheit) schon beim Anblick einer Fülle von Nahrung um sich herum Behagen verspüren, ob sie sie nun jemals verzehren oder nicht. Eine solche Tatsache eröffnete den Geschäftsleuten allerdings interessante Möglichkeiten!

Insbesondere wandten die Motivanalytiker ihre Aufmerksamkeit den verborgenen Bedeutungen von Milch, Milcherzeugnissen, Flüssigkeiten überhaupt und weicheren Nahrungsmitteln zu. Social Research stellte zum Beispiel eine gründliche Untersuchung über die durch Milchgenuß erlangten geheimen Befriedigungen an und fand beträchtliches Beweismaterial, daß die Milch tatsächlich psychisch befrachtet ist. Die Erfahrungen beim Militär im zweiten

Weltkrieg fanden besondere Erwähnung. Danach scheinen im Kampf übermäßig beansprucht gewesene Soldaten, die Symptome von Magen- und Darmstörungen aufwiesen, oft eines gemeinsam gehabt zu haben: die Gier nach Milch. Und im allgemeinen scheinen Soldaten fern der Heimat ein stärkeres Verlangen nach Milch zu empfinden als jene Soldaten, die in sicherer Nähe der Heimat stationiert sind. Die Untersuchenden fanden keinerlei Beweis für die Annahme, daß solche Leute die natürlichen Eigenschaften der Milch als Nahrungsmittel besonders nötig gehabt hätten. Die Psychologen erkärten in ihrem Bericht:

»In vielen schweren Fällen war deutlich erkennbar, daß das Verlangen nach Milch eher mit dem Sinngehalt der Milch als mit ihrem Nährwert oder Nutzen zusammenhing. Für den unglücklichen, leidenden, fern der Heimat stehenden Soldaten bedeutet die Milch in vieler Hinsicht den Trost, die Sicherheit und die Zufriedenheit des Lebens, so wie es zu Hause war. Das Milchtrinken ruft diesen Männern beruhigende Lebenserinnerungen zurück und bietet eine Art Trost, was mit dem Kalziumgehalt der Milch absolut nichts zu tun hat...« Weiter heißt es: »Wahrscheinlich hat sie für uns alle, die wir in einer Welt aufgewachsen sind, in der man Milch schätzt und die Kinder damit versorgt, ein bißchen von dieser Bedeutung.« Andererseits wies man darauf hin, daß Menschen, die Sicherheit verachten und ihr eigenes geschäftiges, unabhängiges Leben führen wollen, gewöhnlich keine besonderen Milchfreunde sind. Übrigens war im Jahre 1956 synthetische Muttermilch ein von den Diätetikern sehr geschätztes Nährpräparat.

Social Research hat festgestellt, daß außer der Milch auch viele andere Nahrungsmittel mit verborgenem Sinngehalt befrachtet sind. Ihre Psychologen haben beispielsweise entdeckt, daß die Hausfrau unterbewußt die Nahrung vielfach als Belohnung oder Bestrafung benutzt. Mit Steaks, Schokomilch, Obstsalat und Eis tischt sie ihre Zuneigung und Herzlichkeit auf, die sie für ihre Familie empfindet, und will sie ihre Angehörigen vielleicht für eine wichtige Nachricht erwärmen. Bringt sie dagegen Leber, Spinat, einen einfachen Pudding oder Pfannkuchen auf den Tisch, wissen die Familienangehörigen, daß sie mit ihnen irgendwie unzufrieden ist, und daß sie sich irgendwie ihre Zuneigung verscherzt haben. Der Psychologe schlußfolgerte, daß die Hausfrau die »Speisen wie eine Waffe« benutzt, als »eine Methode zu strafen, zu rügen oder zu loben. Die Speisen dienen ihr als Mittel, ihre Familie zu manipulieren und zu beeinflussen.«

Social Research hat auch die besondere Bedeutung der Speisen für Menschen untersucht, welche unter Streß stehen oder sich in ungewohnten Situationen befinden, wie etwa in Krankenhäusern, wo sie um ihre Gesundheit besorgt sind. Sie riet den Anstalten davon ab, an derartigen Leuten ungewöhnliche oder fremde Speisen auszuprobieren. »Der Mensch, der sein Einsamkeitsgefühl durch Ausprobieren einer neuen Speise zu bekämpfen trachtet, ist sehr selten. Viel wahrscheinlicher wird er versuchen, durch die Rückkehr zu alten Lieblingsspeisen sich wieder besser zu fühlen.« Das Institut wies auch darauf hin, daß dicke Leute oft das Essen als Ersatz für andere Arten der Befriedigung gebrauchen und das reizlose junge Mädchen Zuckerwerk in sich hineinstopft, während seine hübscheren Freundinnen nach der Schule mit Jungen spazierengehen.

Wenn ein Mensch krank ist oder unter Streß steht, verliert er fast immer den Geschmack an starkgewürzten Speisen und wendet sich lieber wieder »der milderen einfacheren Nahrung seiner Jugend« zu. (Die mildeste und einfachste ist die Milch.)

Dr. Dichter betonte, daß um 1955 Nahrungsmittel entweder als leicht oder »mächtig« betrachtet wurden und daß »gerade jetzt auf Grund der sozialen Anspannungen unserer Zeit alles für die leichten Speisen spricht, und weil man schlanke Erscheinungen liebt«. Deshalb floriert das Geschäft mit gelierten Fleischbrühen und kaltem Aufschnitt, und das Bier wird leichter.

Dieser Zug zur »Leichtigkeit« nahm vielerlei Formen an. Leichter »trokkener« Alkohol verdrängte allmählich den dunklen schweren Alkohol. James Vicary erwähnte bei einem Gespräch über diesen Trend zur Milde, daß das Brot leichter und das Bier sanfter würde. Vielleicht befinden wir uns auf dem Wege zu einer »sanften neuen Welt«, meinte er ironisch.

Von einem Klienten, der den Eiskremabsatz zu beleben wünschte, wurde Dr. Dichter um eine Untersuchung über den Sinngehalt gebeten, den Eiskrem für die Menschen hat. Als erstes befaßte er sich mit der Art und Weise, wie die verschiedenen Hersteller anzeigenmäßig ihre Eiskrems dem Publikum anboten. Das war nicht gerade überwältigend. Praktisch alle priesen ihr Produkt als überlegen in Qualität und Geschmack an. Es fehlte an echten Angelhaken. Dr. Dichter setzte eine Gruppe von Interviewern auf tiefenpsychologische Gespräche mit Leuten an, die ihnen erzählen sollten, was Eiskrem für sie bedeutet. Er entdeckte, daß die meisten Befragten, besonders diejenigen jenseits des Jugendalters, eine gefühlsbeladene Einstellung zu Eiskrem hatten und bei ihren Erinnerungen oftmals mit viel Gefühl davon sprachen, vor allem in Verbindung mit Kindheitserinnerungen. Eine Frau dachte zurück: »Auf der Farm saßen wir jeden Abend draußen auf der Veranda und aßen Eiskrem aus Suppenschüsseln. Man konnte in dem Zeug fast ertrinken.« Eine andere sagte: »Man möchte den ganzen Mund hineinstecken.« Und eine dritte Frau: »Wenn wir Eiskrem aßen, hatten wir alles, was das Herz begehrte.«

Dr. Dichter und seinen Motivanalytikern wurde klar, daß Eiskrem für viele Menschen ungehemmte Schlemmerei oder Wollust auf dem Mundwege versinnbildlicht. Mit dieser Erkenntnis ausgerüstet, ermahnte er seinen Eiskremfabrikanten, in seinen Anzeigen die Eiskrem nicht in zierlichen, wohlgeformten Portionen auf einem Schüsselchen zu zeigen, sondern in das Schüsselchen überflutende, verschwenderische Mengen zu geben, die den Beschauer förmlich einladen, den Mund hineinzuversenken. Unter anderem mag dieses Phänomen von Wollust und den »Mund hineinversenken« für den erstaunlichen Aufschwung von Dairy Queens und anderen alkoholfreien Eiskrem- und Eismilch-Marken maßgebend gewesen sein, die einen hochgradig lustvollen oralen Genuß versprechen.

In tiefenpsychologischer Sicht ist die Suppe sowohl von oralem als auch von visceralem Reiz. Das Magazin *Advertising Agenca* veröffentlichte eine verblüffende, von einem psychiatrisch orientierten Werbefachmann einer der größten Agenturen stammende Theorie. »Bedenken Sie, was der Psychologe über die Suppensymbolik zu sagen weiß«, sagte er. »Abgesehen davon, daß Suppe eine gute, appetitanregende Speise ist, die leicht in den Blutkreislauf aufgenommen wird, wird sie unbewußt mit des Menschen tiefstem Bedürfnis nach Nahrung und Geborgenheit assoziiert. Sie führt uns zu unseren frühesten Wärme-, Schutz- und Nährempfindungen zurück. Ihre tiefsten Wurzeln mögen in der vorgeburtlichen Empfindung liegen, vom Fruchtwasser des Mutterleibes umgeben zu sein.« Und dann setzte er hinzu: »Kein Wunder, daß die Leute Suppen lieben und vorzugsweise heiß und in großen Mengen. Sie assoziieren sie mit dem Urquell des Lebens, der Kraft und des Wohlbefindens.« In Werbekreisen rührte diese »Zurück-zum-Mutterleib«-Theorie einen kleinen Wirbel auf. Einige Werbefachleute forderten von ihm eine Erklärung dafür, warum manche Leute sich nichts aus Suppe machen, da wir doch alle einmal im Mutterleib gewohnt haben. Andere behaupteten, *so weit* zurückzugehen, sei nun doch nicht vonnöten, um die Beliebtheit der Suppe zu erklären.

Die kommerziellen Tiefenpsychologen haben die Möglichkeiten oraler Befriedigung nicht nur bei unserem Nahrungskonsum erforscht, sondern auch bei anderen Tätigkeiten mit dem Munde, wie Rauchen und Gummikauen. Eine Ansicht über das Rauchen besagt, es verschaffe den Lippen eine angenehme Tätigkeit ohne den Zwang der Kalorienaufnahme. (Resultat: »Greif nach einer Lucky, statt nach einem Bonbon.«) Eine Untersuchung der Freudschen Auffassung vom Rauchen, die mir eine New Yorker Public-Relations-Firma zeigte, sagt, daß Rauchen nur eines verkörpern könne: des Kindes Freude am Saugen. Freud, selber Raucher, stellte das orale Vergnügen beim Rauchen fest. Der Psychiater A. A. Brill nannte das Tabakrauchen den Schnuller für Erwachsene. Andere Psychiater vermuten darin ein Sicherheitsventil für autoerotische Impulse.

Social Research stellte in ihrer bereits erwähnten Arbeit über das Zigarettenrauchen fest, daß bei der Erklärung, warum so viele Menschen das Zigarettenrauchen fortsetzen, die orale Befriedigung eine hervorragende Rolle spielt. Auf der Suche nach verborgenen Gründen fand das Institut, daß die bloße Tatsache, eine Zigarette in der Hand zu halten, beruhigt und wie jedes

Ritual ein Gefühl des Wohlbefindens verleiht. Es läßt die Hand etwas Vertrautes und Gekonntes tun. Was die orale Seite der Sache anbelangt, schlossen die Tester: »Rauchen verschafft einen ständig wiederholten oralen Reiz. Diese Art von versteckter Befriedigung ist die Ursache für das fortdauernde Rauchen, obwohl viele Raucher seufzen, ›ich weiß nicht, warum ich fortgesetzt rauche‹.« Weiter hieß es, daß das Rauchen – da es ein oraler Genuß ist – teilweise durch andere orale Genüsse ersetzt werden kann, so daß jemandem, der das Rauchen, wenn auch nur vorübergehend, aufgibt, der Verzicht leichter fällt, wenn er statt dessen Kaugummi kaut. All dies bietet der Industrie die Möglichkeit, in ihrer Werbung Raucher zu zeigen, die mit offensichtlicher Befriedigung eine Zigarette zwischen den Lippen oder den Fingern jonglieren.

Im Jahre 1956 führte ein Professor der Universität Illinois, Dr. Maury Massler (Zahnärztliche Hochschule), auf einer Zahnärztetagung in Oklahoma aus, daß ein Mann, der genußvoll eine dicke Zigarre pafft, nur eine Form des Daumenlutschens für Erwachsene betreibe. (Zigarettenraucher täten dasselbe, vielleicht in geringerem Ausmaß.) Allerdings nahm er die Sache auf die leichte Schulter. Er meinte, das sei nur ein Verfahren zum Abbau der im Innern entstehenden Spannungen. Jedoch machte er einen interessanten Unterschied: Ein Mann, der an seiner Zigarre pafft, lutscht am Daumen, während ein Mann, der heftig auf seinem Glimmstengel herumkaut, ein Nägelbeißer ist.

Zum Thema Gummikauen stellte ein für eine Marktforschungsfirma arbeitender Psychologe fest, daß die Vereinigten Staaten das Land der Gummikauer sind und schloß daraus, daß Amerika in Wirklichkeit ein Land der enttäuschten Säuglinge ist. Eine von Weiss & Geller durchgeführte Untersuchung zeigt, daß Gummikauen eng mit dem Gefühl einer Spannungserleichterung verbunden ist, von den tieferen Verflechtungen einmal abgesehen. Die Agentur befaßte sich mit dem Gummikauen, weil ihr Kunde, ein großer Kaugummihersteller, mit den üblichen Erklärungen, warum so viele Menschen im Gummikauen große Befriedigung zu finden scheinen, sich nicht zufrieden gab. Die übliche Erklärung für den Reiz des Gummikauens lautet, das Gummikauen mache den Atem rein, fördere die Verdauung und erfrische den Mundgeschmack. Weiss & Geller wurden gebeten, dem bewußten Gummikauer einmal unter die Hirnschale zu schauen und festzustellen, was da »unterbewußt brodelt«. Bei dieser Untersuchung arbeitete die Agentur mit Psychoanalytikern und anderen Tiefenexperten. Das Ergebnis war, daß Gummikauen mit dem Lindern von Angstgefühlen zu tun habe, orale Erquickung verschaffe, von Spannung befreie und aggressive Empfindungen besänftige.

Zur Überprüfung dieser Ansicht stellten Agentur und Firma gemeinsam einen Werbeplan für eine Bergarbeiterstadt in Pennsylvanien auf, wo der Kaugummiabsatz einen Tiefstand aufwies. Die Werbekampagne stand unter dem Thema »Versagen und seine Abhilfe durch Gummikauen«. In den Lokalzeitungen erschien eine Serie von Comic-strips-Anzeigen. Die erste zeigte ein Kind, unfähig, eine einfache, alltägliche Aufgabe zu bewältigen, das seine Schwierigkeiten jedoch überwindet, nachdem es von einem Erwachsenen ein Stück Kaugummi bekam. Ein zweiter Streifen zeigte einen Erwachsenen, eine schwierige Situation, wie sie jeden Tag eintreten kann, auf die gleiche Art durch Kaugummigenuß meisternd. Der Absatz stieg dermaßen, daß die Firma die Werbekampagne auf weitere vierzehn Testgebiete ausdehnte.

X

Verbraucher im Wunderland

»Sie müssen eine Verpackung haben, von der die Frau wie von einer vor ihren Augen auf- und niedertanzenden Taschenlampe gefesselt und fasziniert wird.«
– Gerald Stahl, geschäftsführender Vizepräsident, Package Designers Council

Die Firma DuPont hat einige Jahre lang die Einkaufsgepflogenheiten amerikanischer Hausfrauen im »supermarket« (Selbstbedienungsladen) genannten modernen Dschungel beobachtet. Die Ergebnisse wiesen der Industrie so aufregende neue Wege, daß Hunderte führender Lebensmittelfirmen und Werbeagenturen Abdrucke des Berichtes anforderten. Ehemänner, die sich über die hohen Unterhaltskosten für die Familie ärgern, würden die Ergebnisse zwar ebenfalls aufregend, vor allem aber erschreckend finden.

Die einleitende Feststellung des 1954 veröffentlichten Berichtes behauptet begeistert in Fettdruck: »Den Ladenbesucher von heute leitet im Selbstbedienungsgeschäft mehr und mehr der Gedanke: ›Wenn eine Ware irgendwie meine Aufmerksamkeit fesselt und aus irgendeinem Grunde besonders gut aussieht, *will ich sie haben*‹.« Diese Schlußfolgerung basierte auf dem Studium der Einkaufsgepflogenheiten von 5338 Ladenbesuchern in 250 Selbstbedienungsgeschäften.

DuPonts Befrager haben ermittelt, daß die heutige Ladenbesucherin sich nicht die Mühe macht, eine Liste dessen aufzustellen, was zu kaufen nötig ist, zumindest keine vollständige Liste. Kaum eine Ladenbesucherin von fünfen hat eine vollständige Liste, aber dennoch schaffen die Frauen es stets, ihre Drahtkärrchen zu füllen, wobei sie oftmals, dem DuPont-Bericht zufolge, stöhnen: »So viel habe ich gewiß nie haben wollen!« Warum braucht die Frau keine Liste? DuPont antwortet offen heraus: »Weil heutzutage sieben von zehn Käufen im Geschäft beschlossen werden, wo die Ladenbesucherinnen aus dem Impuls heraus kaufen!!!«

Der Anteil der Impulskäufe an Lebensmitteln ist seit etwa zwei Jahrzehnten beinahe jedes Jahr gestiegen, und DuPont bemerkt, daß dieser Anstieg an Impulskäufen mit den zunehmenden Selbstbedienungs-Einkaufsstätten zusammenfällt. Andere Untersuchungen beweisen, daß in Lebensmittelläden, wo die Ladenbesucher von Verkaufspersonal bedient werden, halb soviel Impulskäufe getätigt werden wie in Selbstbedienungsläden. Wenn eine Frau einen Verkäufer vor sich hat, überlegt sie vorher, was sie braucht.

Die Impulskäufe an scharfriechenden Nahrungsmitteln wie Käse, appetitlich hergerichteten Dingen wie Essigfrüchten oder Fruchtsalat in Gläsern oder Süßigkeiten, Kuchen, Imbißaufstrich und anderen einladenden Sachen, liegen mit 90 Prozent sogar über dem Durchschnitt aller Einkäufe. Andere Beobachter haben die Zahlen des DuPont-Berichtes über Impulskäufe im allgemeinen bestätigt. Die Folding Paper Box Association stellte fest, daß zwei Drittel sämtlicher Einkäufe ganz oder teilweise impulsiv erfolgten. Die Zeitschrift *The Progressive Grocer* gibt die Zahl der Impulskäufe etwa ebenso hoch an wie DuPont: mit sieben von zehn Käufen. Und *Printer's Ink* bemerkte mit mühsam unterdrücktem Frohlocken, daß die Einkaufsliste aussterbe, wenn nicht gar tot sei.

Einer jener Motivanalytiker, die gern wissen wollten, warum in Selbstbedienungsläden die Impulskäufe so stark angestiegen sind, war James Vicary. Er vermutete, daß beim Einkaufen in Selbstbedienungsläden in den Frauen psychologisch etwas Besonderes vorgehen müsse. Vielleicht, so meinte er, unterliegen sie erhöhter innerer Spannung, wenn sie sich so vielen Möglichkeiten gegenübersehen, so daß sie sich zum raschen Einkaufen gedrängt fühlen. Er wollte herausbekommen, ob das stimmte. Der beste Weg zu ermitteln, was im Innern der Ladenbesucherin vorgeht, wäre ein Galvanometer oder Lügendetektor gewesen. Den konnte man selbstverständlich nicht beschreiten. Der zweitbeste war eine versteckte Filmkamera, die bei den einkaufenden Frauen die Häufigkeit des Lidschlags pro Minute festhielt. Die Häufigkeit des Lidschlags ist ein recht guter Gradmesser für den inneren Spannungszustand eines Menschen. Der Durchschnittsmensch hat, Mr. Vicary zufolge, normalerweise etwa zweiunddreißig Lidschläge je Minute. Ist er gespannt, wird der Lidschlag häufiger, bei außergewöhnlicher Spannung bis zu fünfzig- oder sechzigmal je Minute. Ist er auffallend entspannt, kann der Lidschlag dagegen unter normal sinken, bis auf zwanzig oder weniger je Minute.

Mr. Vicary baute seine Kamera auf und folgte nun den Damen, sobald sie das Geschäft betraten. Das Ergebnis war auch für ihn verblüffend. Die

Lidschlaghäufigkeit steigerte sich nicht etwa als Zeichen wachsender Spannung, sondern fiel immer mehr ab bis zu der weit unter normal liegenden Häufigkeit von vierzehn Lidschlägen je Minute. Die Damen gerieten in eine »hypnoidale Trance«, wie Mr. Vicary es nennt, eine leichte Form von Trance, die, wie er erklärt, das erste Stadium der Hypnose ist. Mr. Vicary erblickt die Hauptursache der Trance darin, daß die Selbstbedienungsläden mit Erzeugnissen vollgepackt sind, die in früheren Jahren nur Könige und Königinnen sich leisten konnten, und hier, in diesem Märchenland, waren sie allen erreichbar. Mr. Vicary stellt die Theorie auf: »In unserer Generation kann eben jeder König oder Königin sein und durch diese Geschäfte gehen, wo die Waren rufen ›kauf mich, kauf mich‹.«

Interessanterweise waren viele Frauen derart in Trance, daß sie an Nachbarn und alten Bekannten vorbeigingen, ohne sie zu bemerken oder zu grüßen. Manche hatten einen gläsern starren Blick. Sie waren, während sie durch das Geschäft gingen und wahllos nach Dingen in den Regalen griffen, so entrückt, daß sie blicklos gegen Kisten rannten und nicht einmal die Kamera bemerkten, obwohl sie manchmal im Abstand von weniger als einem halben Meter an der Stelle vorübergingen, wo die versteckte Kamera surrte. Wenn die Frauen ihre Wägelchen gefüllt (oder sich sattgekauft) hatten und zur Kasse gingen, steigerte sich der Lidschlag bis zu fünfundzwanzigmal je Minute. Das ist noch etwas unter normal. Dann aber, beim Klingeln der Registrierkasse und beim Klang der Stimme der Angestellten, die um den Betrag bat, stieg die Lidschlaghäufigkeit über normal bis zu dem ungewöhnlich hohen Satz von fünfundvierzig Lidschlägen je Minute. In vielen Fällen stellte sich heraus, daß die Frauen nicht genug Geld besaßen, um all die hübschen Dinge zu bezahlen, die sie in das Wägelchen gelegt hatten.

Auf diesem vielversprechenden Feld der Impulskäufe haben sich Psychologen und Verkaufsexperten zusammengetan, um die Frau zu überreden, Erzeugnisse zu kaufen, die sie eigentlich nicht braucht oder gar haben will, bis sie ihr einladend zufällig vor die Augen kommen. Die sechzig Millionen Amerikanerinnen, die allwöchentlich Selbstbedienungsläden aufsuchen, genießen bei ihren Einkäufen und »Ver-Käufen« die »Hilfe« der von der Nahrungsmittelindustrie angestellten Psychologen und Psychiater. Am 18. Mai 1956 erschien in *The New York Times* ein bemerkenswertes Interview mit einem jungen Manne namens Gerald Stahl, geschäftsführendem Vizepräsidenten des Package Designers Council. Er sagte: »Psychiater meinen, die Warenauswahl sei so groß, daß die Leute Hilfe brauchten – deshalb begrüßen sie eine Verpackung, die sie hypnotisiert, danach zu greifen.« Er empfahl den Nahrungsmittelverpackern, ihre Verpackungen hypnotischer zu gestalten, damit die Hausfrau die Hand lieber danach ausstrecke als nach einem der vielen Rivalen.

Mr. Stahl hat entdeckt, daß die Durchschnittsfrau für jede Reihe im Selbstbedienungsgeschäft genau zwanzig Sekunden braucht, falls sie nicht herumtrödelt; deshalb müsse eine gutgestaltete Verpackung die Frau hypnotisieren wie das vor ihren Augen auf- und niedertanzende Licht einer Taschenlampe. Manche Farben, wie Rot und Gelb, unterstützen solche hypnotischen Bestrebungen. Einfach den Namen und Hersteller des Produkts auf die Packung zu setzen, ist altmodisch und hat, wie er sagt, auf die Frau von heute überhaupt keine Wirkung. Solange sie die Schachtel nicht aus dem Fach genommen und in der Hand hat, kann sie nicht deutlich lesen. Damit sie aber nach der Schachtel greift und sie in die Hand nimmt, verwenden die Gestalter jetzt »Symbole mit Entrückungswert«. Als Beispiele für solchen »Entrückungswert« erwähnte Mr. Stahl die glasierten Kuchen auf den Packungen mit backfertigen Kuchenmehlen, brutzelnde Steaks und in Butter schmorende Pilze, bei deren Anblick einem das Wasser im Munde zusammenläuft. Der Gedanke dabei ist, mehr das Brutzeln als das Fleisch anzupreisen. Solche Bilder lassen die Phantasie der Frau auf das Endprodukt überspringen. Um 1956 herum hatten Verpackungsgestalter sogar eine Schachtel entworfen, bei der, wenn die entrückte Ladenbesucherin danach griff und daran herumfingerte, ein leises Verkaufsgespräch oder der Markenname ertönte. Die Worte befinden sich auf einem Streifen, der zu sprechen beginnt, sobald der Finger darübergleitet.

Die Verpackungsleute glauben – und das ist verständlich –, die Verpackung löse den Impulskauf aus oder verhindere ihn; einige neutrale Fachleute sind derselben Meinung. Der Einkäufer eines Lebensmittelfilialbetriebes berichtete über seine Erfahrungen bei der Beobachtung einkaufender Frauen: Die Durchschnittsfrau »greift einen, zwei oder drei Artikel heraus, legt sie zurück ins Regal, dann nimmt sie einen heraus und behält ihn. Ich frage sie, warum sie ihn behält. Sie sagt: ›Die Verpackung gefällt mir‹.«

Das Color Research Institute, auf das Entwerfen von Verpackungen mit Tiefenwirkung spezialisiert, würde nicht einmal zu Versuchszwecken eine Verpackung herausgehen lassen, bevor sie nicht Okular- oder Blickbewegungstests unterworfen worden ist, die aufzeigen, wie das Auge des Verbrauchers über die Packung im Regal wandern wird. Danach läßt sich der Aufmerksamkeitswert des Entwurfes abschätzen.

Manche Psychologen behaupten, das Frauenauge werde am raschesten von rotverpackten, das Männerauge von blauverpackten Waren angezogen. Forscher auf diesem Gebiet haben über die hohe Empfänglichkeit der Frau für Rot nachgegrübelt. Eine interessante Theorie darüber hat der Verpackungsgestalter Frank Gianninoto entwickelt. Er behauptet, die Mehrzahl der einkaufenden Frauen lasse die Brille zu Hause oder werde sie, solange es irgendwie vermeidbar sei, niemals in der Öffentlichkeit tragen. Um erfolgreich zu sein, müsse sich daher eine Verpackung »von dem verschwommenen Wirrwarr« abheben.

Ich möchte hinzufügen, daß andere Kaufleute der Meinung sind, daß im Selbstbedienungsladen-Dschungel der Platz auf dem Regal der allerwichtigste Faktor für den Impulskauf ist. Viele geschickte Kaufleute achten darauf, daß die Dinge, bei denen die Gewinnspanne am größten ist, möglichst in Augenhöhe stehen.

Mitte der fünfziger Jahre waren die meisten modernen Selbstbedienungsläden so sorgsam berechnet angelegt, daß die gewinnbringenden Impulsartikel mit Sicherheit bemerkt wurden. In vielen Geschäften standen sie in dem ersten oder dem einzigen Gang, durch den der Ladenbesucher sich bewegen konnte. Zu den stärksten Versuchern gehören anscheinend die Artikel in Glasgefäßen, wo der Inhalt sichtbar ist, oder die unverpackten Nahrungsmittel, die man riecht und sieht. Gratisproben von Essiggemüse und kleinen Käsewürfeln auf Zahnstochern haben sich als zuverlässige Absatzförderer erwiesen. Der Leiter eines Selbstbedienungsladens in Indiana, der in ganz Amerika für seine fortschrittliche psychologische Verkaufstechnik bekannt ist, erzählte mir, daß er einmal in wenigen Stunden eine halbe Tonne Käse verkauft habe, indem er einfach einen zehn Zentner schweren Käselaib auslegte und die Kunden einlud, »Kosthäppchen davon abzuschnippeln und dann das Stück, das sie kaufen wollten, selbst abzuschneiden. Sie erhielten das abgeschnittene Stück umsonst, wenn sie dessen Gewicht bis auf eine Unze (28 Gramm) genau schätzen konnten«. Er meint, daß schon die bloße Massigkeit des Käselaibes den Verkauf kräftig beeinflußt hat. »Die Leute sehen gern viel Ware«, erklärte er. »Wenn nur drei oder vier Dosen von einem Artikel im Regal stehen, sind sie einfach nicht loszuwerden.« Die letzte Packung mögen die Leute eben nicht. Ein Test der Zeitschrift *The Progressive Grocer* ergab, daß die Kunden bei gefüllten Regalen 22 Prozent mehr kaufen. Der Konformitätsdrang scheint in vielen von uns zu stecken.

Offensichtlich werden die Leute ebenfalls zu Impulskäufen angeregt, wenn ihnen eine kleine Besonderheit geboten wird. Ein Selbstbedienungsgeschäft in Kalifornien entdeckte, daß ein Stückchen Butter auf jedem besseren Steak ein Ansteigen der Umsätze um 15 Prozent verursachte. Die Jewel Tea Company richtete in vielen ihrer Selbstbedienungsläden Extratheken für Artikel mit hoher Gewinnspanne ein, nachdem man entdeckt hatte, daß Frauen einfach aus einer Augenblickslaune heraus ebenso freigebig Geld für Delikatessen ausgeben wie für einen neuen Hut. Die Coca-Cola-Gesellschaft machte die interessante Entdeckung, daß Kunden in einem Selbstbedienungsladen, die mal Pause machen und an der alkoholfreien Bar sich erfrischen, erheblich mehr Geld auszugeben pflegen. Die Coca-Leute bewiesen dies mit einem Test, bei dem sie den Kunden Gratisgetränke anboten. Etwa 80 Prozent nahmen das Coca an und gaben durchschnittlich 2,44 Dollar mehr aus als der Durchschnittskunde des Geschäftes.

Die einzigen, die im Selbstbedienungsladen anscheinend noch stärker als die Hausfrauen zum Geldausgeben neigen, sind die Ehemänner und die Kinder. Die Geschäftsführer von Selbstbedienungsläden sind ziemlich einhellig der Ansicht, daß Männer leichte Ziele für alle Sorten von Impulsartikel sind, und führen Fälle an, wo Ehemänner um ein Brot in das Geschäft geschickt worden waren und beim Hinausgehen beide Arme mit Imbißleckereien voll beladen hatten. Tüchtige »supermarket«-Geschäftsführer haben sich die stärkere Impulsivität kleiner Kinder für die Verkaufsförderung zunutze gemacht. Der bereits erwähnte Leiter des Selbstbedienungsladens in Indiana hat ein Dutzend Drahtwägelchen, welche die kleinen Kinder im Laden umherschieben können, während die Mütter mit den großen Wagen einkaufen. Die Leute finden diese winzigen Wägelchen sehr niedlich, und der Geschäftsführer hält sie für sehr einträglich. Die Kinder schwirren in den Gängen hin und her und ahmen die Impulskäufe der Mütter nach, nur in größerem Maßstabe. Sie strecken sich – ich vermute, hypnotisiert – und grapschen nach den Schachteln mit Keks, Kandis, Hundekuchen und allem übrigen, das sie entzückt oder interessiert. Natürlich tauchen Schwierigkeiten auf, wenn Mutter und Kind aus der Trance erwachen und zusammen an der Kasse stehen. Was dann geschieht, schilderte der Geschäftsführer folgendermaßen: »Gewöhnlich gibt es Zank, wenn die Mutter all die Sachen sieht, die das Kind in seinem Kärrchen hat, und sie will es veranlassen, das Zeug zurückzugeben. Das Kind wird Dinge weglegen, aus denen es sich nicht viel macht, wie etwa Kaffee, gewöhnlich aber brüllt es und stampft mit den Füßen, ehe es Keks, Kandis, Eiskrem oder Erfrischungsgetränke abliefert; man behält sie daher gewöhnlich für die Familie.«

Alle diese Faktoren schlauer Verführung mögen zu der Tatsache beitragen, daß die amerikanische Durchschnittsfamilie heute etwa 30 Prozent ihres Einkommens für Nahrungsmittel aufwendet, während sie in früheren Jahren etwa 23 Prozent dafür ausgegeben hat. Der Geschäftsführer aus Indiana schätzt, daß jede »supermarket«-Besucherin mit Bedachtsamkeit und Vorplanung ein Viertel der Ernährungskosten für die Familie einsparen könnte.

Die systematische Erforschung der Impulskäufe griff Mitte der fünfziger Jahre auf viele andere, nicht in Lebensmittelgeschäften erhältliche Produkte über. Spirituosengeschäfte richteten Flaschengestelle ein, damit die Frauen »herumschnuppern« und Impulsartikel herausgreifen konnten. Diese Idee wurde zuerst in der Madison Avenue, New Yorks »Anzeigen-Allee«, verwirklicht und eroberte auch andere amerikanische Städte. Warenhäuser und Spezialgeschäfte stellten Verkaufstische mit einem einfachen Schild »Warum nicht?« auf, um dem unbedachten impulsiven Kaufen von neuen Dingen Vorschub zu leisten, welche die meisten Leute nie zuvor versucht hatten. Ein Geschäftsführer soll gesagt haben: »Liefern Sie den Leuten nur einen Vorwand, das zu versuchen, was Sie anpreisen, und schon werden Sie ein Extrageschäft machen.«

Einen der kühnsten Versuche mit Impulskäufen ließen Childs & Wood, eine Chicagoer Versicherungsfirma, vom Stapel. Sie überlegten, daß man vielleicht sogar Versicherungspolicen als Impulsartikel verkaufen könnte. Also richtete man beim Warenhaus Carson Pirie Scott & Company eine Verkaufstheke ein, wo man Vorübergehenden Versicherungen anpries. Frauen, die gerade in der Gegend waren, vielleicht um nach einem Pelzmantel oder einem Brautkleid Ausschau zu halten, konnten unter mehreren Gesellschaften wählen, bei welcher sie eine Versicherung (Leben, Kraftfahrzeug, Hausrat, Feuer, Diebstahl, Schmuck, Krankenhausaufenthalt) abschließen wollten. Der Versuch war von Erfolg gekrönt, und man machte eine Dauereinrichtung daraus. Kraftfahrzeug-, Hausrat- und Feuerversicherungen sind, den Berichten zufolge, die beliebtesten Impulsartikel.

Sozialwissenschaftler des Survey Research Center an der Universität Michigan haben untersucht, wie die Leute ihre Entscheidungen über den Kauf von verhältnismäßig teueren langlebigen Artikeln wie Fernsehgeräte, Kühlschränke, Waschmaschinen und so weiter treffen, alles Artikel, deren Anschaffung gewöhnlich aufschiebbar ist. Das Ergebnis lautete: »Wir konnten *nicht* feststellen, daß alle oder die meisten Käufe großen Hausrats nach sorgfältigen Erwägungen und Überlegungen erfolgen, ... daß der Kauf gründlich geplant wurde ... noch daß man sich eingehend informiert. Nach unseren Feststellungen fehlten bei etwa einem Viertel dieser Käufe großen Hausrats praktisch alle Anzeichen sorgsamer Überlegung.«

Bei einer Untersuchung über Hauskäufe in New London (Connecticut) stellten die Befrager überrascht fest, daß sogar bei dieser Anschaffung, der wichtigsten, die eine Familie wahrscheinlich im Laufe eines Jahres, wenn nicht eines Jahrzehnts, machen wird, der Kauf interesselos und zufallsbedingt vor sich ging. Im Durchschnitt schauten die Befragten weniger als ein halbes Dutzend Häuser an, bevor sie eine Entscheidung trafen; zehn Prozent der Hauskäufer sahen sich vor der Entscheidung nur ein einziges Haus an, neunzehn Prozent besichtigten nur zwei Häuser und wählten dann eines davon.

Dr. Warren Bilkey von der Universität Connecticut, eine amerikanische Autorität auf dem Gebiet des Verbraucherverhaltens, beobachtete systematisch eine große Gruppe von Familien (63) ein Jahr lang bei ihrem Ringen um verschiedene größere Kaufentschlüsse. Er berichtete, daß er nach jedem Besuch die Intensität der beiden widerstreitenden Faktoren »Wunsch« und »Widerstand« kurvenmäßig aufzeichnete. Wenn eine Intensität die andere endgültig überstieg, war die Entscheidung für oder gegen gefallen. Er stellte fest, daß diese Menschen sich bei großen Entschlüssen, anders als die Damen im Selbstbedienungsladen, in einen Zustand innerer Spannung versetzten. Je länger sie über die Entscheidung nachdachten, desto höher die Spannung. Sehr häufig regte dieser Schwebezustand die Leute derart auf, daß sie sich zum Kauf entschlossen, nur um aus diesem Spannungszustand erlöst zu werden.

XI

Klasse und Kaste im Laden

»Wir können diesen Leuten Kühlschränke verkaufen. Wenn sie keinen Platz dafür haben, werden sie sie auf die Straßenbalkone stellen. Sie werden sich ein dickes Auto und allen möglichen Luxus kaufen – aber sie bleiben immer, was sie waren.« – Chicagoer Werbechef bei einem Forum über die Kaufgepflogenheiten der unteren Bevölkerungsschichten

Als Lloyd Warner von der Universität Chicago 1948 sein Buch *Social Class in America* veröffentlichte, rief es in akademischen Kreisen respektvolles Aufsehen hervor; noch größeres Aufsehen sollte es jedoch in den folgenden Jahren in Wirtschaftskreisen erregen. Es wurde schließlich als Meilenstein in der soziologischen Verbraucherforschung angesehen. Es wurde ein Handbuch, mit dessen Hilfe die Wirtschaft ihre Werbung so zurechtbiegen konnte, daß sie damit die verschiedenen sozialen Schichten der amerikanischen Bevölkerung besonders überzeugend ansprechen mußte. Das *Journal of Marketing* nannte Warners Begriffsbestimmung der sozialen Klassen in Amerika »den bedeutsamsten Schritt nach vorn, der seit vielen Jahren auf dem Gebiete der Marktforschung gemacht wurde«. Das Buch bewirkte so viel Aufregung im Marktwesen, weil es die Motive und Wünsche der Menschen nach Klassenzugehörigkeit gliederte.

Bei der Gründung der Motivforschungsfirma Social Research, Inc., erkor Burleigh Gardner die Warnersche Definition zum wichtigsten Leitsatz und nahm Warner als Teilhaber in die Firma auf.

Warners Begriff der sozialen Schichtung Amerikas geht von einer sechsklassigen Gesellschaft aus. Diese Klassen unterscheiden sich seiner Meinung nach deutlich voneinander, wobei jede Klasse für sich eine Gleichförmigkeit des Verhaltens aufweise, die mit ziemlicher Genauigkeit vorausgesagt werden könne. Er definiert seine sozialen Klassen nicht nur nach Wohlstand und Macht, sondern auch nach dem Konsum der Menschen und den Formen ihrer Geselligkeit. Dieser großzügigeren Auffassung von der Differenzierung schlossen sich andere kluge Beobachter der amerikanischen Gesellschaft an. Russell Lynes, Herausgeber und Redakteur von *Harper's*, benutzte in seiner berühmten Gliederung der geistigen Ober-, Unter- und Mittelschichten den gemischten Salat als ein zuverlässigeres Kennzeichen für die geistige Haltung eines Menschen als sein Bankkonto. Und David Riesman weist in seinem heute klassischen Buch *Die einsame Masse* darauf hin, daß wir die Heraufkunft einer neuen sozialen Ordnung erleben, mit Kriterien des Status, die bei den herkömmlichen Einheiten der Klassenstruktur unberücksichtigt blieben.

Warners sechs Klassen setzen sich, ihren typischen Bestandteilen nach geordnet, in großen Zügen wie folgt zusammen:

1. Obere Oberklasse – die Geburtsaristokratie einer Gemeinde
2. Untere Oberklasse – die Neureichen
3. Obere Mittelklasse – Angehörige der freien Berufe, Beamte und leitende Angestellte, Eigentümer der größeren Geschäfte in einer Gemeinde
4. Untere Mittelklasse – einfache Angestellte, Handwerker, einige wenige Facharbeiter
5. Obere Unterklasse – hauptsächlich Fach- und angelernte Arbeiter
6. Untere Unterklasse – ungelernte Arbeiter und nichtassimilierte Fremdgruppen

Vom Standpunkt der Wirtschaft aus gesehen bilden die drei Spitzenklassen den sogenannten »Qualitätsmarkt«; sie machen etwa 15 Prozent der Gesamtbevölkerung aus. Weitere 20 Prozent der Gesamtbevölkerung findet man zuunterst in der »Unteren Unterklasse«. Die vierte und die fünfte Klasse interessieren die Wirtschaft am stärksten, denn zusammengenommen machen sie bei einer typischen Gemeinde etwa 65 Prozent der Bevölkerung aus, und in ihnen konzentriert sich ein großer Teil der Kaufkraft des Landes.

Innerhalb dieser 65 Prozent der Bevölkerung hat sich die Wirtschaft besonders für die Frau interessiert. In der Wirtschaft heißt sie »Mrs. Middle Majority«, und Gardner nennt sie »Engel der Werbung«. (Stärker als am männlichen Brotverdiener sind Industrie und Handel an der Frau interessiert, weil die Frau normalerweise rund 80 Prozent der Familieneinkäufe kontrolliert.)

Zum Glück für Handel und Industrie ist Mrs. Middle Majority von vielen der für die amerikanische Hausfrau bestimmten Erzeugnisse einfach entzückt, besonders von Produkten und Zubehör für die Küche, den Mittelpunkt ihrer Welt. Ihre Küche ist, nach Warners Feststellungen, tatsächlich bedeutend hübscher eingerichtet als eine Küche der Oberklasse. Warner sagt: »Es klingt verrückt, aber es stimmt. Diese Frau ist ein wunderbarer Markt; kaum sind all die schönen Sachen herausgebracht, sieht man sie schon bei ihr herumstehen. Kommt man zu ihr ins Haus, erwartet sie oftmals, daß man ihre Küche anschaut und bewundert.«

Die volkstümliche amerikanische Literatur, die Werbung und das Fernsehen stellen die »typische amerikanische Hausfrau« als aufgewecktes, flinkes, sehr verständiges und tüchtiges Mädel dar. Diese idealisierte, von den Symbolmanipulatoren erschaffene amerikanische Durchschnitts-Hausfrau und die von Mr. Warner dem wahren Leben entnommene Mrs. Middle Majority haben wenig Ähnlichkeit miteinander, zumindest was ihre Gefühlswelt anbelangt. Nach Burleigh Gardner besitzt Mrs. Middle Majority ein ausgeprägtes Verantwortungsgefühl und baut ihr ganzes Leben rund um ihr Heim auf. Andererseits lebt sie in einer engen und begrenzten Welt und hat ziemliche Angst vor der Außenwelt. Für staatsbürgerliche Dinge oder die Künste interessiert sie sich wenig; sie fügt sich bereitwillig und rasch in anerkannte Schablonen und verspürt keinen Drang nach Originalität. Lloyd Warner faßt ihr Charakterbild noch anschaulicher zusammen, wenn er den Werbefachleuten sagt, »diese Frau der großen Mitte ist das Ziel, bei dem Sie ›ankommen‹ müssen«, und ergänzend erklärt, daß sie in einer außerordentlich beschränkten Welt lebt. Sie arbeitet schwerer als andere Frauen, ihr Leben verläuft zwischen sehr engen Gleisen, am liebsten befaßt sie sich nur mit Familienangelegenheiten und pflegt alles außerhalb ihrer kleinen Welt Liegende als gefährlich und bedrohlich anzusehen. Er fügt hinzu: »Ihr Vorstellungsvermögen ist höchst begrenzt«; eigene Gedankengänge fallen ihr schwer, und sie ist nicht sehr unternehmungslustig. Anschließend sagt er: »Eines ist besonders wichtig: ihr Gefühlsleben ist stark gehemmt und zurückgedrängt, ihre Spontaneität sehr schwach; meist ist sie ihrem strengen Moralkodex unterworfen, und sie empfindet ein tiefes Schuldgefühl, wenn sie einmal davon abweicht.« Für diese Frauen ist das Heim der sichere Hafen. Versetzt man sie in die Außenwelt, so ist das für sie ziemlich erschreckend. »Darauf kommt es bei den Sendungen mit versteckter Werbung an... und grundsätzlich gilt das auch stets für eine Anzeige. Auf eine Anzeige kann sie mit Besorgnis reagieren, weil sie jenen bedrohlichen Aspekt hat. Diese Frauen fürchten alles, was mit unbeherrschtem Impuls und Gefühlsleben zu tun hat oder wo die sexuelle Note zu stark betont wird.« Aus diesem Grunde seien manche Anzeigen Gift für solche Frauen.

Pierre Martineau, ebenfalls stark von der Warnerschen Analyse beeinflußt, behauptete, die untere Mittelklasse der Vereinigten Staaten, besonders ihr protestantischer Teil, sei die moralischste Gruppe der amerikanischen Gesellschaft. Er hob die wenigen Ehescheidungen in dieser Schicht hervor; »ganz oben« und »ganz unten« des Klassengefüges stellen die Ehescheidungen. Auch er betonte, daß die Menschen dieser Schicht unbewußt alle Veranschaulichungen mit Schlafzimmeratmosphäre ablehnen.

Professor Smith erzählt in seinem Buch über Motivforschung von einer Werbekampagne, mit der man diese einigermaßen prüde Moral (prüde nach den Maßstäben anderer Klassen) glatt vor den Kopf stieß. Eine Parfüm herstellende Firma wollte ein neues Parfüm namens »Naomi« auf dem Massenmarkt einführen. Die Werbefachleute kamen bei einer ihrer Besprechungen auf die Idee, Naomi, dem sie die sinnliche Suggestion einer Südseeinsel zu geben wünschten, durch eines von Gauguins berühmten Südseemädchen-

Bildern zu veranschaulichen. Sie vertieften sich gründlich in Gauguin. Nach den Maßstäben der Oberklasse waren die Mädchen fraglos verführerisch. Einige vorsichtigere Werbefachleute hatten jedoch Bedenken, das Gauguin-Bild zu verwenden, da die Mädchen *Eingeborene* und ihre Brüste nackt seien.

Man beschloß eine tiefenpsychologische Repräsentativbefragung von Frauen der unteren Mittelklasse, welche den Hauptmarkt für das Parfüm bilden würden. Auf die Frage, was die Frauen von Gauguins Mädchen hielten, bekamen die Sondierer allerhand zu hören. Für die Frauen waren diese Südseeinsel-Schönheiten mit den entblößten Brüsten alles andere als bezaubernd. Sie nannten sie schmutzige, plumpe, schweißige, möglicherweise afrikanische Geschöpfe. Man zeigte diesen Frauen ein anderes Bild (Naomi II), ein junges, blondes amerikanisches Mädchen mit Blumen im Arm. Dieses Bild rief viele gefühlsmäßig herzliche, bewundernde Reaktionen hervor. Selbstverständlich schied Gauguins Meisterwerk schleunigst aus, und das für die Werbung verwendete Bild zeigte vor einem Südsee-Hintergrund ein blondes, hellhäutiges Mädchen mit »herzförmigem Mund und unergründlichen Augen«.

In der Warner-Analyse ist Mrs. Middle Majority eine verhältnismäßig geplagte Dame, die sich ein bißchen isoliert und allein vorkommt, und wenn sie ihr Fernsehgerät einschaltet, erblickt sie eine glänzendere Welt als jene, die sie im wirklichen Leben kennt. Social Research wies Fernsehproduzenten und Firmen, die durch Fernsehprogramme werben, darauf hin, daß ein richtiges Verständnis für die tiefempfundenen Bedürfnisse sich für sie durch die Treue dieser Frau bezahlt mache in Form von begeisterten Zuschriften und Kauf ihrer Erzeugnisse. Laut Social Research bewegt sie »ein Gefühl der Abgeschiedenheit von der übrigen Welt, das sie erschreckt und verwirrt; wenn sie allein ihrer Hausarbeit nachgeht, hat sie das Gefühl der Einsamkeit. Deshalb muß ihr das Fernseh-Tagesprogramm die Herzlichkeit einer angenehmen Persönlichkeit ins Haus bringen.« Liegt darin vielleicht der Grund für die Tatsache, daß die Mitwirkenden in den Fernseh-Tagesprogrammen Liebenswürdigkeit auszustrahlen pflegen (Arthur Godfrey, Garry Moore, Bert Parks usw.)? Die Sozialwissenschaftler, die für Weiss & Geller das Godfrey-Programm untersuchten, hoben hervor, daß Godfrey »die großen Träume unserer Jahrhundertmitte ins Haus liefert ... Daß er uns unsere eigenen Wünsche verkauft, macht ihn zum einflußreichsten Verkäufer unserer Zeit«.

Daß man sich des besonderen Geschmacks der großen Mitte bewußt ist, enthüllte versehentlich ein Sprecher der Ford Motor Company. Nachdem Ford den Plan, Noel Cowards Stück »Present Laughter« im Fernsehen aufzuführen, fallengelassen hatte, obwohl frühere Coward-Programme ausgezeichnete Besprechungen und gute Beliebtheitsnoten bekommen hatten, fragte man ihn aus. Das Verdrießliche an der Sache sei, deutete er an, daß das Coward-Programm einfach für zu viele von den Leuten zu hoch ist, die als künftige

Ford-Käufer in Betracht kommen. »Mir gefielen die Coward-Programme« platzte er heraus, »aber wenn es nur Leute wie mich als künftige Ford-Käufer gäbe, säße ich bald auf der Straße!«

Geschmack und Kaufgepflogenheiten der unteren Unterklasse pflegen im Gegensatz zu denen der Leute aus der unmittelbar anschließenden großen Mitte gelockerter, unbekümmerter, ungehemmter zu sein. Warner sagt: »Diese Leute pflegen mehr vom Leben zu haben. Sie sind nicht von diesem unglaublichen Wettrennen besessen wie die meisten von uns.« In einem Rundbrief für Werbefachleute erläuterte Warner: »Sie können leichter hergeben.« Das ersieht man schon aus der Art, »wie sie ihre Kinder aufziehen, ihnen Brustnahrung angedeihen lassen, sie an ›Stubenreinheit‹ gewöhnen«. Sie mögen die heitere Verachtung der Mittelstandsmoral teilen, die Liza Doolittles verworfener Vater in Shaws *Pygmalion* bekundet.

Obgleich die Menschen der unteren sozialen Stufen sich nicht besonders stark um den Aufstieg in eine höhere soziale Schicht zu bemühen scheinen, kann man sie doch – wie die Wirtschaft erkannt hat – überreden, ihren Genußanspruch höherzuschrauben. Der Marktforschungsdirektor der größten amerikanischen Werbeagentur stellte beispielsweise im Jahre 1956 fest, daß im Vorkriegs-Amerika die Leute der oberen Einkommensgruppe bedeutend öfter badeten als die Leute der nächsten Einkommensgruppe und so weiter die soziale Leiter abwärts. Seitdem, hob er hervor, seien die Einkünfte auf der ganzen Stufenleiter beträchtlich gestiegen, und wenn man die Leute der niedrigeren Einkommensgruppen bloß überreden könnte, so oft zu baden wie die Leute der oberen Einkommensgruppen im Jahre 1940, würde das »den Markt für Seife ungeheuer erweitern ...«

Schichtenbewußte kommerzielle Tiefenpsychologen befaßten sich Anfang der fünfziger Jahre eingehend mit den von den einzelnen Klassen bevorzugten Verbrauchsgütern. Social Research bemerkte alsbald, daß dem differenzierten Oberklassengeschmack der Werbeleiter entsprechend eingerichtete Wohnräume bei den Massenmarkt-Kunden auf Ablehnung stießen. Social Research versah viele Einzelheiten für das Heim mit einem Klassenetikett. Teppiche in gediegenen Farben waren streng Oberklasse, Sonnenjalousien obere Mittelklasse, und das Nippsachenregal paßte in die Wohnungen der Unterklasse.

Louis Cheskin vom Color Research Institute entdeckte in Fortführung der Soziologie der Farben, daß Menschen mit vielen Gefühlsventilen gedämpfte und neutrale Farben zu bevorzugen pflegen. Diese Leute entsprechen den Menschen der höheren Bildungs- und Einkommensstufen. Dagegen haben arme und verhältnismäßig ungebildete Leute eine heftige Vorliebe für leuchtende Farben wie Orange und Rot. In den Elendsvierteln, so entdeckte er, werden Farben als um so reizvoller angesehen, je mehr sie den Regenbogenfarben nahekommen. Die Bedeutung der Farbe und dekorativer Momente für die Menschen der verschiedenen Sozialebenen brachte Mr. Cheskin in eine paradoxe Lage, als er von einem Süßigkeitenhersteller mit dem Entwurf von zwei Schachteln für je ein Kilo Inhalt beauftragt wurde. Die eine Packung sollte zu 1,95 Dollar an Kundschaft der Unterklasse verkauft werden, die andere zu 3,50 Dollar an Käufer der Oberklasse. Mr. Cheskin dachte gründlich über das Problem nach und kam zu dem Schluß, daß die Schachtel für die teueren 3,50-Dollar-Pralinen für neun Cent hergestellt werden könnte, während die Schachtel für die billigeren 1,95-Dollar-Pralinen fünfzig Cent kosten müsse! Die Begründung für diesen merkwürdigen Vorschlag lautete: die äußere Verpackung bedeutet für einen Menschen, der die 1,95-Dollar-Schachtel verschenkt und selten Pralinen kauft, sehr viel mehr. Und das Mädchen, das diese Pralinen bekommt, schätzt die Gabe wahrscheinlich hoch und möchte vielleicht die Schachtel, wenn sie hübsch ist, als Schmuckkästchen aufheben. Andererseits kümmert sich jemand, der die 3,50-Dollar-Pralinen kauft, wenig um die Schachtel. Sie wird doch weggeworfen. Es kommt ihm nur auf die Pralinen an. Die Schachtel, die Mr. Cheskin schließlich für die 3,50-Dollar-Pralinen in Vorschlag brachte, war einfach aus Pappe, zartrosa getönt, mit magentarotem Band. Die billigeren Pralinen bekamen ein Kästchen aus Metallfolie, zinnoberrot, mit leuchtend blauem Band.

Unser sozialer Status offenbart sich, wie die Tiefenpsychologen herausgefunden haben, sogar an den Getränken, die wir bevorzugen. Vor einigen Jahren geriet eine der führenden Chicagoer Brauereien, und zwar die beliebteste, in Schwierigkeiten. Ihr Bier schmeckte den Männern in den einfachen Wirtschaften, Männer, die nach der Arbeit gern noch an der Theke ein paar Glas Bier kippen. Als die Brauerei um die Erhaltung der früheren Position kämpfte, die ihr Bier errungen hatte, versuchte sie dem Bier neues Ansehen zu verleihen, indem sie hervorhob, daß es von den feinsten Leuten getrunken werde. Auf ihren Plakaten und Anzeigen zeigte sie nun Leute im Smoking beim Bier, Männer im roten Fuchsjagd-Dreß, die nach einer anstrengenden Jagd Bier schlürfen, und sie bot sogar einen berühmten Pianisten in Frack und weißer Schleife auf, der verkündete, daß er nach einem Konzert immer zur Erholung dieses Bier trinke.

Diese Werbung mag dem Bier in »feineren« Kreisen tatsächlich ein wenig mehr Ansehen verschafft haben, indessen hatte sie ein unvorhergesehenes Ergebnis. Die Männer in den Wirtschaften fanden plötzlich, daß das Bier nicht mehr richtig schmecke. Sie verspotteten es als »Zwiebelsaft« und nörgelten, es tauge nicht mal zum Mundausspülen. Das Bier rutschte vom ersten auf den neunzehnten Platz.

Social Research befaßte sich mit dieser Sachlage anläßlich einer umfassenden tiefenpsychologischen Untersuchung über das Biertrinken für *The Chicago Tribune.* Man wollte feststellen, warum Leute Bier trinken, *wer* Bier trinkt und was Bier für die Menschen der verschiedenen sozialen Schichten bedeutet. Nachdem sie die unterbewußte Einstellung mehrerer hundert Biertrinker erkundet hatten, kamen die Befrager zu dem Ergebnis, daß Biertrinken eine zwanglose Gewohnheit vorwiegend der Mittelklasse ist, und wenn man feingemachte feine Leute beim Biertrinken zeigt, besagt das nichts weiter als »wie verrückt man bloß sein kann«.

Social Research empfahl den Brauern, in ihren Anzeigen derbe, tüchtige »vom Scheitel bis zur Sohle – Amerikaner« beim Bier zu zeigen – nicht kultiviert aussehende Leute. Und wenn man Mädchen brachte, sollten sie mehr süß als »sexy« sein. Bier sei ein entspannendes, die Gleichheit der Menschen unterstreichendes Getränk für zwanglose Gelegenheiten in zwanglosem Rahmen. Wenn Leute der Ober- oder der oberen Mittelklasse Bier trinken, geschieht es gewöhnlich, um zu zeigen, was für nette Kerle sie sind. Interessanterweise unterstrich die Gemeinschaftswerbung des Brauereiverbandes Mitte der fünfziger Jahre die hemdsärmelige Note, und die Werbegestalter sahen ein, daß nur Mädchenmodelle mit dem frischen Aussehen von Nachbars Töchterlein viele Chancen hatten, den Titel Miß Bavaria zu gewinnen.

XII

Prestige zu hohen Preisen

»Wenn man von einem Ford zu einem Cadillac übergeht, meinen die Leute, man müsse Geld gestohlen haben.« – Pierre Martineau, Forschungsdirektor bei The Chicago Tribune

Die amerikanische Gesellschaft als Ganzes weist eine Schichtung auf, und die Menschen der verschiedenen sozialen Schichten – ausgenommen nur die unkultivierten Nichtstreber von ganz unten – trachten nach einer Rangsteigerung. Dieser wenn auch nicht spezifische, so doch zumindest besonders amerikanische Charakterzug bot Möglichkeiten, welche die kommerziellen Tiefenpsychologen geschwind ausschöpften. Das mußte mit einem gewissen Geschick getan werden, denn niemand gibt gern zu, ein Emporkömmling zu sein.

Lloyd Warner erläuterte den Werbefachleuten die einladende Situation mit folgenden Worten: »Innerhalb der sozialen Ordnung ist noch irgend etwas anderes am Werk, das den Kern des amerikanischen Lebens ausmacht und im Leben vieler von uns die stärkste Triebkraft ist – nämlich das, was wir soziale Beweglichkeit nennen, der Trieb, nach etwas zu trachten, etwas zu erreichen, der Aufstieg des einzelnen und seiner Familie von einer sozialen

Stufe zur nächsten, die Übersetzung von wirtschaftlicher Habe in gesellschaftlich anerkannte Symbole, so daß die Leute einen höheren Rang erlangen.«

Mr. Martineau ist so beeindruckt von den Möglichkeiten, Emporstrebenden (auf dem Wege über Anzeigen in seiner Zeitung) Symbole zu verkaufen, daß er mir 1956 mitteilte, er habe 100 000 Dollar in eine dreijährige Untersuchung der sozialen Klassen in Chicago (unter der Leitung von Dr. Warner) gesteckt, die »den gesamten Aspekt der sozialen Beweglichkeit sichtbar machen wird«. Er fügte hinzu: »Ich hoffe, sie wird sich als eine sehr bedeutsame Arbeit erweisen, ... den Geschmack und Lebensstil der Leute zeigt ... das ökonomische Verhalten, das beide Enden des Kontinuums in der sozialen Mobilität unterscheidet – die Unterschiede zwischen den Strebern und den Klebern.«

Die Tiefenforscher der Chicagoer Motivforschungsschule haben für die Verhaltensänderungen bei unserem Aufwärtsstreben schon viele Beweise erbracht. In seiner Untersuchung über den Sinngehalt von Nahrungsmitteln hat Social Research festgestellt, daß Menschen, die Eingang in eine höher entwickelte soziale Gruppe finden wollen, fast stets beflissen sind, die Vorliebe für bestimmte Speisen und die Eßgewohnheiten der erstrebten Gruppe anzunehmen. Tun sie es nicht, so kann es leicht bedeuten, daß es ihnen nicht gelingt »hineinzukommen«. Und Mr. Martineau erzählt gern die Geschichte von dem eingeschworenen Rotweintrinker, der bei seiner Firma einen besseren Posten bekommt und schnell die erstaunliche Entdeckung macht, daß Scotch besser schmeckt.

Mehrere hinsichtlich der Symbolfestlegungen wachsame Whiskyproduzenten ließen ihre Erzeugnisse eine gewisse soziale Kletterei unternehmen, um ihre Symbole für die menschlichen Emporkömmlinge ansprechender zu machen. Gerade die amerikanischen Whiskymarken fühlten sich gesellschaftlich unterlegen, nachdem der Scotch sie während der Prohibition altersmäßig überrundet hatte. 1956 brachte Schenley mit Pauken und Trompeten einen zwölf Jahre alten Whisky, die Dreiviertel-Liter-Flasche zu dreizehn Dollar, heraus. Stolz hieß es, er sei der älteste und teuerste amerikanische Whisky und werde das »Goldne Zeitalter der Eleganz« zurückbringen. Um nicht abgehängt zu werden, versuchte es die Firma Calvert ebenfalls mit sozialer »Angabe«, indem sie als Anzeigenhintergrund köstliches Roastbeef und Hummer verwendete, um damit anzudeuten, daß Calvert zur feinen Lebensart gehöre. Welches schreckliche Schicksal einem Getränk beschieden ist, das nicht den äußeren Schein zu wahren versteht, zeigte sich, als Gerüchte auftauchten, daß der Absatz eines bestimmten Bieres nachlasse. Sozial bewegliche Leute, sogar aus der Schicht der großen Mitte, verschmähten es plötzlich, obwohl es lange ihre Lieblingsmarke gewesen war, weil sie sich nicht mit einem auf dem Abstieg befindlichen Symbol identifizieren wollten.

Als die Industrie symbolhaft wurde, nahmen die Märkte für viele Erzeugnisse neue und aufregende Dimensionen an. Mr. Martineau wies zum Beispiel darauf hin, daß unter den Autos der Buick und der Oldsmobile von sehr beweglichen Leuten insbesondere als Symbole des »Auf-dem-Wege-nach-oben-Sein« geschätzt würden. Solche Autobesitzer sind »Streber«, erklärte er, »wollen sich aber nicht zur Cadillac-Klasse zählen«.

Ein Innenarchitekt erläuterte 1956 an Hand von Tatsachen, welche Zwecke die Menschen bei der Einrichtung ihres Heims in Wirklichkeit verfolgen. Dieser Heimgestalter, George Nelson, versicherte, der typischen Ehefrau gehe es weit mehr darum, Eindruck zu machen, als ein Problem zu lösen. Sie möchte etwa zeigen, daß ihr Mann im Textilgeschäft schnell 'aufsteigt und wirklich ein echter Erfolgsmensch ist.

Andere Motivanalytiker erklärten, das Grundmotiv für den Erwerb von 925er Tafelsilber sei »Snob Appeal«. Die Frauen sprächen zwar des langen und breiten über die Dauerhaftigkeit und feine handwerkliche Qualität des Silbers, wollten es aber im Grunde seines Prestige- und Prunkwertes wegen. Selbst die Wahl einer politischen Partei kann von solchen Gesichtspunkten bestimmt sein. Eine republikanische Vereinsdame soll prophezeit haben, die Große Alte Partei (die Republikaner) könne die Wahlen 1956 gewinnen, wenn sie die amerikanischen Wählerinnen davon überzeuge, daß es »schick ist, Republikanerin zu sein«.

Anschauliches Beweismaterial, wie das Rangstreben sich auswirkt, lieferte Louis Cheskin vom Color Research Institute mit seinem Versuch, die Triebkräfte deutlich zu machen, welche eine Frau bei der Wahl eines Abendkleides bewegen. Er und seine Helfer erkoren das zweite Geschoß eines eleganten Chicagoer Ladens als Arbeitsbereich. Die neuesten Pariser Modelle waren angekündigt. Cheskin notierte die Uhrzeit beim Eintritt der Frauen, wie sie zögerten und dann ihre Wahl trafen, was im Durchschnitt neunzig Minuten dauerte. Die Hauptattraktion war ein neues Dior-Modell aus Paris. Das Problem war folgendes: das Geschäft hatte dieses Kleid in verschiedenen Farben. Mr. Cheskin stellte fest, daß die Farbenwahl sich gewöhnlich auf eine von dreien zuspitzte, die den drei Hauptmotiven entsprachen, von denen Frauen sich für den Kauf eines solchen Kleides leiten lassen. (Die funktionale Notwendigkeit eines Kleides zählt in solchen Situationen überhaupt nicht.) Die Bemerkungen und Fragen der Frauen zeigten, welches Motiv bei ihnen innerlich im Vordergrund stand.

Die Hauptanziehungskraft lag nach seinen Beobachtungen darin, daß die Frau »in das Kleid einfach verliebt« war. Es steigerte ihr Lustbegehren. Dieses Kleid entsprach ihrer natürlichen Vorliebe. Gewöhnlich fiel diese natürliche »Das-gefällt-mir«-Wahl auf das türkisfarbene Kleid. Der zweite Anlaß, von einem Kleid angelockt zu sein, lag im Ich. Auf ihr Aussehen bedachte Frauen schienen sehr zu überlegen, wie das Kleid sich an ihnen ausnehmen würde.

Viele waren von dem fuchsienfarbenen Kleid gefesselt, weil man ihnen offenbar öfter gesagt hatte, diese Farbe stehe ihnen gut. Und drittens war die Wahl eine Modefrage. Ein paar Monate zuvor hatte die Zeitschrift *Vogue* eine große Modenschau veranstaltet und verkündet, Chartreuse sei im Augenblick große Mode und die Farbe, welche die bestangezogenen Frauen trügen.

Kein Wunder, daß die Frauen, zwischen diesen drei mächtigen, widersprechenden psychologischen Triebkräften hin und her gerissen, 90 Minuten zu einem Entschluß brauchten. Auf Grund seiner Beobachtungen schlußfolgerte Mr. Cheskin, daß in solchen Situationen nur etwa 20 Prozent der Frauen am Ende das Kleid kaufen, in das sie »einfach verliebt« sind. Von den restlichen 80 Prozent wird die Hälfte das Kleid kaufen, das für ihr Aussehen das beste ist, und die andere Hälfte das hochmoderne Kleid. Mr. Cheskin erinnert sich an ein Mädchen, das angesichts des modischen Chartreuse-Kleides als erstes bemerkte, »die Farbe ist für mich ein Brechmittel«. Darauf hingewiesen, daß dies die neueste Modefarbe sei, kaufte es das Kleid schließlich doch!

Die Tiefenforscher, welche die für den Verkauf von sozialem Rang an Streber wirksamsten Wege untersuchten, kamen zu dem Ergebnis, daß die meisten Menschen für eine von drei Werbestrategien empfänglich sind.

Die eine ist das Versprechen von Größe. Man nimmt an, daß Millionen Amerikaner »größtes« im Unterbewußtsein mit »bestes« gleichsetzen – das heißt »bestes«, um großen Eindruck zu machen. Ein Küchenherdfabrikant sah sich in Schwierigkeiten, weil er die Erklärung für bare Münze nahm, die viele Leute dafür gaben, daß sie einen großen Herd einem kleineren von gleicher Leistung vorziehen. Nahezu einhellig hatten die Kunden erklärt, sie hätten den größeren Herd der größeren Arbeitsfläche wegen gekauft. Ingenieure der Firma bauten daraufhin einen mittelgroßen Herd, der sämtliche Arbeitselemente auf engerem Raum vereinte, um eine ungewöhnlich große Arbeitsfläche zu schaffen. Der Herd war ein Reinfall. Die Verkäufer konnten ihn nicht loswerden. Die Firma zog ein Marktforschungsunternehmen in Connecticut zu Rate, dessen Psychologen das Problem prüften und zu dem Schluß kamen: »Die Leute sind bereit, ein gut Teil mehr für ein bißchen Platz zu zahlen, den sie in Wirklichkeit nicht brauchen, weil sie nicht so sehr an dem Platz wie an dem teuren Aussehen eines großen Herdes interessiert sind.«

Die Automobilindustrie hat das Verlangen, durch Größe Eindruck zu machen, am kräftigsten ausgenutzt. Anfang der fünfziger Jahre, als das Gedränge auf den Autostraßen zunahm und manche Leute über die Straßenkreuzer stöhnten, welche die Verkehrsstauungen noch verschlimmerten, überschüttete man die Autofabrikanten mit Vorschlägen, einen kleinen, leistungsfähigen, billigen Wagen herauszubringen. Auch *Wall Street Journal,* schwerlich eine Zeitung der Unzufriedenen, veröffentlichte einen weitschweifigen Leserbrief von einem Mann, der klagte, einen großen, schweren Wagen zu fahren und zu handhaben, sei mit und ohne hydraulische Lenkhilfe eine Last. Er fuhr fort: »Außerdem sind die Fahreigenschaften längst nicht so viel besser, wie es gewöhnlich dargestellt wird. Beim größeren Wagen entfällt zwar das Stoßen, aber das Schlingern und Rollen wird schlimmer.«

Einige große Autofirmen erkundeten sehr sorgfältig die Möglichkeiten, einen kleinen, geräumigen Wagen herauszubringen. Eine davon forschte mittels tiefenpsychologischer Tests, ob in Amerika für einen kleinen, geräumigen Wagen tatsächlich ein ergiebiger Markt existiere. Dabei stellte sie fest, daß die Leute alle möglichen interessanten Erklärungen dafür abgaben, warum sie keinen Kleinwagen mochten. Sehr viele äußerten die Empfindung, ein kleiner Wagen würde irgendwie nicht »sicher« sein. Sie beharrten darauf, sie könnten damit von einem Lastwagen überrollt werden. Die Befrager erkannten schließlich, daß die Leute unter der »Sicherheit«, von der sie sprachen, eher eine psychische als eine physische verstanden. In Wirklichkeit störte sie am kleinen Wagen nur, daß er sie in den Augen der Nachbarn klein erscheinen lassen könnte. Man kam zu dem Ergebnis, daß nur eine Minderheit an Kleinwagen interessiert sei und daß viele Leute, die echt interessiert schienen, gleichfalls durch Prestigeerwägungen beeinflußt wurden. Sie waren der Meinung, ein neuer Kleinwagen könne ihnen mehr Ansehen verleihen als ein großer Gebrauchtwagen – und mehr konnten sie nicht aufbringen. (In meiner Gegend werden die meisten Kleinwagen an Leute verkauft, die bereits einen großen Wagen haben und sich vielleicht deshalb in einem kleinen »sicher« vorkommen, wenn sie damit umherbummeln.)

In seinem Buch über Motivforschung gab Professor Smith weitere Beispiele für die Befürchtungen, die der Gedanke erweckte, einen Kleinwagen zu fahren. Man forderte die Leute auf, sich vorzustellen, sie führen in einem bestimmten Kleinwagen. Die Vorstellungen, die in den Leuten erwachten, waren: durchgerüttelt, steif und eingeklemmt, klein und minderwertig zu sein.

Die Chevrolet-Automobilklubs sollen eine Motivuntersuchung über die Faktoren gemacht haben, die den Kaufabschluß für einen Wagen am stärksten beeinflussen. Bequemlichkeit und Aussehen wurden als die wichtigsten verzeichnet, »Wirtschaftlichkeit« kam weit dahinter an zweiter und Zuverlässigkeit erst an dritter Stelle.

Dementsprechend legte die Automobilwerbung verstärkten Nachdruck auf die Größe der Wagen und trommelte in Presse und Rundfunk fast das ganze Jahr 1956 über mit dem Thema Größe, um bei allgemein schwierigem Markt eine günstige Position zu erlangen.

Eine Pontiac-Fernsehwerbesendung behandelte ausgiebig »Ihren Großen Pontiac« und äußerte Verblüffung, daß die Leute für einen »kleineren, kürzeren Wagen« mehr bezahlen müßten. Pontiac ist, so hieß es, ein Großer Wagen mit Großer Kraft. Der Ansager beteuerte ein bißchen theatralisch: »Heutzutage hören sich die klugen Leute um, wenn sie einen Wagen kaufen!«

Dazu erschien auf dem Bildschirm eine singende Menschenmenge: »Wir sind Jedermann ... Wir wollen einen Großen Wagen, und elegant muß er auch sein.« Mercury trommelte mit dem Werbeslogan »Großer M«, und Lincoln veröffentlichte doppelseitige Anzeigen mit dem über beide Seiten langgestreckten Wagen: »Noch nie war der Lincoln ... so lang und so verlangt.«

Einer meiner Bekannten arbeitet in einer Werbeagentur, welche den Werbeetat einer großen Automobilfirma verwaltet. Er war zugegen, als der Direktor der graphischen Abteilung dem Etatchef seine besten Ideen für die Darstellung des Wagens in Anzeigen vorlegte. Der Etatchef rang nach einem einzigen Blick auf das Layout die Hände und schrie: »Ich will keine kleine ›Aufmachung‹. Sie sollen ihm eine große Aufmachung geben, eine *große*, große Aufmachung!«

Joseph Kaselow, der Werbungs-Kolumnist für *New York Herald Tribune*, berichtet, daß Chevrolet jetzt ein siebenköpfiges Gremium psychologisch orientierter Fachleute hat, das die psychologischen Nebenwirkungen der Töne und Gerüche ihrer verschiedenen Modelle bewertet. Der Klang der zuschlagenden Tür wird als besonders wichtig betrachtet. Laut Mr. Kaselow rühmte sich der Generaldirektor von Chevrolet, als die 1957er Modelle herauskamen: »Dieses Jahr haben wir das schönste Türenklappen herausgebracht, das wir je hatten – den Klang des *großen* Wagens ...«

Als die 1957er Modelle herauskamen, wurden sie als noch länger als die »großen« Wagen von 1956 gerühmt. Ein Automobilfabrikant ließ in einer Rundfunkwerbesendung einen Mann aus Texas – vermutlich Ölmilliardär – begeistert von seinem neuen 1957er Wagen behaupten: »Nie zuvor habe ich einen *so* großen gesehen!«

Ein zweiter Weg, uns ihre Erzeugnisse als soziale Rangsymbole zu verkaufen, führt, wie die Wirtschaft erkannte, über das Preisschild. Sie entdeckte in dem Mitte der fünfziger Jahre das oberste zu unterst kehrenden Kampf um den Kunden, daß sie – anscheinend aller Logik zum Trotz – ihren Absatz steigern konnte, indem sie die Preise heraufsetzte.

Besonders heftig wogte dieser Kampf um das höchste Preisschild auf dem Automarkt, wo, wie *Tide* bemerkte, »der nahezu verrückte Drang des Verbrauchers nach sozialem Ansehen zu einem Wettrennen der Autofabrikanten um den Bau des luxuriösesten Fahrzeugs geführt hat«. Als die Ford Motor Company durchsickern ließ, sie werde ihren Continental zu einem Preis von etwa 10 000 Dollar herausbringen, erklärten Sachkenner, das wahre Ziel sei, in der Ford-Produktion einen teureren Wagen für Prestigezwecke zu haben, als ihn General Motors mit dem Cadillac hatte. Er werde als »rollende Institution« dienen, und sein Nimbus werde auf die schlichteren Ford-Typen abfärben. *Tide* faßte dies folgendermaßen zusammen: »Mit einem Preis von $ 10 000 ist der Mark II Continental eine Herausforderung Fords an GMs Caddy, den amerikanischen Spitzen-Prestigewagen.« Es ging nicht darum, den

Cadillac zu verdrängen, sondern ihn an Vornehmheit zu übertreffen. Gerüchtweise verlautete, die »Bewerber« um den Wagen müßten Kaufanträge stellen und würden auf finanzielle Verhältnisse und gesellschaftliche Stellung hin »durchleuchtet«. Die Ford-Leute haben dies niemals bestätigt, ließen aber durchblicken, daß die Lincoln-Vertretungen in jeder Gemeinde die Leute auswählen würden, die den Wagen bekommen könnten. Nachdem der Wagen heraus war, zeigten die Umsatzberichte der Händler, daß 90 Prozent der Käufer ihn auf der Stelle bar bezahlten. (Cadillac beantwortete die Herausforderung 1957 mit einem 12 500-Dollar-Wagen.)

Angesichts so kräftiger Anreize für Emporstrebende schlug der an die mittlere Preislage gebundene Chevrolet mit psychologisch gewürzter Herablassung zurück. Mit ausgeklügelter Beiläufigkeit veröffentlichte man in der für ihre intellektuelle Spitzfindigkeit bekannten Zeitschrift *The New Yorker:*

Einer von unseren Leuten hat einen Psychologen zum Freund, und der Freund sagt, daß in vielen Fällen das Auto als Rangsymbol gekauft wird, als Spiegel der Position, der Bedeutung und des Einkommens des Besitzers. Na schön, kann sein, daß dies der Grund ist, warum eine Menge Leute statt eines Chevrolets einen teueren Wagen kaufen ... Denn eine Frage größerer Geräumigkeit oder sagen wir mal ... Motorenstärke ... oder besserer Fahreigenschaften und besserer Straßenlage kann es ja wirklich nicht sein ... Sollte dieser Psychologe recht haben, dann kaufen also diese Leute teuere Wagen, nur um zu beweisen, daß sie ihn sich leisten können. Bekanntlich sind die Menschen sonderbar und wunderbar und eigensinnig. Aber wir lieben sie. Besonders diejenigen, die nicht den kostspieligsten Wagen kaufen, den sie erschwingen könnten ...

Indessen zögerte auch Chevrolet nicht mit dem Versuch, auf einer anderen Grundlage sich als Rangsymbol anzupreisen; Anzeigen in der Zeitschrift *Life* zeigten den Wagen vor einer mondänen Hindernisrennen-Kulisse, darauf berechnet, symbolbewußte Leute zu beeindrucken.

Außer Autos wurden auch viele andere Erzeugnisse größtenteils deswegen an Emporstrebende verkauft, weil sie die kostspieligsten waren. Die Jean Patou, Inc., inserierte stolz, ihr Parfüm Joy sei »das teuerste Parfüm der Welt« (30 Gramm 45 Dollar). Der Direktor der National Association of Tobacco Dealers erinnerte seine Kollegen, daß »der Mann, der Ihnen Zigaretten aus einer 35-Cent-Packung anbietet, ein bißchen Reklame für sich macht. Er gibt Ihnen zu verstehen, daß er es zu etwas gebracht hat. Alles, was der Hersteller über sein Produkt sagt oder damit tut, muß diese Meinung bestärken.« Paper-Mate brachte einen Kugelschreiber für 50 Dollar heraus, um das Ansehen seines Namens ein bißchen zu heben, und aus dem gleichen Grunde brachte Kaywoodie eine 50-Dollar-Pfeife auf den Markt.

Die dritte von der Wirtschaft als wirksam erkannte Strategie für den Verkauf von Erzeugnissen als Rangsymbole bestand darin, Personen von anerkannt hohem Rang zu überreden, die übrigen aufzufordern, es ihnen gleichzutun und sich an dem Besitz dieses Produktes zu erfreuen. Das Anerkennungsschreiben kann ein höchst wirksamer Werbe-Kunstgriff sein, erklärte *Printer's Ink* im Gegensatz zu den Spöttern. Das gilt vor allem, wenn das Interesse der Berühmtheit an dem Produkt einen plausiblen Grund hat. Anerkennungsschreiben von Berühmtheiten waren keine Neuentdeckung, aber zu Beginn der fünfziger Jahre wurden sie in ein System gebracht. Der Mann, der das tat, war Jules Alberti, ein pfiffiger Mann, der nach dem zweiten Weltkrieg mit 500 Dollar Einlage die Endorsements, Inc., gründete. Anfangs lehnten die Werbeagenturen den Gedanken ab, sich so unverblümt Anerkennungsschreiben zu beschaffen, aber schon bald erwies sich die Logik des von Alberti angebotenen Dienstes als siegreich; 1956 beliefen sich seine jährlichen Roheinnahmen auf nahezu eine Million Dollar, und er versorgte vierhundert Werbeagenturen mit Anerkennungsschreiben, die, wie er betont, alle »echt« sind. Im gleichen Jahr sagte er, Anerkennungsschreiben sollten entweder von der Berühmtheit allein geschrieben werden oder mit Hilfe eines erstklassigen Werbetexters, der auch wirklich glaubt, was er da sagt. Mr. Alberti klagte über den Mangel an Werbefachleuten, die noch an das glauben, was sie schreiben, und warf die Frage auf, wie Menschen, die Zynismus und Unglauben in ihre Gedanken einschleichen lassen, wirklich überzeugende und glaubwürdige Werbetexte schreiben könnten. Professor Smith erwähnte die Skepsis vieler Menschen gegenüber Anerkennungsschreiben, fügte jedoch hinzu: obwohl die Menschen leugnen, von Anerkennungsschreiben bewußt beeindruckt zu werden, besteht die starke Vermutung, daß dies unbewußt doch der Fall ist.

Alles durch diese verschiedenen Strategien des Symbolverkaufs geförderte soziale Strebertum muß auch in gefühlsmäßiger Hinsicht teuer bezahlt werden. Der Volkswirt Robert Lekachman deutet dies an, wenn er sagt: »Welche Spannungen und Ängste aus diesem unablässigen Jagen nach den Sinnbildern des Erfolges in unserer Gesellschaft geboren werden, können wir nur mutmaßen, und es schaudert einem bei dem Gedanken, was bei einem wirtschaftlichen Rückschlag daraus entstehen könnte.«

Obgleich der »Snob Appeal« als wirksam anerkannt wurde, gewannen die Werbefachleute die Überzeugung, daß er mit großer Behutsamkeit und innerhalb sorgfältig abgesteckter Grenzen anzuwenden sei. Pierre Martineau wies darauf hin, daß jedermann zu der nächsthöheren Gesellschaftsschicht aufblickt, aber nur innerhalb glaubhafter Grenzen. Werden dem Publikum Erzeugnisse als zu vollkommen oder zu anspruchsvoll dargeboten, so erhebt sich in einer ansehnlichen Anzahl von Leuten – wie durch tiefenpsychologische Untersuchungen festgestellt wurde – die etwas ängstliche Frage: »Bin ich denn gut genug für so ein Produkt?« Dieser Einstellung begegnete man in bezug auf manche Autos und Kühlschränke, die als superherrlich oder supervollkommen hingestellt wurden.

Eine zu anspruchsvolle Darstellung kann den suggerierten Gebrauch eines Erzeugnisses ebenfalls einengen und auf diese Weise den Absatz hemmen oder verringern. Den Massenmarkt versorgende Parfümeriefabrikanten merkten, daß es für die Werbung falsch war, ein hübsches Mädchen und einen jungen Mann in Abendkleidung zu stecken, weil das anzudeuten schien, dieses Parfüm sollte nur bei festlichen Anlässen benutzt werden. Dabei wollten die Parfümfabrikanten doch, daß die Frauen sich sogar mit Parfüm betupfen, wenn sie bloß eben aufs Postamt laufen.

Ebenso mußten die Hundekuchenhersteller erkennen, daß sie sich auf gefährlichem Boden bewegten, wenn sie in ihrer Absatzwerbung Rassehunde zeigten. Die meisten Leute haben keine Rassehunde, sondern Promenadenmischungen und grollen insgeheim den Leuten mit Rassehunden.

Eines der besten Beispiele für den realistischen Gebrauch der Motivforschung lieferte die von Social Research beratene Gardner Advertising Agency in St. Louis. Sie erkannte, daß es im Anzeigengeschäft ein ernstes Problem ist, die Massen erfolgreich anzusprechen, da die Werbefachleute selber praktisch niemals für die Masse typisch sind, »und je mehr Erfolg sie haben, um so weniger typisch dürften sie wahrscheinlich sein«. Ein Sprecher fügte hinzu, daß Social Research den Leuten der Agentur behilflich gewesen sei, der wahren Bedürfnisse und Wünsche des Durchschnittsmenschen sich bewußt zu werden, und berichtete einen Fall, wo diese »Mit-beiden-Beinen-auf-der-Erde«-Bewußtheit eingesetzt wurde: eine Mitarbeitergruppe dieser Agentur fuhr nach New York, um für einen Klienten aus der Nahrungsmittelindustrie einen Werbefilm zu drehen. Angekommen, fanden sie die Szenerie bereits aufgebaut: ein entzückendes Speisezimmer mit schönem Porzellan, Silber und Tafeldekoration. Auch die Darsteller standen bereit – die »Mutter« für den Werbefilm war eine elegante, aristokratische Dame in einer wollenen Modeschöpfung, »die offensichtlich nicht nach dem Katalog des Versandhauses Sears, Roebuck, ausgesucht war«. Die Leute aus St. Louis riefen Bestürzung hervor, indem sie darauf bestanden, daß die ganze Szenerie durch gute, aber landläufige Möbel ersetzt wurde, mit passendem nettem Gebrauchsporzellan, ohne Blumen in der Tischmitte und mit einem entsprechenden baumwollenen Hauskleid für Mami. Und Vati in Hemdsärmeln, wie er nach Ansicht der Leute aus St. Louis in Millionen Mittelstandshaushaltungen herumläuft.

Diese Einsicht von Motivation Research über die Vereinbarkeit mit dem Publikum scheint indessen nicht allgemein Anwendung zu finden. Die Fernsehverkaufsdame Betty Furness ist der zarte, schlanke Park-Avenue-Typ, der für ein Massenpublikum Gift sein müßte; nichtsdestoweniger gehörte sie 1956 beim Fernsehen zu den allerbesten Werbemitteln. In ihrem Falle schlagen unzweifelhaft andere, stärkere Faktoren zu Buch – vielleicht die Wirkung der Stimme, die Natürlichkeit, das Bezwingende ihrer Gegenwart und die Bildwiederholung an und für sich.

Psychologen entdeckten für eine große New Yorker Beratungsfirma interessante Unterschiede, inwieweit die Menschen sich, was Seife anbelangt, auf eine höhere Stufe heben können. Bei ihren Tiefenuntersuchungen fand die Firma heraus: falls es sich um Waschseife handelte, verfehlten Frauen in schicken Kostümen der oberen Mittelklasse ihre Wirkung auf die Anzeigenleserin, da die Hausfrau sich mit diesen Damen nicht identifizieren konnte. Dagegen erwiesen sich Damen desselben Typs bei Anzeigen für »Schönheitsseife« als genau richtig. Der Durchschnittsfrau fiel es kaum schwer, sich mit ihnen zu identifizieren. Ein Psychologe erklärte, warum. »Sobald ein wenn auch nur vages Schönheitsversprechen im Spiel ist, kann jede Frau ein bißchen über sich selbst hinauswachsen.«

XIII

Heilmittel gegen geheimen Widerwillen

> *»Die Dörrpflaume ist eine freudlose Puritanerin ... Es bedurfte geradezu ihrer Neuentdeckung.* – Ernest Dichter, Präsident des Institute for Motivational Research

Am dankbarsten wurden die Erkenntnisse der Motivanalytiker in den Bereichen der Wirtschaft aufgenommen, wo sie bei der Überwindung unserer versteckten Widerstände gegen ihre Produkte behilflich waren. Häufig schien unser Widerstand blindlings vernunftswidrig und mit der Normaldosis an Überredung nicht zu lockern. Man zog die für den Umgang mit Menschen zuständigen Doktoren zu Rate, die mit diagnostischem Geschick die Wurzeln unseres Widerstandes bloßlegen und Linderungsmittel verschreiben sollten.

Es stellte sich heraus, daß viele dieser verborgenen Widerstände gegen bestimmte uns angebotene Erzeugnisse auf unserem vernunftwidrigen oder scheinbar vernunftwidrigen Vorurteil beruhten. Diese Produkte fördern eine Art Minderwertigkeitskomplexe zutage. Es hängen ihnen, um Dr. Dichters Ausdruck zu gebrauchen, »psychologische Einschränkungen« an. Einige der stolzesten von Dr. Dichters Institut errungenen Triumphe sind mit der »Neuentdeckung« von solcherart mit Minderwertigkeitskomplexen belasteten Erzeugnissen oder Waren verknüpft. Im folgenden bringen wir einige von tiefenpsychologischen Experten diagnostizierte, besonders bezeichnende Fälle von psychologischer Einschränkung nebst der angewandten Heilbehandlung, die den unglücklichen Patienten im Kampf um unser Geld eine neue Chance geben sollte.

Späte Mädchen und billige Pensionen. Die von Dr. Dichter an der armen, minderwertigkeitsgeplagten Dörrpflaume vollzogene Schönheitsoperation gehört zu den klassischen Leistungen der Motivforschung.

Die Dörrpflaumenhändler sahen sich in ihrem Bemühen, die Amerikaner zum Dörrpflaumenessen – und sei es auch nur in den gleichen Mengen wie in früheren Jahren – zu überreden, außerordentlich entmutigt. Der Verzweiflung nahe, wandte sich der California Prune Advisory Board ratsuchend an das Institute for Motivational Research. Dr. Dichter vermutete, vielleicht instinktiv, daß unterbewußte Widerstände gegen die Dörrpflaume im Spiele seien. (Die Frage: »Wohin mit den Steinen beim Pflaumenessen?« dürfte ein nicht unterbewußter Faktor sein.) Die Vielfalt der versteckt der Dörrpflaume innewohnenden Sinngehalte überraschte indessen sogar seine Sachbearbeiter. Das Bild der Dörrpflaume war mit unseligen Bedeutungen geradezu überladen. Wortassoziationstests ergaben, daß bei den Leuten in bezug auf die Dörrpflaume als erstes Vorstellungen wie »alte Jungfer« oder »vertrocknet« auftauchten. Bei Untersuchungen darüber, welchen Raum das Wort »prune« in der englischen Sprache einnimmt, stieß man auf Ausdrücke wie »Vertrocknete alte Zwetschge!« und »Gesicht wie 'ne alte Dörrpflaume«. Die Tiefeninterviewer stellten fest, daß Dörrpflaumen als Sinnbild der Gebrechlichkeit und mangelnden Lebenskraft empfunden würden. Andere erinnerten sich bei Dörrpflaumen der elterlichen Autorität. Sie dachten daran, daß sie als Kinder oft angehalten worden waren, Dörrpflaumen zu essen, einfach weil sie »sollten« oder weil »Dörrpflaumen gut für dich sind«. Man brachte Dörrpflaumen in Verbindung mit billigen Pensionen, wo sie von knauserigen Pensionsinhaberinnen auf den Tisch gebracht werden, mit geizigen, gebeunlustigen Menschen, mit freudlosen Puritanern. Von der schwärzlich-trüben Farbe der Dörrpflaumen, wie sie einem gewöhnlich vorgesetzt werden, sprach man mit Mißbehagen. Die schwärzliche Farbe wurde irgendwie als symbolisch düster angesehen, und in wenigstens einem Falle wurde die arme Dörrpflaume sogar mit Hexen in Verbindung gebracht.

Neben all diesen Assoziationen ist die Vorstellung von der Dörrpflaume noch mit einer anderen Bedeutung durchsetzt. In erster Linie dachte man an sie als Abführmittel. Als man die Leute bei Wortassoziationstests aufforderte, das erste Wort niederzuschreiben, das ihnen in Verbindung mit Dörrpflaumen in den Sinn komme, schrieben viele »Verstopfung«. Die Dörrpflaumenleute waren über diese Laxativ-Vorstellung nicht ganz und gar unglücklich; denn als die Laxativ-Wirkungen der Dörrpflaume erst allgemein bekannt wurden, ging es ihnen mal recht gut. Mitte der fünfziger Jahre war jedoch der Markt mit Abführmitteln übersättigt, und Dr. Dichter hielt die Abführeigenschaft der Dörrpflaume für einen fragwürdigen Segen, obzwar der Handel in der Werbung die laxierende Wirkung noch unterstrich. Dr. Dichter war der Meinung, dies verschaffe der Dörrpflaume ein derart ungünstiges Bild, daß alle Anstrengungen, ihr als Nahrungsmittel in weiten Kreisen Ansehen zu verschaffen, umsonst seien. »Das Geschmacksmoment hatte Einbuße erlitten«, denn wenn der Kolonialwarenhändler, stellte Dr. Dichter fest, die Hausfrau frage, ob sie Dörrpflaumen wolle, so sage sie bei sich: »Nein, das Abführmittel mag ich nicht.«

James Vicary rückte, wie ich erwähnen möchte, für einen anderen Klienten und von einer anderen Ecke her dem Dörrpflaumenproblem zu Leibe. Ihm lag vor allem daran, das Bild des typischen Dörrpflaumenkäufers herauszuschälen. Als er dahinterkam, daß sehr viele von ihnen an Verstopfung litten, ging er daran, das psychologische Profil des Hartleibigen zu umreißen. Nach seinen Ermittlungen gehört der Verstopfte normalerweise zu den ungern Gebenden. Beispielsweise fällt es einem solchen Menschen nicht leicht, Geschenke zu machen.

Das alles zeigte, in welche schauderhafte Lage die arme Dörrpflaume sich gebracht hatte. Was war dagegen zu tun? Die verschiedenen Tiefenforscher konnten sich untereinander nicht einigen, wie man mit der Laxativ-Klippe fertig werden sollte. Eine Motivforschungsfirma vertrat die Ansicht, die Mitbedeutung Laxativ errichte im Denken der Leute eine geistige Sperre, so daß man von Anfang an sich darauf einstellen und sie offen aussprechen sollte. Sie ermittelte durch Tests, daß »die Angst der Befragten merklich sich verringerte und die günstige Einstellung zur Dörrpflaume wuchs«, sobald man die Laxativ-Seite eingangs erwähnte.

Dr. Dichter war anderer Ansicht. Seiner Meinung nach bedurfte das im Publikum herrschende Persönlichkeitsbild der Dörrpflaume von Kopf bis Fuß einer Operation, damit das Publikum sie als eine gänzlich neue Frucht »neu entdecken« könne. Die Dörrpflaume werde die »neue Wunderfrucht« sein, erklärte er. Die ganze Vorstellung von der Dörrpflaume als einer vertrockneten Frucht für Leute, die ein Abführmittel brauchen, modelten die Dörrpflaumenleute aus Kalifornien unter seiner Anleitung in ein »höheres« Bild um. Die Betonung lag auf »neue Wunderfrucht« und hatte den Zweck, den Hausfrauen zu beteuern, daß es nun durchaus statthaft sei, den Gästen Dörrpflaumen vorzusetzen.

Über Nacht wurde die Dörrpflaume eine köstliche süße Frucht, beinahe eine Praline, wollte man der Werbung Glauben schenken. Die neuen Darstellungen zeigten Dörrpflaumen in einem von jenem früheren düsteren, altjüngferlichen himmelweit entfernten Rahmen, wo vier schwarze Pflaumen in einer dunklen Flüssigkeit schwammen. Die neue Werbung verwendete freundliche, helle Farben und die Bilder spielender Kinder. Später wechselten die Bildgestalten »Jugend« allmählich von Kindern zu hübschen Mädchen, die Schlittschuh liefen oder Tennis spielten. Und wo Dörrpflaumen gezeigt wurden, da lagen sie auf blanken Tellern in fröhlichen Farben oder neben weißem Bauernkäse. Die Bilder trugen eingängige Schlagzeilen wie »Hefte dir Flügel an die Füße« und »Du fühlst dich obenauf!« In einer Anzeige hieß es: »Dörrpflaumen gehen ins Blut und verleihen deinem Antlitz Farbe.« Die Vorstellung des Publikums von der Dörrpflaume wandelte sich gleich einem lebensechten Aschenbrödel.

Was die Laxativ-Klippe anbelangt, so wurde diese jetzt nur nebenbei am Schluß des Werbetextes erwähnt. Eine Anzeige mit einer feschen Eisläuferin schloß mit den Worten: »... und ein mildes Reguliermittel. Wenn Sie sich wohlauf fühlen, ergeht es Ihnen auch wohl. Beginnen Sie daher mit dem Pflaumenessen noch heute, bis Sie Kraft im Überfluß haben.«

Die neuentdeckte Dörrpflaume erfreute sich alsbald steigenden Absatzes. Um 1955, wenige Jahre nachdem Dr. Dichter seine Heilbehandlung begann, wurde die Dörrpflaume von der Presse als »die Ausnahme« im Farmdilemma gefeiert. Während Preis und Konsum der meisten Nahrungsmittel fielen, stiegen sie für den Pflaumenzüchter. Sprecher der Industrie schoben dieses Phänomen auf »das neue und wirklich echte Interesse der Verbraucher an Dörrpflaumen«.

Dieser Mensch! Als die sogenannte Lungenkrebsfurcht Millionen Zigarettenraucher zum Nachdenken über ihre Rauchgewohnheiten brachte, machten die Wagemutigeren unter den Zigarettenspitzenfabrikanten den Versuch, auf breiter Front neue Verbraucher zu gewinnen. Sie gaben große Summen aus, um das Publikum daran zu erinnern, daß ihre Filter die üblen Teerstoffe usw. festhielten. Ihre Argumentation war überzeugend und scheinbar eindrucksvoll; dennoch sträubten sich die Männer gegen die Zigarettenspitze mit einer Zähigkeit, die vermuten ließ, daß irrationale Faktoren im Spiel seien. Man übertrug Dr. Dichter das Problem, dessen Stab Tiefeninterviews mit mehreren hundert männlichen möglichen Kunden durchführte.

Wie die Dörrpflaume, war auch die Zigarettenspitze mit psychologischen Einschränkungen belastet. Im Vertrauen plauderten die Männer über ihre Auffassung von der Zigarettenspitze. Die behaupteten gesundheitlichen Vorzüge wurden gewöhnlich anerkannt, aber einer sagte zum Beispiel: »Vielleicht wird sie mir guttun, aber was sagen meine Freunde, wenn ich plötzlich mit einer langen Zigarettenspitze zwischen den Lippen erscheine? Sie werden mich auslachen!« Diese Befürchtung war ein Haupthindernis. Ein Mann mochte es für richtig halten, daß seine Frau eine Spitze benutzte, aber er doch nicht! Das Persönlichkeitsbild der Zigarettenspitze war ausgesprochen feminin. Männer mit Zigarettenspitze galten als affektiert oder überspannt.

Interessanterweise sträubten sich, wie die Befrager entdeckten, sehr viele Leute noch auch einem anderen Grunde gegen die Zigarettenspitze. Es hatte den Anschein, als ob viele Leute der Zigarettenspitze abgeneigt waren, weil ein vor etwa zehn Jahren verstorbener Präsident der Vereinigten Staaten öfter eine benutzte. Ich meine Franklin D. Roosevelt, »dieser Mensch«, den Fotos und Karikaturen häufig mit einer etwas angeberisch zwischen die Zähne geklemmten Zigarettenspitze zeigten.

Zum Unglück der Spitzenfabrikanten bildeten gerade die Raucher mit höherem Einkommen den logischen Markt für Zigarettenspitzen, und eben die Leute mit dem höheren Einkommen pflegten rot zu sehen, sobald sie an »diesen Menschen« erinnert wurden.

Dr. Dichter empfahl – und die Spitzenfabrikanten stimmten ihm bei –, eine neue Persönlichkeit für die Zigarettenspitze zu schaffen, welche sie so weit wie möglich von den Spitzen, wie FDR sie benutzte und wie man sie bei Frauen findet, entfernen sollte. Man schuf eine kurze und dicke Spitze in männlich braunen und schwarzen Tönen (rote, blaue, weiße und lange Zigarettenspitzen blieben den Frauen vorbehalten). Der Werbetext lockte: »Nur eine kleine Spitze.« Ein Bild zeigte einen Mann, der eine Zigarette ohne rauchte, und einen anderen, der die gedrungene Spitze benutzte, und der Text fragte: »Sehen Sie den Unterschied?« Und zum Beweis, daß der männlich-energische Alltagsmensch getrost die Zigarettenspitze gebrauchen könne, zeigten die Illustrationen Männer beim Baseball, munter ihre Zigarette mit Spitze qualmend.

Die bequeme Hausfrau. Die Hersteller von Dosenkaffee stießen mit ihren Produkten auf starken Marktwiderstand, obwohl der Vorteil der schnellen, einfachen Zubereitung auf der Hand lag und ihr Erzeugnis verhältnismäßig billig war. Obendrein gaben sie für ihre Dosenkaffeewerbung weit mehr Geld aus, als für den regulären Kaffee an Werbung ausgegeben wurde. Der Widerstand blieb dennoch, und nur ein Bruchteil des Kaffeebudgets der Familie entfiel auf Dosenkaffee. Man bemühte sich herauszufinden, *woran* dieser vernunftwidrig erscheinende Widerstand gegen das Produkt lag. Die meisten Leute gaben zur Antwort, der Geschmack sage ihnen nicht zu. Die Produzenten vermuteten, es müßten tiefere Gründe sein, was sich durch eine weitere klassische Untersuchung, eine in Fachkreisen häufig zitierte Motivforschungsarbeit, bestätigte. Mason Haire von der Universität Kalifornien entwarf zwei bis auf eine einzige Sache vollkommen gleiche Einkaufszettel, auf denen je sieben Dinge notiert waren: Frikadellen (sogenannte Hamburger), Möhren, Brot, Backpulver, Dosenpfirsiche und Kartoffeln, und zwar mit genauen Marken- oder Mengenbezeichnungen. Außerdem stand auf der einen Liste an fünfter Stelle »1 Pfd. Maxwell-Haushaltskaffee«, dagegen auf der andern »1 Dose Nescafé«. Beide Listen waren also anscheinend fast identisch. Eine Gruppe von fünfzig Frauen erhielt den ersten und eine andere gleich starke Gruppe den zweiten Zettel. Die Frauen wurden gebeten, den ihnen ausgehändigten Zettel durchzusehen und danach so eingehend wie möglich »Persönlichkeit und Charakter« der Frau zu beschreiben, welche die Einkaufsliste zusammengestellt hatte. Nahezu die Hälfte der Frauen beschrieb die Hausfrau, welche die Liste mit dem Dosenkaffee aufgestellt hatte, als bequem und schlechte Planerin. Dagegen erwähnte nur eine Frau, daß die Hausfrau, welche die Liste mit dem regulären Haushaltskaffee aufgestellt hatte, bequem sei, und nur sechs vermuteten, sie sei eine schlechte Planerin. Acht erwähnten, die Frau, von der die Einkaufsliste mit dem Dosenkaffee stamme, sei wahrscheinlich keine gute Ehefrau! Nicht eine schlußfolgerte dies von der Hausfrau, welche den Einkaufszettel mit dem regulären Haushaltskaffee zusammengestellt hatte.

Kurzum, das Wort Dosenkaffee schien mit unglücklichen Nebenbedeutungen befrachtet. Pierre Martineau entdeckte, daß die Dosenkaffee-Inserenten diese unglückliche Vorstellung noch unterstrichen hatten, indem sie ständig Wörter betonten, wie: ergiebig, schnell, zeitsparend, billig – Wörter ohne warmen, gefühlsmäßigen Beiklang. Die Hersteller von regulärem Kaffee betonten Wohlgeschmack, Aroma, gehaltvoll, so daß man den Kaffee förmlich roch und schmeckte. Als Folge der Dosenkaffee-Werbung setzte die Hausfrau vielleicht noch ihrem Mann Dosenkaffee vor, zögerte jedoch, ihn Gästen anzubieten. Mr. Martineau drängte die Dosenkaffee-Hersteller, sich an der Werbung für regulären Kaffee ein Beispiel zu nehmen.

Mitte der fünfziger Jahre gingen die Hersteller von Dosenkaffee mit Energie daran, Gefühl und sozialen Rang in ihr Produkt einzubauen. Nescafé ließ 1956 mehrfarbige, ganzseitige Anzeigen in Frauenzeitschriften erscheinen; über die ganze Seite hinweg bildeten schöne braune Kaffeebohnen den Hintergrund für eine dampfende Tasse Kaffee mit dem Motto: »100 Prozent reiner Bohnenkaffee« und »Stillen Sie Ihren Kaffeedurst«. Andere Nescafé-Anzeigen brachten Emily Post, in Amerika tonangebend für Benehmen und Etikette, wie sie voller Stolz ihren Gästen Dosenkaffee vorsetzt. Daß dieser Weg der richtige war, bewies folgende Tatsache: Dosenkaffee, obgleich schon seit mehr als zehn Jahren auf dem Markt, setzte sich erst Mitte der fünfziger Jahre als Massenartikel durch.

Inzwischen beauftragte das Pan American Coffee Bureau Dr. Dichter zu erkunden, ob nicht auch das Bild des regulären Kaffees verbessert werden könne. Er sah den Bohnenkaffee in Gefahr, als alltäglich, altmodisch und »Lückenbüßer« zu gelten. Außerdem hätten manche Kaffeetrinker ein bißchen Schuldgefühl, weil sie »zu viel« trinken. Das Bureau war so beeindruckt, daß es eine große neue Werbekampagne eröffnete, die den Kaffee mit größeren Reizen ausstatten sollte, indem man beispielsweise zeigte, wie er in Wien und an anderen romantischen oder mondänen Stätten serviert wird.

Krankengebräu. Der Kaffee war in unserer Vorstellung in einen etwas altertümlichen Geruch, der Tee jedoch in eine wirklich üble Lage geraten. Der Absatz ging seit langem zurück. 1946 tranken die Amerikaner je Kopf nur noch ein Drittel soviel Tee wie sie 1900 getrunken hatten, und der Teekonsum betrug nur ein Zwanzigstel ihres Kaffeekonsums.

Auf die Hilferufe der Teeproduzenten hin tiefenuntersuchten Dr. Dichter und sein Stab die Sachlage und entdeckten, daß die Tee-Erzeuger nicht nur in die Grube gefallen waren, sondern sie mit ihrer Werbung eifrig noch tiefer buddelten. Sie erklärten, Tee sei gerade das Rechte, wenn man elend, ermüdet, nervös sei oder eine Erkältung nahen fühle. Der Tee war an dem Punkt angelangt, wo man am ehesten an ihn dachte, wenn man drauf und dran war, sich krank ins Bett zu legen. Den Ermittlungen des Instituts zufolge überflogen die Leute die Teeanzeigen und sagten sich: »Na ja, ich bin nicht nervös. Ich werde Kaffee trinken.«

Obendrein hatte der Tee psychologische Schranken insofern, als das Publikum sich angewöhnt hatte, in erster Linie Asiaten, männliche »Tanten« und Vereinsdamen als Teetrinker anzusehen.

Die Teeinserate verschlimmerten durch ihre Fadheit – hauptsächlich verwaschene Blaus und Gelbs – alle Schwierigkeiten dieses Getränks noch mehr.

Die Erkundungen brachten Dr. Dichter zu der Auffassung, daß noch ein weiteres Hemmnis vorliege, dem man begegnen müsse, geschaffen durch eine fatale geschichtliche Tatsache – die *Boston Tea Party*. Im Verlaufe der Durchforschung der Teeschwierigkeiten wollte er herausgefunden haben, daß die Amerikaner unterbewußt dem Tee widerstrebten, und zwar seit jener Nacht vor fast zweihundert Jahren, in der koloniale Patrioten in einem Anfall von Übermut im Bostoner Hafen eine britische Teeladung versenkten. Die unaufhörliche bewundernde Schadenfreude, mit der dieser Akt der Rebellion in den amerikanischen Schulstuben registriert wird, hat, folgerte Dr. Dichter, im Laufe der Jahrhunderte die jungen Amerikaner mit einer teefeindlichen Einstellung erfüllt. Er riet den Teeleuten, ein Teil ihrer Gegenkampagne müsse in den Klassenzimmern und bei den Verfassern der amerikanischen Geschichtsbücher einsetzen. Man müsse die Amerikaner belehren, daß die *Boston Tea Party* kein Protest gegen den Tee gewesen ist, sondern vielmehr der dramatische Ausdruck dafür, welche Bedeutung der Tee zur Revolutionszeit für das Leben der Amerikaner gehabt habe. Im ersten Moment mag diese These absurd und an den Haaren herbeigezogen klingen. Eine Beschäftigung mit dem Kolonialleben in vorrevolutionären Zeiten deckt indessen auf, daß die amerikanischen Lebensgewohnheiten eng mit dem Tee verknüpft waren und insbesondere viele Frauen ohne Tee nicht leben zu können vermeinten.

Das Problem, den Amerikanern den wahren Sinn der *Boston Tea Party* klarzumachen, war zugestandenermaßen ein Projekt auf lange Sicht, aber es gab manche Dinge, welche der Teehandel sofort tun konnte, um der Abwärtsspirale zu entkommen. Dr. Dichter drängte den Tea Council, mehr »Mumm« in sein Teebild zu bringen, den Tee zu einem mannhafteren Getränk zu machen und ihn aus der landläufigen Vorstellung vom milden, heilsamen, von Tanten beiderlei Geschlechts genippten Trank herauszulösen. Die faden Anzeigenfarben wurden alsbald durch leuchtende, männliche Rots ersetzt, und an die Stelle des alten Versprechens, ein Labsal für ermüdete Nerven zu sein, traten Töne, die – mit den Worten eines Journalisten der Zeitschrift *The Reporter* – sich anhören, »als ob ein Polizeiwachtmeister sich räuspert – ›Mach ihn stark, heiß und herzhaft‹ ... Den Verbrauchern wurde eingeimpft, Teetrinken sei nicht unmännlicher als Baumfällen oder einen Elch erlegen.« Man zeigte kräftige und offensichtlich erhitzte Männer, eisgekühlten Tee direkt aus dem Krug trinkend.

Der Teeabsatz begann zu steigen, je mehr den Amerikanern dieses neue Persönlichkeitsbild einging. Die Zahlen variieren, aber in Testgebieten stieg der Absatz bis zu 25 Prozent, und die vorsichtigsten Schätzungen besagen, der Teeumsatz sei in den zwei Jahren nach Einführung des neuen Persönlichkeitsbildes um 13 Prozent gestiegen. 1957 lag der Verbrauch pro Kopf und Jahr bei fast einem Pfund.

Fettähnlicher Aufstrich. Die Hersteller von Pflanzenmargarine glaubten einen vollkommenen und billigen Buttterersatz zu haben. Ihr Produkt mußte sich buchstäblich aus eigener Kraft zum anerkannten Zubehör der Lebenshaltung der großen Mehrheit emporarbeiten. Dabei waren ebenso gewaltige wie unvernünftig scheinende Hindernisse zu überwinden. Pierre Martineau faßte sie vor Werbefachleuten in die Worte zusammen: »Ich darf wohl sagen, daß Worte und Logik allein oft gänzlich unzulänglich sind, um unsere tiefwurzelnden Vorurteile umzumodeln. Margarine kostet beispielsweise halb soviel wie Butter, sieht aus und schmeckt wie Butter, und die Margarineleute beharren darauf, daß sie sämtliche Nährwerte der Butter besitzt. Trotzdem behaupten die meisten Leute steif und fest, ›sie ist nicht so gut‹, und die ganze Werbungslogik der Margarineindustrie vermag an dieser Einstellung nichts zu ändern.«

In ihrem beschwerlichen Kampf gegen das, was sie als Unvernunft ansahen, versuchten die Margarineleute auf jede Weise, ihr Produkt als Butter zu tarnen. Sie gerieten in langwierige Auseinandersetzungen mit der Bundeshandelskommission, weil sie immer Wörter wie »kirnen«, »frisch gekirnt«, »gründlich gekirnt«, »eine volle Stunde gekirnt« gebrauchten; und gewöhnlich zogen sie dabei den kürzeren.

Den Beweis, daß die Margarine gegen Unvernunft kämpfte, lieferte Louis Cheskin vom Color Research Institute. Bei einem Essen fragte er eine große Anzahl Frauen, ob sie den Unterschied zwischen Butter und Margarine sagen könnten. Mehr als 90 Prozent behaupteten, sie könnten es, und sie bevorzugten Butter, weil Margarine »ölig«, »glitschig«, »mehr nach Fett als nach Butter« schmecke. Jeder Dame wurden zwei Kügelchen serviert. Eines war gelb (Margarine) und das andere weiß (frischgekirnte Butter). Man fragte die Damen, ob sie irgendeinen Unterschied im Geschmack der beiden Kügelchen feststellen und sagen könnten, um was es sich handele. Mehr als 95 Prozent der Damen hielten die gelbe Margarine für Butter und gebrauchten zur Beschreibung Wörter wie »rein« und »frisch«. Und die weiße Butter hielten sie für Margarine und klagten, daß sie »ölig« und »glitschig« sei und wie Backfett schmecke. Die Frauen hatten unwissentlich den optischen Eindruck auf ihre Geschmacksknospen übertragen.

Die mit dem Problem befaßten Motivanalytiker legten den Margarineleuten nahe, nicht mehr die Wirtschaftlichkeit und Butterähnlichkeit der Margarine zu betonen, sondern lieber den von ihr gebotenen vollen Genuß. Teils durch diese neue Werbelinie, teils auch infolge einer Änderung der gesetzlichen Bestimmungen, welche die Herstellung von Margarine mit einem gelben Farbzusatz gestattete, gewann die Margarine der Butter gegenüber ständig an Boden. Während im Jahre 1947 die Amerikaner pro Kopf zweimal soviel Pfund Butter wie Margarine verbrauchten, verdrängte die Margarine bereits 1955 die Vorrangstellung der Butter.

Billiger Ersatz. Unsere Einstellung in bezug auf Trockenmilch enthält viele jener irrationalen Elemente, wie sie in unserer Haltung gegenüber der Margarine stecken. Social Research untersuchte das Problem und kam zu dem Schluß, daß die Abstempelung der Trockenmilch auf einige wenig angenehme Kontakte mit ihr zurückgehe: entweder während der Weltwirtschaftskrise, als vielfach Trockenmilch an bedürftige Leute verteilt wurde, oder während des zweiten Weltkrieges, als die Männer an entlegenen Kriegsschauplätzen mangels Frischmilch Trockenmilch trinken mußten. Diesen ungünstigen Elementen stand die Tatsache entgegen, daß Trockenmilch zu einem Preis von sieben oder acht Cent je Quart (0,95 Liter) wirklich billig war, und daß sie von Diätetikern für die Menschen, die auf ihr Gewicht achten müssen, als ideales Mittel empfohlen wurde, Eiweiß ohne das in der Vollmilch enthaltene Butterfett zu sich zu nehmen. Social Research erklärte ihrem Klienten (einer großen Gesellschaft für Milcherzeugnisse): »Sie können nicht aus Leuten, denen es widerstrebt, Trockenmilch zu kaufen, treue Verbraucher machen.« Sie legte der Gesellschaft nahe, die positiven Werte getrockneter, entrahmter Milch zu betonen, ihren hohen Nähr- und geringen Fettgehalt, ihre vielseitige Verwendbarkeit, die Vorzüge ihrer Aufbewahrung und den Spottpreis nur am Rande zu erwähnen. Dieser neue Weg in der Werbung mag dazu beigetragen haben, daß der Absatz entrahmter Trockenmilch sich in den fünfziger Jahren eines riesigen Aufschwungs erfreute.

XIV

Das verflixte innere Ohr

»Wir stellten fest, daß ein aufregendes Kriminalspiel unvereinbar war mit der Notwendigkeit, die Zuschauer in jene ruhige Gemütsverfassung zu versetzen, die erforderlich ist, wenn unsere ... Fernseh-Werbung aufgenommen werden und haften bleiben soll.« – Edward Weiss, Chicagoer Werbefachmann

Unser Verhalten als Verbraucher steckt so voller Verkehrtheit und Unvernünftigkeit, daß den Marktkennern vor erbittertem Staunen die Augen aus dem Kopf fallen. Nirgendwo sind unsere psychologischen Besonderheiten deutlicher sichtbar als dort, wo wir in der Verkaufswerbung Dinge hören oder sehen, die wir gar nicht hören oder sehen sollen. Die hohe Aufnahmeempfindlichkeit unseres inneren Auges und inneren Ohrs für absolut unbeabsichtigte Mitteilungen läßt einem die armen Marketer zuweilen beinahe leid tun. Angesichts der betrüblichen, unerklärlichen Widerstände unsererseits wandten sie sich zwecks Diagnose und Behebung ihrer Schwierigkeiten an die »Tiefen«-Sachverständigen.

Diese Experten prüfen nun die Werbetexte nicht allein auf ihren Wortgehalt, sondern auch auf den »übrigen Eindruck« hin, den sie beim Verbraucher hinterließen.

Bei dem Versuch, die Hausfrauen von der fabelhaften Leistung seines automatisch entfrostenden Wundersystems zu überzeugen, stieß ein Kühlschrankfabrikant auf Schwierigkeiten. Die Anzeigen- und Fernsehwerbung zeigte den Kühlschrank ohne Wartung mit weitgeöffneter Tür. In Gesprächen mit Hausfrauen, welche diese Werbung gesehen hatten, glaubte das Institute for Motivational Research dahintergekommen zu sein, warum die Hausfrauen das wunderbare Erzeugnis nicht kaufen wollten. Alle Hinweise auf die Vorzüge des automatischen Abtauens waren an den Frauen unbeachtet vorbeigegangen. Sie vermochten nämlich nicht den Blick von dem weitgeöffneten Kühlschrank abzuwenden und fragten sich ärgerlich, welche Hausfrau das wohl sein mochte, die da so sorglos Strom verschwendete und Lebensmittel verderben ließ. Von da an war der Kühlschrankfabrikant darauf bedacht, in seiner Werbung stets eine Hausfrau mit der Hand an der geöffneten Kühlschranktür zu zeigen.

Ein Waschmaschinenfabrikant (Bendix) erregte bei den Verbrauchern betrübliche Verständnislosigkeit, indem er zeigte, wie seine Duomatic die Familienwäsche wäscht und trocknet, während die ganze Familie in süßem Schlummer liegt. Die Werbeagentur, die sich das Thema ausgedacht hatte (»Während Sie und die Familie schlafen, wird Ihre ganze Wäsche gewaschen und getrocknet!«), war davon überzeugt, es gebe einen besseren Blickfang ab, alle fünf Familienmitglieder in einem Bett zu zeigen. Von allen Anzeigen und Plakaten grüßte also eine entsprechende Darstellung den Betrachter. Statt jedoch von der Wunderleistung der Waschmaschine für die Familie beeindruckt zu sein, waren die Betrachter empört, und Dutzende unterzogen sich sogar der Mühe, der Firma einen bitterbösen Brief zu schreiben. Der Hauptpunkt ihrer Beschwerde lautete nach *Advertising Age*, daß diese Leute »sich so großartig aufplustern und eine Bendix Duomatic kaufen, wenn sie sich nicht einmal genügend Betten leisten können«!

In einem anderen Fall – diesmal eine Ärztevereinigung – bewirkte die Werbung eine Fehlzündung, als die Vereinigung das Publikum ermahnte, sich nur von approbierten Ärzten, Mitgliedern der offiziellen Ärztevereinigung, behandeln zu lassen. Um dies zu unterscheiden, zeigte man Hunderten von Leuten Bilder eines Mädchens, das sich von einem Kurpfuscher mit Röntgenstrahlen hatte behandeln lassen und schwere Verbrennungen im Gesicht davongetragen hatte. Dieses Bild erschien im gesamten Kreisgebiet, worauf die Ärzte feststellen mußten, daß die Patienten ihres Bereichs plötzlich jederlei Röntgenbehandlung, ob durch einen Kurpfuscher oder einen richtigen Arzt, verweigerten.

Ein Hersteller von Vulkanfiber-Koffern entdeckte bei Materialprüfungen, daß seine Koffer praktisch unzerstörbar waren. Mit ungezügelter Erfindungskraft ausgestattet, überredeten ihn seine Werbefachleute, die Firma könne sich brüsten, ihr Gepäck sei so robust, daß es auch einen Sturz aus dem Flugzeug aushalte. Man ließ den Koffer stürzen, und der Absatz stürzte ebenfalls. Die hinzugezogenen Motivanalytiker stellten fest, daß die Anzeige von den Leuten fassungslos und ablehnend betrachtet wurde. Unerfreuliche Vorstellungen von Flugzeugkatastrophen bestürmten ihre Gedanken, und sie sahen nicht viel Trost darin, Gepäck zu haben, das einen Absturz überstehen würde, während sie selber dabei draufgingen!

Ebenfalls durch Motivuntersuchungen erkannte das American Petroleum Institute, daß viele Leute keineswegs freundlich auf Bilder von sprudelnden Ölquellen reagieren. Während eine sprudelnde Ölquelle für jeden Ölfachmann ein erfreulicher Anblick sein mag, können andere Leute unterbewußt verstimmt reagieren, neidisch auf den plötzlichen mühelosen Reichtum, der da irgendeinem anderen zufällt.

Manche Menschen neigen, wie die Motivanalytiker herausgefunden haben, zu bedauerlichen und unbeabsichtigten voreiligen unterbewußten Assoziationen. Ein Suppenwürfelfabrikant geriet in Schwierigkeiten, als er seinen Packungen einen Gutschein über ein Gratispaar Nylonstrümpfe beilegte. Das mochte als recht guter Bauernfang-Einfall zur Förderung des Suppenwürfelverkaufs erscheinen; er förderte ihn aber keineswegs. Psychologen untersuchten den unerwarteten Widerstand und fanden, daß die Leute sich durch das Angebot verletzt fühlten. Im Unterbewußtsein assoziierten sie Füße und Suppe und waren abgestoßen, weil sie die Vorstellung von Füßen in ihrer Suppe nicht schätzten.

Zu den größten Überredungsfeldzügen Mitte der fünfziger Jahre zählt die Kampagne der vielen großen Brauereien, die uns von dem niedrigen Kaloriengehalt ihres Getränks zu überzeugen versuchten. Millionen Amerikaner, durch die Werbeschlagworte der zahlreichen Fabrikanten von kalorienarmen Nahrungsmitteln ängstlich gemacht, dachten an ihre Taillenlinie und wurden plötzlich »kalorienbewußt«. Das war das Stichwort. Die Biererzeuger versuchten einander auszustechen, indem sie dem Publikum ein kalorienarmes Getränk versprachen. Angeblich schnellte der Absatz in die Höhe; die Psychologen jedoch betrachteten den Werbefeldzug mit bösen Vorahnungen. Sidney Levy von Social Research fragte: »Das Versprechen niedrigen Kaloriengehalts mag Bier verkaufen helfen, aber, auf lange Sicht gesehen, was besagt es über die Natur des Bieres?« Legte die Brauerei damit etwa nicht nahe, daß ihr Bier, wenn es wirklich kalorienarm war, in gewisser Hinsicht denaturiert war? Dr. Dichters Institut fand einige der schlimmsten Befürchtungen bestätigt, als es – im Auftrage einer Brauerei an der Westküste – mit Hilfe von Wortassoziations-Tests die Gedanken und Bilder bloßlegte, die in den Leuten angesichts des Wortes »kalorienarm« auftauchten. Dem Unterbewußtsein entstiegen Dinge wie »Diät«, »Gewichtskontrolle«, »Fettwanst«, »Fasten« und so weiter; durchweg mit einem kräftigen Beiklang von Verzicht, Unglücklichsein und Mißbehagen.

Das Institut schlußfolgerte, daß »kalorienarm« als werbendes Moment für Bier psychologisch ein Widerspruch in sich ist. »Kalorienbewußtsein« ist in der Tat eine Form von geistiger Buße. Die Leute halten Diät, um sich für ihre Genußsucht zu bestrafen. »Kalorienarme Diät sollte nicht als angenehm hingestellt werden, andernfalls erfüllt sie nicht ihren geistigen Zweck. Wirbt daher ein Bier mit seinem geringen Gehalt an Kalorien, so reagiert der Verbraucher mit dem Gefühl: Das Bier schmeckt dünn!« erläuterte das Institut, zeigte den Brauern das Bild eines erhitzten, dicken, bis zum Bauche nackten Mannes, der beglückt eine Flasche Bier an den Mund setzt, und kennzeichnete das Bild folgendermaßen: »Ein sinnenfrohes Bild; Bier direkt aus der Flasche ist männlich, herzhaft. Der Biertrinker möchte, daß man etwas über sein Getränk aussagt.« Dr. Dichter empfahl, Bier als Genuß und Vergnügen herauszustellen, nicht als Medizin. Diesen Anti-Buße-Ratschlag mag die Brauerei Blatz im Sinn gehabt haben, als sie mit dem neuen Slogan herauskam: »Gebraut von Bier liebenden Leuten für Leute, die gern und reichlich Bier trinken!«

Ein weiteres Produkt, das sich den Weg zum großen Publikum selbst verlegt hatte, indem man zuviel von Kalorien redete, war Ry-Krisp. Die Werbung zeigte sehr schlanke Ry-Krisp essende Leute und veröffentlichte dazu Kalorientabellen. Folglich hatte sich Ry-Krisp, so erklärten die mit der Diagnose des Übels betrauten Motivanalytiker, das Persönlichkeitsbild der »Selbst-Kasteiung« gegeben, und die Leute sagten, es behage ihnen nicht, Dinge zu essen, bloß weil sie angeblich »bekömmlich« seien. Daraufhin verwandelte sich Ry-Krisp für das Publikum in ein schonendes, weniger tugendhaftes Nahrungsmittel. Die Werbung zeigte es im Kranze verführerischer Eßwaren und beschrieb den Geschmack als »köstlich« und »lieblich«. Mit Hilfe dieser Methode soll sich in den Testgebieten der Absatz nahezu verdoppelt haben.

Auch die Zigarettenfabrikanten sahen sich unerwarteter Nebeneindrücke wegen in Schwierigkeiten mit dem Publikum. Weiss & Geller wurden mit den »negativen« Behauptungen einiger Zigarettenfabrikanten befaßt, in denen ihrer Ansicht nach der wahre Grund für das Kränkeln der Zigarettenindustrie lag. Der Leiter einer Werbeagentur erzählte mir von einem Satzvervollständigungs-Test für Philip Morris, die Marke, die unablässig damit getrommelt hatte, daß sie die Luftwege weniger reize als andere. Man forderte die Leute auf, den Satz »Wenn ich an Philip Morris denke, dann denke ich an ...« zu vervollständigen. Viele schrieben: »Ich denke an Reizung.« Nicht etwa »geringere Reizung«, sondern einfach »Reizung«. Das mag den leitenden Männern bei Philip Morris vor Augen gestanden haben, als sie Mitte der fünfziger Jahre das Persönlichkeitsbild ihres Produktes, dessen Verkaufsziffern bös abgerutscht waren, vollständig ummodelten und nun das Wort »mild« unterstrichen. Es rechtfertigte das neue Bild als »dem Zeitgeschmack entsprechend, der das Milde bevorzugt«. Der Philip-Morris-Umsatz kletterte im ersten Quartal 1956 auf beachtliche 26 Prozent über den Absatz im gleichen Zeitraum des Vorjahres.

James Vicary's Unternehmen verspricht seinen Klienten zu verhüten, daß ungewollte Schnitzer an unser inneres Ohr dringen. Vicary nimmt die Wörter, die einer Firma für die Werbung vorschweben, und prüft sie einzeln auf mögliche verhängnisvolle Begriffsinhalte. Gewöhnlich benutzt er dazu freie Wortassoziations-Techniken. Einer seiner Klienten, ein Brauer, prägte ein neues Wort, um seine Werbebotschaft von den anderen abzuheben: Von dem in den amerikanischen Sprachschatz übergegangenen Wort »lager« für Lagerbier leitete er das Partizip »lagered« ab. Bei Mr. Vicary's Assoziationstests stellte sich heraus, daß nur 34 Prozent der Leute die gewünschte Assoziation mit den Begriffen Bier, Ale oder Stout schufen. Dagegen reagierten 36 Prozent mit Begriffen wie: langsam, ermüdet, betrunken, faul, hintennach, trödeln, schwindlig – alles entschieden unangenehm. Das Wort »lagered« kam nicht mehr in Frage.

Laut *Advertising Age* war es Vicary's Untersuchungen zuzuschreiben, daß

Socony Vacuum den Namen in Socony Mobiloil änderte. Mutmaßlich verleitet »Vacuum« die Leute, das Produkt eher mit Staubsaugern (vacuum cleaners) in Verbindung zu bringen als mit Motorenöl.

Seit Jahr und Tag hatten die großen Reifenhersteller mit einer Eigentümlichkeit unseres inneren Auges zu kämpfen, die ihnen ständig Ärger mit der Kundschaft eintrug. Anscheinend gewahren wir die Reifenmarke bloß im psychologisch ungünstigsten Moment – nämlich bei einer Reifenpanne, womöglich auf verlassener Straße. Wenn wir das Flappflapp eines defekten Reifens hören, steigen wir verzweifelt und betroffen aus und beschauen uns das treulose Stück. Zum erstenmal prägt sich der Name des Herstellers richtig in unser Gedächtnis ein. Dr. Dichter, der für die B. F. Goodrich Company das Reifenproblem untersuchte, zog den Schluß: die Reifenfirmen hätten den Fehler begangen, ihren Kunden zu erzählen, die Reifen seien so gut, daß man sie nur aufzumontieren brauche und dann vergessen könne. Genau das taten die Kunden – sie vergaßen –, bis sie ihrer Reifen durch eine Panne sehr eindringlich gewahr wurden. Dr. Dichter riet, den Leuten unablässig zu sagen, sie sollten regelmäßig nach ihren Reifen schauen und dankbar sein, wenn sie ihrem Besitzer bei einer anspruchsvollen Bewährungsprobe abermals gute Dienste geleistet haben. Mit dieser Formel ließen sich die Leute wegen ihrer Reifen beruhigen und dieser ständigen Beruhigung bedurften sie, weil eine Reifenpanne mehr als jede andere die Sicherheit des Fahrers gefährden kann. Anscheinend schwebte dies der Firma Firestone vor, als sie 1956 damit warb, sie verkaufe »eingebaute Gemütsruhe«. Diese Wendung wurde, kursiv gesetzt, in einer Anzeige viermal wiederholt. Dr. Dichter wies weiter darauf hin, daß viele männliche Autobesitzer ihren Wagen wirklich als Teil ihrer selbst betrachten und es sehr zu schätzen wissen, wenn der Garagenwart ihm liebevolle Sorgfalt angedeihen läßt. Spuren rauher oder geringschätziger Behandlung nehmen sie außerordentlich übel, und der Autohändler, der ihren Wagen in Zahlung nimmt und ihn, vielleicht wohlüberlegt, wie einen abgetriebenen alten Gaul mustert, ärgert sie mächtig.

Die Fernsehwerbesendungen kommen häufig nicht »an«, weil die Eigentümlichkeiten unserer inneren Augen und Ohren dies vereiteln. Man merkte beispielsweise, daß eine Sendung zu ihrem eigenen Schaden zu aufregend sein kann. Die Agentur Weiss & Geller geriet in einige Verwirrung darüber, daß die von ihr für den Verkauf von Mogen-David-Wein gestaltete Fernsehschau nicht die gewünschten Ergebnisse zeigte. Anerkanntermaßen waren die Zuschauer von den gruseligen, spannenden Wer-war-der-Täter?-Kriminalstücken begeistert. Die Sendung errang eine hohe Erfolgswertung – aber Wein verkaufte sie nicht. Motivanalytiker nahmen sich dieses Problems an. Beim Befragen von Leuten, die diese Sendung anschauten, entdeckte man, daß die aufregenden Krimis beim Publikum eine Art »Gefühlspanik« auslösten. Eine

Zeitlang erregte die Schau, dann ließ sie die Zuschauer nicht mehr los, sie wurde sozusagen »starr«. Zur Ergänzung der Befragungen vergruben sich die Analytiker in Untersuchungen, die über von Ungewißheit (Spannung, wie sie ein gutes Kriminalstück eigentlich verschaffen soll) erfüllte Menschen bereits vorlagen. Ein Psychologe der Columbia-Universität, Dr. J. A. M. Meerloo, hatte zum Beispiel entdeckt, daß bei Panik »die Betroffenen sich auffällig teilnahmslos verhalten ... sie unternehmen nichts; sie verharren wie erstarrt am Platz, sie denken nicht ... Viele Leute erinnern sich nachher an nichts, was mit ihnen geschehen ist. In Panik versetzte Menschen können weder geistig noch körperlich irgendwie handeln«.

Die Agentur sah ein, daß selbst der durch ihre Kriminal-Sendung ausgelöste geringe Grad von Panik – so prickelnd dieser Zustand für die Zuschauer auch sein mochte – einen merklichen Gedächtnisschwund verursache; infolgedessen werde die Aufforderung des Ansagers, gleich hinzugehen und Mogen-David-Wein zu kaufen, vom Zuschauer einfach nicht behalten. Durchaus möglich, daß manche den Werbespruch nicht einmal hörten! Die Tester stellten fest, »die Aufregung durch das Kriminalstück wirkte wie ein Schock und tilgte« das Empfinden für das Volkstümliche, das der Sprecher im Zusammenhang mit dem Wein wachzurufen bemüht war. Man ersetzte die Sendung durch eine ruhigere, eine sacht ansprechende Gruppensendung. In den Testgebieten schnellte nun der Weinabsatz um mehr als 1000 Prozent in die Höhe. (Eine andere Fernseh-Werbefirma stellte eine 66prozentige Umsatzsteigerung für ihre Klienten fest, als sie ihre Krimi-Sendung durch eine ohne Verbrechen ersetzte.)

Ebensogut kann eine Sendung zu ihrem eigenen Schaden auch zu lustig sein. Zumindest war dies die traurige Schlußfolgerung der Philip-Morris-Leute, die Millionen Dollar in ihr Lustspiel *I love Lucy* gesteckt hatten, eine Sendung, die bei der Beliebtheitswertung an der Spitze lag. Obzwar *Lucy* die beliebteste Fernsehdarbietung war, sackte der Philip Morris-Absatz um 17 Prozent ab. Wie ich schon andeutete, mögen dabei auch andere, das Persönlichkeitsbild der Marke betreffende Faktoren im Spiele gewesen sein, aber wie die Zeitschrift *Tide* berichtet, »huldigen manche Leute bei Philip Morris ... der Ansicht ..., daß eine ungewöhnlich gute Sendung niemals Produkte verkaufen helfen könne. Grund: Während der Werbedurchsagen plaudern die Leute dann gern über das gute Programm ... Das wirft gewisse Fragen auf. Ist ein werbendes Unternehmen mit einer nicht als erstklassig beurteilten Sendung nicht besser daran, wenn ihre Werbesprüche ›ankommen‹ sollen?« Diese Beobachtung wurde 1955 gemacht. Zwei Jahre später mochten sich manche Zuschauer des amerikanischen Fernsehens selbst gewisse Fragen stellen. Waren einige der entschieden zweitklassigen Fernsehdarbietungen mit Absicht so mittelmäßig, um die Wirkung der Werbedurchsage zu erhöhen?

Damals ermahnte der Präsident einer Werbeagentur die Werbefachleute in

San Francisco, den Hörern außer einer unverhüllten Verkaufsreklame mit dem Holzhammer, die beim Hörer gerade das Gegenteil bewirken könne, noch etwas anderes zu bieten. Zu Rundfunks Zeiten hätten die Leute einfach ihr inneres Ohr abwenden können, wenn eine bekannte und unerwünschte Werbedurchsage begann. Er fügte hinzu: »Beim Fernsehen geht das nicht so leicht. Gleichzeitig das Auge vom Bild und das Ohr vom Ton abzuwenden, erfordert eine physische Anstrengung ... Der Gelegenheiten, im Fernsehen einen ungünstigen Eindruck zu machen, sind viele, und meiner Meinung nach haben viele Firmen diese Möglichkeit wahrgenommen. Eine Fernseh-Werbesendung sollte dem Betrachter noch eine Zugabe zur Verkaufsreklame bieten. Er sollte durch eine irgendwie gefühlsmäßige Befriedigung für das Anschauen der Werbesendung belohnt werden.« Kurzum, man lege mehr Gemüt in die Sprüche!

XV

Verführung der Kinderseelen

> *»Heutzutage heißt der künftige Beruf unserer Kleinen ›gelernter Verbraucher‹.«* David Riesman, Die einsame Masse

Bei einer Untersuchung über die grundlegende Wandlung des amerikanischen Charakters im Laufe des zwanzigsten Jahrhunderts (d. h. vom innerbestimmten zum fremdbestimmten) entdeckte Dr. Riesman, daß diese Wandlung sich in unserem wachsenden Beschäftigtsein mit Verbrauchshandlungen spiegelt. Besonders stark sei (nachdrücklich ermuntert durch die Produzenten) diese Inanspruchnahme im Kindesalter. Riesman charakterisierte die amerikanischen Kinder als »Verbraucher-Rekruten«.

In früheren, unschuldigeren Zeiten, als man nicht auf Heranbildung künftiger Verbraucher drängte, konzentrierten sich die Zeitschriften für Jugendliche darauf, die Jugend auf das Neuland der Produktion und des Kriegsdienstes vorzubereiten. Als Teil dieses Trainings konnte, wie Dr. Riesman in *Die einsame Masse* ausführt, der Heranwachsende Rauchen und Trinken meiden. »Heutzutage bilden die vergleichbaren Blätter die Jugend für das Neuland des Verbrauchs heran – damit sie den Unterschied erkennen zwischen Pepsi-Cola und Coca-Cola, wie später zwischen Old Golds und Chesterfields.« Riesman zitiert den alten Kindervers von dem kleinen Schweinchen, das zu Markte ging, während das andere daheim blieb, und kommentierte düster:

»Man möchte diesen Reim als Musterbeispiel für die Individuation und das ungesellige Verhalten der Kinder einer früheren Zeit ansehen. Heutzutage jedoch gehen alle kleinen Schweinchen zu Markte, keines bleibt daheim; wenn eines Roastbeef ißt, essen alle Roastbeef.«

Das Problem, eifrige Verbraucher für die Zukunft zu erziehen, wurde Mitte der fünfziger Jahre auf einer Tagung der American Marketing Association erörtert. Der Chef der Gilbert Youth Research erklärte: Das Problem sei nicht mehr, Gelder für die »Bearbeitung des Jugendmarktes« zu bekommen – deren gebe es reichlich. Das Problem sei vielmehr die Marktbearbeitung mit einem Höchstmaß an Wirksamkeit. Charles Sievert, der Werbungs-Columnist der *New York World Telegram and Sun,* erläuterte, was hinter dieser »Bearbeitung« steckt: »Die Dividende aus den in den Jugendmarkt gesteckten Investitionen besteht natürlich aus der Produkt- und Markentreue, die den späteren zuverlässigen Erwachsenenmarkt schafft.«

Plumper war der Hinweis auf die in den Kindern steckenden Möglichkeiten, der vor einigen Jahren in einer Anzeige in *Printer's Ink* erschien. Eine auf Lieferung von »Lehr«material in Form von Wandkarten, Pappmodellen und Handbüchern für Lehrer spezialisierte Firma wandte sich mit folgender Werbung an Kaufleute und Werbeabteilungen: »Den lernbegierigen Geist kann man so formen, daß er Ihre Erzeugnisse haben möchte! In den Volksschulen ganz Amerikas sitzen fast 23 Millionen Mädchen und Jungen. Diese Kinder essen Nahrungsmittel, verschleißen Kleidung, benutzen Seife. Heute sind sie Verbraucher, morgen werden sie Käufer sein. Hier wächst ein gewaltiger Markt für ihre Produkte heran. Klären Sie diese Kinder über Ihr Markenerzeugnis auf, und sie werden durchsetzen, daß ihre Eltern keine andere Marke kaufen. Viele weitblickende Werbungstreibende geben heute Geld aus ... und bauen für morgen ... indem sie lernbegierige Gemüter formen« mit Hilfe von Project-Education-Material, mit dem die Lehrer beliefert werden. Die Firma beteuerte: »Das gesamte Material ist mit verzuckerten Werbelosungen versehen, die so abgefaßt sind, daß sie Aufnahmebereitschaft und Interesse für die Erzeugnisse wachrufen ...« Kritisch anmerkend erläutert dies Clyde Miller in seinem Buch *The Process of Persuasion,* über das Problem, Reflexe bei Kindern zu konditionieren: »Natürlich, das braucht seine Zeit, aber wenn Sie auf die Dauer im Geschäft bleiben wollen, dann bedenken Sie, was es für Ihre Firma an Gewinn bedeuten kann, wenn Sie millionenfach Kinder abrichten können, aus denen Erwachsene werden, gedrillt, Ihr Produkt zu kaufen, wie Soldaten gedrillt sind, sich in Bewegung zu setzen, wenn sie die Kommandoworte ›Vorwärts marsch!‹ hören.«

Eine Kurzphase der Verführung junger Menschen zu treuen Anhängern einer Marke wird in der Tatsache erblickt, daß in vielen Colleges Studenten sich vorübergehend einen Teil ihrer Ausbildungskosten verdienen können, indem sie Gratispäckchen Zigaretten unter den Mitstudenten verteilen.

Die Eignung des Fernsehens zum Abrichten Jugendlicher zu treuen Anhängern eines Produktes – ob sie für dessen Verbrauch alt genug sind oder nicht – wurde zu Anfang der fünfziger Jahre unbestreitbar. Ein junger New Yorker Werbefachmann machte als Teilnehmer an einem »Marketing«-Kursus der Universität am Ort die zufällige Feststellung, daß dank dem Fernsehen die meisten Kinder Bier- und andere Werbeliedchen noch vor dem Star-Spangled-Banner (die Nationalhymne der Vereinigten Staaten) singen lernten. Youth Research Institute prahlte, laut *The Nation*, daß sogar Fünfjährige »immer wieder und voller Lust« Bier-Werbeliedchen singen. Das Institut verwies darauf, daß die lieben Kleinen nicht nur von den Vorzügen der angepriesenen Produkte singen, sondern das noch mit dem hingerissenen Schwung eines vor Begeisterung verzückten Ansagers tun, und zwar den lieben Tag lang, »ohne Extrakosten für die werbenden Firmen«. Man könne sie auch nicht wie ein Fernsehgerät abstellen. Als zu Beginn des Jahrzehnts das Fernsehen noch in den Kinderschuhen steckte, erschien in einer Wirtschaftszeitung eine Anzeige, welche die Industrie auf die außerordentliche Eignung des Fernsehens aufmerksam machte, Werbelosungen in junge Köpfe einzuätzen. »Wo sonst«, eiferte sie, »läßt sich Markenbewußtsein vierjährigen Steppkes so unauslöschlich einprägen?... Was bedeutet das Fernsehen für einen Fabrikanten, der sich an diese jugendliche Zuhörerschaft wenden und sie Jahr um Jahr unter kontrollierten Bedingungen fortgesetzt bearbeiten kann, bis sie erwachsen und vollwertige Käufer geworden sind? Das *kann* man. Haben Sie Interesse dafür?« (Und während der Verfasser an diesem Kapitel arbeitete, hörte er seine eigene achtjährige Tochter fröhlich den Zigarettenreim singen: »Meide nicht den Spaß am Rauchen!«)

Die Hemmungslosigkeit, mit der eine Television-Patensendung an die noch nicht schulpflichtigen Kinder heranzukommen versuchte, führte Ende 1955 zu Protesten. Der Fernseh-Columnist der *New York Times*, Jack Gould, äußerte seine Bestürzung über eine Fernseh-Werbesendung für Vitamintabletten, die von Dr. Frances Horwich, der »Leiterin« der Television *Ding Dong School* für noch nicht schulpflichtige Kinder, stammte. Indem sie sich des gleichen wohlüberlegten Sprechtempos befleißigte wie bei ihren Plaudereien mit den Kindern über Spielzeug oder wie sie der Mutter helfen könnten, zeigte sie ihnen die hübschen roten Pillen, und wie leicht sie einzunehmen seien. Sie sagte, sie hoffe, sie würden sie allmorgendlich nehmen, »wie ich es tue«, und forderte die Kinder auf, beim nächsten Einkauf im Drugstore darauf zu achten, daß die Mutter auch die richtige Flasche wähle. Gould schrieb dazu:

»Gelinde gesagt: Frau Dr. Horwich ist einen Schritt zu weit gegangen, indem sie um einer kommerziellen Erwägung willen die moralische Verpflichtung aufs Spiel setzte, die sie den kleinen Kindern gegenüber hat, um deren Gläubigkeit und Vertrauen sie wirbt.« Der einfache Sicherheitsfaktor gehe allem anderen vor. Kleine Kinder sollte man von Tabletten aller Art fernhalten und erst recht nicht ermuntern, Tabletten als Spielerei zu behandeln. Alle möglichen Tabletten (einschließlich Mamas Schlaftabletten) können hübsch und rot und leicht zu schlucken sein, und obendrein können Kinder, die noch nicht reif für den Kindergarten sind, keine Etiketts lesen. Gould bezweifelte, ob es überhaupt Sache des Fernsehens sei zu entscheiden, ob kleine Kinder Vitamintabletten brauchen oder nicht. Ein Vitaminmangel sei besser »von Vater oder Mutter nach Beratung mit einem Arzt« zu beheben, als auf den Rat eines Fernsehsenders. Abschließend bemerkte er: »Die Gutgläubigkeit eines Kindes auszunutzen, um die Eltern zum Kauf von irgend etwas zu drängen, ist auch unter den besten Umständen verwerflich. Im Falle eines auf die Gesundheit des Kindes einwirkenden Produktes jedoch ist es unentschuldbar.« Ärzte schrieben daraufhin und lobten Gould für seine Stellungnahme; und eine Mutter schrieb, sie sei »erschrocken, in welchem Maße unsere Kinder dem Händlergeist ausgeliefert sind«.

Mr. Goulds Klagen ungeachtet, bemühte sich der Handel nicht nur, die Kinder zu künftigen Verbrauchern zu drillen, sondern auch als »Schlepper«, die ihre Eltern in den Verkaufsraum führen oder »steuern«. Dr. Dichter riet einem großen Autofabrikanten, seine Vertragshändler anzuhalten, bei der Vorführung eines Wagens Kinder nicht als lästige Störenfriede, sondern als Verbündete zu betrachten. Statt sie beiseitezuschieben, solle der Verkäufer auf die Kleinen besonders achten und eingehend alle Mechanismen erörtern, die die kindliche Aufmerksamkeit auf sich ziehen. Dies sei eine ausgezeichnete Methode, den verständnisvollen und duldsamen Vater ins Gespräch zu ziehen.

Ende 1955 sagte in *The Nation* ein Schreiber seine Ansicht über die scharfsinnige Verwendung von Prämien als Köder für die Kleinen, womit man »die üblichen Kaufüberlegungen der Eltern in bezug auf Bedarf, Preis, Qualität und verfügbare Mittel zunichte machen« könne. Als Beispiel führte er General Electric an, die Kindern, welche ihre Eltern zur Besichtigung und Vorführung neuer G.-E.-Kühlschränke in die Läden der Händler brächten, einen sechzigteiligen Zirkus, eine Zauberstrahlkanone und einen Raumhelm versprachen. Sylvania soll Kindern, die es schafften, ihre Eltern in die Verkaufsräume zu lotsen, eine komplette Raumfahrtausrüstung geboten haben, nicht bloß mit Helm, sondern mit Desintegrator, Fliegender Untertasse und Raumtelefon. Die Automobilfirma Nash bot ihnen eine Spielzeug-Tankstelle. Der Schreiber, Joseph Seldin, schloß: »Die Beeinflussung kindlicher Gemüter von religiöser oder politischer Seite her würde einen elterlichen Entrüstungssturm und eine Kette von Kongreßuntersuchungen auslösen. Aber für die Welt des Handels sind unsere Kinder Freiwild und legitime Beute.«

Herb Sheldon, der Fernsehstar mit einer großen Anhängerschaft unter den Kindern, kommentierte 1956: »Ich sage nicht, Kinder sollten bestürmt werden, ihre Eltern mit dem Kaufen von Erzeugnissen zu plagen, die sie im Fernsehen angepriesen sahen, gleichzeitig jedoch kann ich meine Augen nicht vor der Tatsache verschließen, daß es tagtäglich geschieht.« Und fügte (in der Zeitschrift *Advertising Agence*) hinzu: »Kinder sind lebende, redselige Schallplatten dessen, war wir ihnen jeden Tag erzählen.«

Die Motivanalytiker wurden aufgefordert, einen Überblick über die wirksamsten Methoden zu liefern, mit denen man garantiert starken Anklang bei Kindern erzielt. Social Research widmete diesem Problem eine Untersuchung über das Fernsehen unter dem Titel »Und nun für unsere Kleinen . . .«. Sie fand heraus, daß bei Fernsehprogrammen für Kinder zwei Grundfaktoren zu beachten sind: Sie müssen »innere Bedürfnisse« der Kleinen stillen und garantiert »annehmbar« sein (d. h. Mammi so weit beruhigen, daß sie dem Kind nicht das Zuhören verbieten wird, was ja ein immerwährendes Risiko ist). Social Research unterbreitete einige psychologische Anleitungen hierfür.

Eine Sendung kann bei einem Kind »ankommen«, auch ohne daß sie ihm unbedingt Zeitvertreib und Vergnügen bietet. Sie kommt an, wenn sie ihm in geeigneter Weise hilft, seinen inneren Spannungen und Phantasien freien Lauf zu lassen. Sie spricht an, wenn sie es ein wenig bange macht oder erzürnt oder verwirrt und ihm dann einen Weg weist, Bangen, Ärger oder Verwirrung loszuwerden. Das Bangemachen dem Grade nach richtig zu bemessen, ist sehr schwierig, da es für einen Achtjährigen gerade richtig sein kann, für einen Sechsjährigen zu stark und für einen Zehnjährigen nicht stark genug.

Social Research diagnostizierte, wieso die außerordentlich erfolgreiche Howdy-Doody-Sendung soviel Anklang fand, und entdeckte in ihr einige Elemente, die den lauschenden Kindern weit mehr als kindliche Unterhaltung boten. Clarabelle, der nichtsnutzige Clown, entfaltete durchweg die Eigenschaften widerspenstiger Kinder. Das Institut vermerkte: »Clarabelle verkörpert den kindlichen Widerstand gegen Erwachsenenautorität und geht gewöhnlich straflos aus.« Der Bericht erwähnte ferner: »Im allgemeinen macht sich die Sendung unterdrückte Abneigungen zunutze, um die Erwachsenen zum besten zu haben, oder sie läßt die Erwachsenen in unvorteilhaftem Lichte erscheinen. Die ›bösen‹ Gestalten (Chef Donnerschlag, Mr. Angeber, Mr. X) sind alle Erwachsene. Sie werden entweder als schrecklich mächtig oder schrecklich dumm dargestellt.« Während die Erwachsenenfiguren in lächerlichen Situationen gezeigt werden, sind die Kinderfiguren entschieden überlegen. »Mit anderen Worten, es ist ein Umkehrungsprozeß mit ›kindisch‹ und unfähig handelnden Erwachsenen und ›erwachsenen‹ und gescheiten Kindern.« Der Zeremonienmeister Buffalo Bob habe mehr von einem freundlichen braven Onkel an sich als von einem Vater.

Dieses ganze hinterhältige Herumschnippeln an den Elternsymbolen spielt sich ab, während die Mutter am Telefon plaudert, diese offenkundige Symbolik nicht ahnend und zufrieden, weil sie weiß, daß ihre Kleinen durch die kindischen Spaßmacher vergnüglich unterhalten werden, die da elektronisch auf dem »Familien-Friedensstifter« erscheinen.

Als nächstes wandten sich die Social-Research-Psychologen den Raumfahrt-Programmen zu. Ob die Handlung im einundzwanzigsten oder im vierundzwanzigsten Jahrhundert spielte, alle waren nach dem Grundmodell geschneidert: »›Brave Burschen‹ gegen ›schlechte Männer‹ mit modernstem wissenschaftlichen und technischen Drum und Dran.« Man beachte: schlechte Männer, nicht schlechte Burschen!

Interessanterweise waren die braven Burschen alle etwa zwanzigjährige Jünglinge, die eine Gruppe mit sehr starkem Mannschaftsgeist bildeten. Der Anführer wurde als eine Art älterer Bruder (kein Vatersymbol) dargestellt. Und die Bösewichter und Memmen waren alles ältere Männer, die »symbolische Vatergestalten« sein mochten. Sie waren entweder schlecht oder schwach.

Ein Teil dieser Funk- und Fernsehkost mochte durchaus so elternfeindlich zusammengebraut worden sein, um den Kindern eine erheiternde und gefahrlose Möglichkeit zu bieten, ihren Groll gegen die Eltern loszuwerden. »Für Kinder«, so erläuterte der Bericht, »stellen die Erwachsenen eine ›herrschende Klasse‹ dar, gegen die sie sich nicht mit Erfolg auflehnen können.«

Den Fernsehproduzenten gab der Bericht einige vertrauliche Hinweise, wie die Eltern zu beschwichtigen seien. Ein Weg, auf geschickte und rücksichtsvolle Weise die Partei der Eltern zu ergreifen, wäre der, einen der Darsteller den Filius ermahnen zu lassen, den Teller leerzuessen. Eine andere gute Methode wäre, der Sendung »ein erzieherisches Mäntelchen umzuhängen. Einen Wildwestfilm – ›Amerikanische Geschichte‹, eine Weltraumfahrtsendung – ›wissenschaftlich‹ zu nennen, scheint ein wirksames Mittel, elterliche Beschwerden zu vermeiden«. Schließlich wurde noch ein Wink angehängt: »Bemüht euch etwas mehr um die Eltern ... Die unausgesprochene Folgerung, ihren Kindern könne man einreden, alles und jedes zu kaufen ... erbittert die Eltern. Geringe diesbezügliche Änderungen helfen Anstöße vermeiden, ohne daß die Sendung für die Kinder an Reiz einbüßt.«

Einige amerikanische Fabrikanten bemühen sich augenscheinlich um die Gunst der lieben Kleinen, indem sie ihre Produkte von vornherein mit Ventilen für die Angriffslust versehen. Der Public-Relations-Berater und Motivations-Enthusiast E. L. Bernays soll 1954 beteuert haben, die beliebtesten Frühstücks-Flakes und -Chrispies bauten das knirschende Geräusch mit in die Werbung ein; indem sie angreiferischen und sonstigen Empfindungen ein Ventil verschaffen, mildern und besänftigen sie die eventuelle Abneigung. (Bernays war als Berater der Lebensmittelindustrie tätig.) Frühstücksnahrung, die den Kindern »Puff-Knax-Knatter« beim Essen verspreche, habe augenscheinlich für die Jugend noch einen anderen als nur den Kalorienwert.

Das Geschäft mit den Jugendlichen wies eine Seite auf, die den Tiefen-Manipulatoren manche Rätsel aufgab, nämlich der Massenfimmel oder das »fad«. Dem flüchtigen Beobachter mag der jugendliche Fimmel für Cowboys, Ritter oder Davy Crockett wie ein bißchen netter Schaum auf der Oberfläche des amerikanischen Daseins vorkommen. Für »fad«-erfahrene Marktkenner sind derartige Erscheinungen weitgehend das Ergebnis sorgfältiger »Mache«. Sie können ungeheuer gewinnträchtig sein oder schrecklich unprofitlich – das hängt von der Geschicklichkeit ab.

Wie groß das Geschäft sein kann, beweist der Davy-Crockett-Fimmel von 1955, der dreihundert Davy-Crockett-Produkte gebar und den Amerikanern damit dreihundert Millionen Dollar aus der Tasche lockte. Eine Verführung großen Stils, wahrhaftig!

Die amerikanische Wirtschaft hegte das Bedürfnis, tiefer in das Verständnis des Phänomens Massenfimmel einzudringen, damit sie nicht nur daran verdienen, sondern auch beizeiten aus dem Geschäft aussteigen könnte. Die Forschung sollte den Fabrikanten Überschätzungen der Dauer des Massenfimmels vermeiden helfen. Viele waren auf Warenlagern voller »Waschbär«-Schwänze und Hirschlederfransen sitzengeblieben, als der Davy-Crockett-Fimmel fast ohne warnende Anzeichen seinen Zauber einbüßte. Ein Fabrikant sagte: »Wenn die Fads sterben, sterben sie einen schrecklichen Tod.«

Das Problem, den Massenfimmel zu erfassen, erweckte das Interesse von Motivationsexperten wie Dr. Dichter und Alfred Politz. Und die Zeitschrift *Tide* widmete dem Massenfimmel eine große Analyse.

Als Musterfall untersuchten die Sachverständigen den Davy-Crockett-Rummel und kamen zu dem Schluß, sein Erfolg beruhe auf der Tatsache, daß er jeden der drei wesentlichen Bestandteile eines gewinnträchtigen Fads in hohem Maße besaß: Symbole, mitreißender Einfall und Erfüllung eines unterbewußten Bedürfnisses. Der mitreißende Einfall – die Sachverständigen bezeichneten ihn übereinstimmend als prachtvoll – war die »Davy-Crockett-Ballade«, die in jeder Disney-Show in irgendeiner Form wiederholt wurde. Außerdem war dieses Fad an Symbolen reicher als andere: Waschbärfell-Kappe, Hirschlederfransen, Feuerstein-Büchse. *Tide* erklärte: »Alle volksnahen Bewegungen, vom Kreuz des Christentums bis zum Hakenkreuz der Nazis, haben ihre besonderen Symbole.«

Was das Erfüllen eines unterbewußten Bedürfnisses anbelangt, hatte Dr. Dichter folgendes über Davy Crockett zu sagen: »Kinder streben nach einer Gelegenheit, sich vermittels der Überlieferungen ihrer Heimat zu rechtfertigen. Davy Crockett bot ihnen diese Gelegenheit. Kinder in einem sehr phantasiereichen Entwicklungsstadium vermeinten tatsächlich Davy Crockett zu sein ...«

Was verursacht den raschen Untergang solcher Massenfimmel? Die Fachleute sagten, eine Ursache liege in der übermäßigen Ausbeutung des Themas. Eine weitere Ursache sei soziologischer Art. Mr. Politz verwies darauf, daß Fads ihren Lauf von oben nach unten nehmen. Im Falle von Erwachsenen-Fads heißt das, von den höheren Einkommens- und Bildungsschichten zu den niedrigeren Stufen. Was die Kinder angeht, erläuterte Politz: »Kinder, die auf

Grund ihres Alters Anführer sind, greifen als erste das Fad auf; später wird es dann von den jüngeren Kindern aufgegriffen; einer Altersklasse, mit der sie nicht mehr gleichgesetzt werden wollen. Das veranlaßt die älteren Kinder, dem Fad mit Bedacht den Rücken zu kehren.«

Politz und Dr. Dichter glauben, daß bei sorgfältiger Planung nicht nur der Verlauf der Fads festgelegt werden könne, um jedem mehr Verdienstchancen zu sichern, sondern gewinnbringende Fads regelrecht »gemacht« werden können. *Tide* nannte diese Möglichkeit »faszinierend«. Dr. Dichter meinte, mit geeigneten Motivforschungs-Techniken ließe sich sogar, ein Massenfimmel von Davy-Crockett-Ausmaßen starten, vorausgesetzt, die Anstifter hätten ein ungestilltes Bedürfnis der Jugendlichen aufgespürt und das Fad entsprechend zurechtgebogen.

Politz meinte, die Forschungsexperten könnten ohne weiteres die Hauptregeln für die Schaffung eines erfolgreichen Massenfimmels aufstellen. Mit einer Verbeugung vor den berufsmäßigen Meinungsformern der Werbewirtschaft fügte er hinzu, daß, stünden die Hauptregeln erst einmal fest, es der »gestaltenden« Hand bedürfe. Politz und Dr. Dichter waren sich einig: Diese verlockende Aufgabe – Fads größten Ausmaßes für unsere Kinder zu gestalten – wird künftig die gemeinschaftliche Arbeit von Motivforscher und schöpferischem Werbemann sein.

XVI

Neuland für die Verbraucherwerbung

»Wie die Wirtschaftspresse berichtet, dürfen wir als nächstes einen Vorstoß erwarten, der in jede Garage DREI Autos setzen möchte.« – Consumer's Report

Um 1957 ließen sich die kommerziellen Verführer auf mehrere gewagte und unheilvolle Versuche zur Schaffung neuer, erweiterter oder anhaltender Nachfrage ein.

Eine großzügige und bedeutsame Anstrengung, in unseren Lebensstil hineinzupfuschen, unternahmen sie mit dem viele Millionen Dollar verschlingenden Werbefeldzug der Herrenbekleidungsindustrie, mit dem man die Männer dazu bringen wollte, mehr auf den modischen Stil ihrer Kleidung zu achten. Anscheinend waren die Männer, sobald es um die Kleidung ging, viel zu anspruchslos. Sie trugen ihre Anzüge jahrelang. Die Umsätze in Herrenbekleidung stagnierten, während es in anderen Branchen aufwärts ging. Vor einigen Jahren diagnostizierte der Verwaltungsdirektor der National Fashion Previews of Men's Apparel, Inc., diesen ärgerlichen Zustand: »Das Geschäft leidet an der mangelnden Veralterung.« Und der Präsident des American Institute of Men's and Boy's Wear nagelte schon 1955 die Ursache der Schwierigkeiten folgendermaßen fest: Der Verbraucher hat »eine anhängliche oder aber ausgesprochen gleichgültige Einstellung zu seiner Garderobe«. Warum – ereiferten sich manche – sollte die Frau sechzig Prozent mehr für ihre Kleidung ausgeben als der Ernährer der Familie, der bestrebt sein müßte, draußen eine gute Figur zu machen?

Auch die Schuhe der amerikanischen Männer waren sozusagen ein »alter Hut«. Um 1953 war der männliche Schuhbesitz bei 1,9 Paar je Kopf angelangt, während er 1942 zwei Paar mehr betragen hatte. Zum Teil lag dieser Rückgang daran, daß viele Männer in der Freizeit ihre Restpaare vom Armeedienst auftrugen. Ein Repräsentant der National Shoe Manufacturers' Association erklärte: »In den Vereinigten Staaten kaufen die Männer einfach nicht genug Schuhe.«

In dieses Problem steckten die Psychologen ihre Nase und kamen zu dem Schluß, die Männer halte allein die Besorgnis zurück, zu auffällig gekleidet zu erscheinen. Aber die Werbefachleute erklärten, diese Haltung könne überwunden werden, und zwar durch den wachsenden Wunsch des Amerikaners, in seinem gleichrangigen Kreis einen guten Eindruck zu machen – ein Teil des Trends zur Fremdbestimmtheit. (Wie David Riesman, Sozialwissenschaftler an der Universität Chicago, bemerkte, lassen sich die fremdbestimmten Menschen [er nennt sie »other-directed«] in ihrem Verhalten großenteils von dem leiten, was die Menschen ihres Umganges von ihnen erwarten – im Gegensatz zu den innerbestimmten Menschen alten Stils, die sich von Zielen leiten lassen, welche ihnen in jungen Jahren von der älteren Generation eingeimpft worden sind.)

Eines war klar: Die Männer mußten modebewußt gemacht werden. Pierre Martineau verwies darauf, daß die meisten Geschäftszweige von 1945 bis 1955 Umsatz und Gewinn verdoppeln konnten, die Herrenausstattung aber stagnierte, weil »dem amerikanischen Mann niemals der Begriff der modischen Kleidung richtig nahegebracht worden war«. Er meinte, dem Manne sollte bewußtgemacht werden, daß »etwas Interessantes im Gange ist«.

Und es war etwas Interessantes im Gange. Das American Institute of Men's and Boy's Wear brachte bei den Mitgliedern einen Kriegsschatz von zwei Millionen Dollar zusammen, um auf die Männer den Slogan loszulassen: »Kleide dich vorteilhaft – Du kannst nicht darauf verzichten« – der erste je unternommene Verführungsversuch derart großen Maßstabes! Das Ziel war, wie *Tide* es ausdrückte, »den Durchschnittsmann aus dem monotonen Schlendrian der immer gleichen Kleidung heraus und zu einem der Jahreszeit entsprechenden, rasch wechselnden, modebewußten Stil zu bringen«. Frank H. Lee Company, einer der großen Hütefabrikanten, stellte seine Werbung auf die Redewendung »so alt wie der Hut vom letzten Jahr« ab und wandte sie auf Herrenhüte ebenso an wie auf Damenhüte. Die Losung für die Männer lautete: »Jeder Hut, den Sie haben, ist schon unmodern.« Die eingeschalteten Werbeträger übernahmen auch die Rolle des Vorboten für den Wandel in der Herrenkleidung. Denn ihre Moderedakteure verkündeten, Gabardine, Knickerbocker und bunte Sporthemden erlebten 1956 eine Wiederkehr, und die Männer wären den ewigen Fresco leid.

Unterdessen entdeckten die tiefenbeflissenen Kaufleute das »zweite Ich« im Manne, das durch auffallende Kleidung nach Ausdruck verlange. Der Inhaber einer Sportbekleidungsfirma äußerte Befriedigung darüber, daß in den Vereinigten Staaten der Mann nicht länger »ein gehemmtes Lebewesen ist, farbenscheu und besorgt, aufzufallen«. Die Manhattan Company zeigte vor einem Hintergrund farbiger japanischer Laternen Hand in Hand einen Mann und ein Mädchen, beide in grellbunten Hemden.

Die Überredungskünstler entdeckten auch, daß es einen kräftigen Hebel gab, der die Männer zu »der Jahreszeit entsprechend, rasch wechselnd und modebewußt« gekleideten Wesen machen würde, nämlich – die Frau. Pierre Martineau wies als einer der ersten darauf hin, daß »Mütter, Gattinnen, Freundinnen und Sekretärinnen einen ungeheuren Druck auf einen Mann ausüben können, damit er sich richtig anzieht«. Der Frage, wie man den weiblichen Einfluß auf die Männer am besten einsetzen könne, widmete das Institute for Motivational Research 1956 eine Großuntersuchung. Fast die Hälfte aller Herrenanzüge und zwei Drittel aller Oberhemden kauften bereits die Frauen. Das Institut nannte dies eine nie dagewesene Tendenz, die eine Reihe von Veränderungen in unserer Gesellschaft zur Folge habe.

Dieser Trend sei, meinte es, nicht bloß das Resultat von Überredungsversuchen; aber die Werbung könnte die Frauen mit dem nötigen Vorwand ausstatten, um das äußere Bild ihrer Ehemänner »zu formen und zu vervollkommnen«. Das Institut erläuterte: »Wenn eine Frau mit dem Bild ihres Mannes, wie es sich in seiner Kleidung widerspiegelt, unzufrieden ist, wird sie jede Gelegenheit wahrnehmen, seine Einkäufe zu erledigen, und sein Bild ihren Vorstellungen entsprechend wandeln.« Und es fügte hinzu, daß der starke Einfluß der Mammi-Herrschaft auf die heutige Männergeneration viele Männer wünschen lasse, die Frauen möchten sich, ebenso wie es ihre Mammis getan hatten, ihrer Kleidungsprobleme annehmen.

Das Institut mahnte, die werbende Wirtschaft möge bedenken, daß eine auf die Frau abgestellte Werbung für Herrenbekleidung andere Merkmale betonen müsse, als eine Werbung, die sich an den Mann wende. Frauen, hieß es, werden durch das Aussehen des Stoffes, durch Knöpfe, Reversschnitt, Griffigkeit, Gesamtwirkung und »Stil« beeindruckt. Die Werbung für Herrenbekleidung müsse, sobald sie Frauen ansprechen wolle, durchblicken lassen, der Einkauf von Kleidung für den Ehemann sei natürlich eine Obliegenheit der Frau geworden und eine »allgemein anerkannte und begrüßenswerte Tendenz«. Man sollte ihr versichern, daß auch der Herrenausstatter besonders gern mit ihr die Kleidungsfragen ihres Gatten erledigt, weil er sie als sachverständig ansieht. Zuletzt kam die Ermahnung: »Betonen Sie den veränderten Schnitt und die modischen Merkmale . . .«

Binnen kurzem gestaltete die Herrenbekleidungsindustrie ihre Werbung femininer. Ein Herrenhütefabrikant warb in der Damenmodezeitschrift *Vogue!* Und Lee Company zeigte bei ihrer neuen Werbetaktik vier, für vier verschiedene Gelegenheiten gekleidete Frauen. Jede schwenkte den Herrenhut, der dem Anlaß entsprach, für den sie selbst gekleidet war. Die Firma stellte sogar eine Herrenmode-Beraterin an und schickte sie auf eine Rundreise durch die Herrenausstattungsgeschäfte in ganz Amerika. Und eine Tuchfirma fragte die Frauen: »Sieht Ihr Mann so schmuck aus, wie er ist?« Dr. Dichter berichtete, sogar die Arbeiter in den Fabriken achteten weit mehr auf ihre Kleidung und ihr ganzes Äußeres, seitdem Frauen in die Betriebe kämen.

Sylvia Porter, Finanz-Columnistin mehrerer Zeitschriften, schilderte sehr lebendig das Ende vom Lied (für den Mann):

»Die Herrenmode ist bereits sehr viel auffallender geworden als seit vielen Jahren und wird es noch mehr werden. Rüschen und Falten kommen wieder – für Männer. Der ›Dandy‹ aus der Zeit des Bürgerkrieges erlebt – modernisiert – seine Auferstehung . . . Als Frau . . . gestehe ich ein, daß ich von dem Bild des farbenfreudigeren Mannes begeistert bin. Die Männer in rosa- und pfirsichfarbenen Falbeln und Rüschen zu sehen, ist allein schon das Opfer einiger Pennies von jedem für Kleidung ausgegebenen Dollar wert.«

Genauso beglückt berichtete *Tide* über den Boom in der Herrenmode und erzählte, daß der Kleiderschrank des Durchschnittsmannes »früher einen blauen Kammgarn, einen schwarzen Alpakka, ein oder zwei Paar Schuhe, einen Filz- oder Strohhut und sonst ein paar Kleinigkeiten barg . . . heute geht er fast aus den Fugen vor Dacron, Orlon, Nylon, Kombinationen, Sportjacketts, Slacks und farbigen Shorts, Kollektionen von Hüten für jede Gelegenheit und anderem Drum und Dran.« Wie der Durchschnittsmann von 1960 aussehen werde, möge »jeder sich selbst ausmalen«.

Noch ein altmodischer, reformbedürftiger Griesgram geriet ins Blickfeld der Verführer: der Farmer (nach Dr. Dichters Auffassung), das Gegenstück zum Puritaner. Tiefenpsychologischen Untersuchungen entnahm Dr. Dichter, daß sogar dieser Hort der Genügsamkeit von dem neuen Geist angekränkelt werde und der Farmer zum Beispiel Farbtupfen an Landmaschinen wohlwollend aufnahm (wenn die Farbe einen Sinn hatte – etwa einzelne Teile besser kenntlich zu machen). Ohne allzuviel Mühe ließ er sich auch überreden, Tonbandmusik für das Hühnerhaus zu kaufen. Als die Automobilfabrikanten gewahr wurden, wie der Farmer allmählich »auftaute«, verschönerten und modernisierten sie den Lieferwagen, der ursprünglich so etwas wie ein bescheiden mechanisiertes Arbeitspferd gewesen war und setzten natürlich auch den Preis herauf. Um 1956 konnte man schon sehr vielen Farmern Lieferwagen mit Weißwandreifen, gesteppter Plastikpolsterung, fünfzehn Zentimeter hohen Schaumgummikissen, schweren Chromleisten und so unpuritanischen Farben wie Flammrot, Ginstergelb und Wiesennebelgrün verkaufen.

Der Vorstoß, auf zweifache Weise psychologisches Veralten herbeizuführen – nämlich indem man das Publikum (1) modebewußt machte und dann (2) die Mode wechselte –, erstreckte sich seit 1956 auch auf allen möglichen Hausbedarf. Den Marketern blieb gar keine andere Wahl, denn es war eine üble Tatsache: Die überwältigende Mehrheit der amerikanischen Familien besaß bereits Kühlschränke, Herde und Waschmaschinen. Wollte man den Verbraucher überreden, lieber Ersatz dafür zu kaufen, statt zu warten, bis die alten ausgedient hatten und nicht mehr funktionierten, so mußte man ihn schon mit recht kräftigen Mitteln bearbeiten. Die Lösung dieser Frage guckten die Marketer bei den fortschrittlichen Köpfen der Automobilindustrie ab. 1956 gab einer der größten Kühlschrankhersteller eine günstige Anrechnungstabelle für in Zahlung genommene alte Modelle heraus; damit wollte er die Hausfrauen zum Erwerb des »letzten Schreis« in Kühlschränken ermuntern. Ein leitender Mann sagte, seine Gesellschaft betreibe eine Politik »planmäßiger Produktveralterung« – vermutlich durch alljährliches Herausbringen neuer Modelle und Eigenschaften, wodurch eine Unzufriedenheit der Besitzer mit ihrem bisherigen Gerät geweckt werden soll. Diesen Vorstoß, neue Lebenskraft in die Haushaltsgeräteindustrie hineinzupumpen, kommentierte die Finanz-Columnistin Sylvia Porter begeistert: Man wird auf die modischen Veränderungen an den Haushaltsgeräten des kommenden Jahres ein Auge haben und geneigt sein, sein Modell nach zwei oder drei Jahren als »veraltet« anzusehen, obwohl es noch tadellos funktioniert – genau wie der Ehemann die alljährlichen modischen Veränderungen bei den Autos beobachtet und die Familienkutsche nach zwei oder drei Jahren als überholt anzusehen pflegt, auch wenn sie noch läuft wie geschmiert. Im Gespräch mit den Gasherdfabrikanten zeigte ein Farbgestalter nicht nur die »derzeitigen Bestseller«, sondern auch die Farben, »die demnächst führend sein werden«.

Die Marktgestalter entdeckten, daß die Verwendung von Farbe eine der billigsten Methoden ist, ein Produkt neuen Typs zu schaffen, das die vorhandenen Modelle unmodern macht. 1955 wüteten die Automobilhersteller geradezu mit Farben, 1956 betonten sie dann gedämpfte Farben. 1956 kamen auch Schreibmaschinen und Telefone in breiter Farbskala heraus, wahrscheinlich, damit die Leute mit ihren schlichten, alten schwarzen Modellen unzufrieden werden sollten. Die Telefonindustrie verwendete die Farbe als Raumschmuck, damit die Leute mehr Nebenstellen beantragten und auf diese Weise ein »passend betelefontes Heim« hätten. Ein Werbefachmann der New York Telephone Company erläuterte den Farbenausbruch mit den Worten, farbige Telefone »schließen das unaufhörliche unterbewußte Suchen nach einem Telefon und die daraus entstehende Spannung aus«. Er soll außerdem gesagt haben: »Mehrere Telefone haben, bedeutet im modernen Geschäftsleben ›Impulsfernsprechen‹. Ein griffbereites Telefon verlockt zum Telefongespräch, und warum sollte man es nicht von einem freundlich farbigen Apparat aus führen, der mit dem übrigen Raum harmoniert?«

Die Motorbootbauer griffen ebenfalls und zwar in einer Weise zum Farbtopf, daß mancher als Praktikus erschrak. Der Chef einer Firma für Schiffsfarben schrieb die farbwütigen Boote dem weiblichen Einfluß zu. Ließe man Frauen erst einmal auf die Boote, fingen sie gleich an, sie aufzuputzen. Sogar das Sprachrohr müsse mit der übrigen Einrichtung harmonieren.

Auf der Suche nach neuen Wegen zur Absatzerweiterung sprangen die kommerziellen Tiefenpsychologen sogar mit den Jahreszeiten nach Belieben um. James Vicary fand bei einer »psychosaisonalen« Untersuchung heraus, man könne den Frauen ruhig ab Mitte Januar Frühjahrsstaat anpreisen, denn um diese Zeit beginne der »psychologische Frühling«, der nach seinen Feststellungen vom 13. Januar bis zum 6. Juni dauert – fast fünf Monate. Dagegen beginnt der psychologische Winter am 17. November (einen Monat früher als nach dem Kalender) und dauert nicht ganz zwei Monate.

Auch die Marktschaffer für Sonnenbrillen fanden, sie könnten die Jahreszeiten verschieben. Bisher hatten sich die Fabrikanten beim Aufbau ihres Dreißig-Millionen-Dollar-Geschäfts auf die heißen Sommermonate vom Decoration-Day (30. Mai) bis Labor-Day (erster Montag im September) beschränkt. Plötzlich fand Foster Grant, der größte Sonnenbrillenhersteller, diese knappe Saison unzumutbar. Er führte deshalb eine Leituntersuchung in Boston, Detroit und Youngstown (Ohio) durch und war angenehm überrascht zu erkennen, daß Sonnenbrillen sich mit geeigneten Werbetechniken sogar im tiefsten Winter verkaufen lassen. (Die gleiche Firma verkaufte in ungefähr einer Woche eine Million Davy-Crockett-Brillen, obwohl es höchst unwahrscheinlich ist, daß der echte Davy Crockett jemals eine Sonnenbrille trug oder sah.)

Um 1957 herum verbesserten die Überredungskünstler auch ihre Kunstfertigkeit, das Publikum auf hemmungsloses Kaufen von unnützen Dingen zu dressieren, wenn es um die Leitbilder »Mutter« und »Vater« geht. »Mutter« war für den Umsatz das bessere Imago. Der Muttertag erbrachte Bruttoumsätze von hundert Millionen Dollar, während es der Vatertag nur auf 68 Millionen brachte. Nichtsdestoweniger zerbrach man sich den Kopf, wie man den Vatertag ausbeuten könnte, um dieses dürftigere Ergebnis zu verbessern. Das National Father's Day Committee verkündete, der Vatertag 1956 werde keine kommerzielle Note, sondern ein vaterländisches Leitmotiv haben.

Als die Columnistin Inez Robb von dieser patriotischen Tat erfuhr, bemerkte sie dazu kritisch: »Wer hätte gedacht, daß der Patriotismus des Schurken letzte Zuflucht ist?«

Was man um die Jahrhundertmitte unter »unkommerzielle und patriotische Natur des Vatertages« verstand, veranschaulichte die gigantische 100 000-Dollar-Werbekampagne, die 1955 ein Bastelkästen-Fabrikant überall im Lande abrollen ließ. Der Zweck war, Daddy für 4.95 Dollar eine Bastelausrüstung zu schenken (»Schenk' Daddy ein Hobby zum Vatertag!«). Rundfunkstars der National Broadcasting Company warben dafür (wegen des Aufmerksamkeitswertes, der für die Sendung *Sieg auf See* darin steckte). Der Hobbykasten war bei Macy's im Schaufenster ausgestellt, und der Hersteller setzte »überall im Lande an den strategischen Punkten« Propagandisten ein, die bei den Vätern ein albernes Geschwätz über den Vatertag vom Stapel lassen mußten. Das war die unkommerzielle Seite. Das vaterländische Motiv war klar aus der Tatsache ersichtlich, daß der Bastelkasten Spielzeugschlachtschiffe aus Kunststoff enthielt. Darin bestand der ganze Zusammenhang mit der *Sieg-auf-See*-Sendung. Wie es hieß, soll die Flotte der Vereinigten Staaten überredet worden sein, durch Bereitstellung von Fotos, Plakaten usw. als Dekorationsmaterial für die Schaufenster mitzumachen, und angeblich hat der Flottenverein, die Navy League, in ähnlicher Weise mitgewirkt.

Und das alles, um Vater zu ehren!

Als wichtigster von allen neuen Bereichen aber winkte den kommerziellen Verführern die Freizeitgestaltung. Hier eröffnete sich ein Feld, das, wenn man es richtig beackerte, nicht Millionen, sondern Dutzende von Milliarden abwerfen konnte. *Tide* schrieb: »Es ist erstaunlich, wieviel Geld man beim Ausspannen ausgeben kann.«

Das Ganze war für die Wirtschaft so interessant, weil die Leute infolge der Automation und aus anderen Gründen immer weniger Stunden wöchentlich arbeiteten. Ein Berater der New Yorker Werbeagentur Batten, Barton, Durstine & Osborn errechnete, daß der Durchschnittsbeschäftigte seinem Arbeitsplatz 125 Tage im Jahr fernbleibe und dabei noch ein höheres Einkommen als früher habe. 1960 würden die Menschen nur durchschnittlich 37 und 1980 etwa 30 Stunden wöchentlich arbeiten. Nach einhelliger Meinung war diese zunehmende Freizeit ein Phänomen von überragender Bedeutung. In dieses eine Neuland vorstoßen, hieß – laut *Tide* – »eine Menge Probleme lösen«. Ein Professor der Yale-Universität soll gesagt haben, diese Freizeit könne die »größte Gefährdung« der amerikanischen Wirtschaft beseitigen, die Gefahr nämlich, daß die Produktion den Konsum weit hinter sich läßt. Ein Wirtschaftsblatt schrieb, der Freizeitmarkt könne die dynamische Komponente der gesamten amerikanischen Wirtschaft werden. Und *Tide* widmete einer gelehrten Erörterung der Situation – und der besten Methoden, sie auszunützen – eine Folge von vier Aufsätzen.

Die Marketer bemerkten alsbald, daß ein dem Amerikaner eigentümlicher Charakterzug von ihrem Standpunkt aus hier recht günstig war; der Durchschnittsamerikaner haßt es, müßig zu sein. Der Gedanke, durch Verzicht auf jedes Tätigsein sich einfach zu entspannen, ist ihm unerträglich. Schaulustige Amerikaner auf Reisen laufen nicht bloß ziellos herum und nehmen die Schönheiten in sich auf; sie müssen wie nach einem Fahrplan vorgehen, mit dem sie prahlen können, wenn sie heimkommen. Dieser Abscheu vor dem Untätigsein erschloß die Möglichkeit, Millionen von »ausspannenden« Amerikanern zu so geldschluckenden Beschäftigungen zu verlocken wie Basteln und Klanggeräte bauen oder ähnliche Hobbies, welche die Anschaffung von zahllosen Dingen notwendig machen.

Obwohl der Soziologe David Riesman entsetzt war über die Art und Weise, wie auch die Freizeitbeschäftigungen standardisiert wurden, zitierte die Wirtschaft ausgiebig seine Ausführungen über die Muße-Gewohnheiten der fremdbestimmten Menschen. *Tide* führte an, er sage, gemächliches Leben verstärke den Drang nach Übereinstimmung mit den anderen und nach Gelenktwerden. Er stellte fest: »Solche (fremdbestimmten) Menschen lernen von frühauf, bei Muße und Tätigsein die Weisungen ihres Kreises entgegenzunehmen – das heißt ihrer Altersgenossen, ihrer Arbeitskollegen und ihrer Vereins- und Sportkameraden –, auf die sie mit der Empfindlichkeit eines Radargerätes reagieren.«

Dr. Dichter befaßte sich mit der Freizeitfrage und warnte die Marketer vor den puritanischen Überbleibseln in unserer Geisteshaltung, eines seiner Lieblingsthemen, wie wir schon gemerkt haben. (Auch David Riesman und der Herausgeber von *Holiday* heben es gern hervor.) Dr. Dichter mahnte: »Ein Erzeugnis darf niemals ausschließlich als Annehmlichkeit angepriesen werden. Sie müssen die Vorstellung vermitteln, daß den Verbraucher das Bewußtsein des Vollbringens beseelen wird, wenn er Ihr Produkt kauft.« Die Marketer bearbeiten nun die Teenager und College-Studenten mit ihren vielen Freizeitfreuden-Slogans. Ein Grund dafür war, laut *Tide*, ihnen »frühzeitig zu zeigen, daß die Freizeit genossen werden sollte, eine dank unserer puritanischen Vergangenheit noch nicht allgemein verbreitete Überzeugung«. Pierre Martineau verzeichnete mit Genugtuung, daß im Mittelwesten die Leute endlich anfingen, nach dem Essen ihren Sonntagsstaat mit der Sportkluft für Golf oder Rudern zu vertauschen.

Da der Teilnehmersport größere Marktmöglichkeiten bot, förderten die kommerziellen Verführer geschickt den Trend weg vom Zuschauersport – hin zum Teilnehmersport, wie Federball oder Sporttauchen. Sie förderten auch den Trend, die gesamte Familie zu *einer* Freizeitbeschäftigung zu bringen, wie beispielsweise Angeln, das Vater ehedem als sein persönliches Refugium von der Welt betrachtet hatte. Es ist besser, pro Haushalt fünf Angelruten zu verkaufen als eine. Dr. Dichter machte eine Untersuchung über das Angeln und fand heraus, daß die Ausrüstung einiger Änderungen bedürfe. Frauen wollen hübsch aussehende Angelruten haben. Ferner entdeckte er bei seiner Untersuchung über die Konjunktur auf dem Wassersport-Markt (Jahresumsatz 850 Millionen Dollar), für die Amerikaner liege der Reiz des eigenen Bootsbesitzers u. a. in der »Verknüpfung mit freundlichen Erinnerungen an erste Kindheitserlebnisse mit einem Spielzeugsegelboot«. Dank dem Unternehmungsgeist einfallsreicher Werbefachleute erfreuten sich auch Gartenschwimmbecken aus Kunststoffhaut eines lebhaften Absatzes. Die International Swimming Pool Corporation bot ein Esther-Williams-Swim-Pool-Pack für 1295 Dollar an. Die Installation kostet weitere 700 Dollar. Die ausgiebige werbliche Benutzung von Bild und Namen des Hollywooder Schwimmstars Esther Williams wirkte für den Verkauf des Schwimmbeckens wahre Wunder. Die Firma ließ im nüchternen *Wall Street Journal* eine Anzeige mit dem Bild von Esther Williams laufen, in der sie fragt: »Wollen Sie mein Hauptdarsteller sein? Praktische Vorkenntnisse nicht erforderlich.«

Ein von *Tide* zitierter Fachmann war überzeugt, der Trend gehe dahin, Spiel- und Sportartikel lieber zu mieten als zu kaufen. In Zukunft würden die Leute in den Hotels absteigen, die ihnen ihre bevorzugten Mußebeschäftigungen bieten: Golf, Gartenarbeit, Motorbootfahrten, Basteln – Werkzeug und Sportgerät im Pauschalpreis einbegriffen.

Mittlerweile hat der Präsident des großen Warenhauses John Shillito Company in Cincinnati den vom Standpunkt des Handels aus interessantesten aller Trends beobachtet: »Für viele Menschen scheint schon der Ladenbummel an und für sich eine Art Mußebeschäftigung zu sein.«

Nunmehr verlassen wir die Marktgestaltung und wenden uns anderen, noch heikleren Bereichen zu, wo die auf dem Weg über die Tiefenpsychologie arbeitenden Überredungskünstler ebenfalls Fuß zu fassen beginnen. Wir wollen aufdecken, was sie in der Politik, bei der Behandlung der Firmenbelegschaften, beim Spendensammeln, bei Public Relations und für die Schaffung eines optimistischen »Klimas« in den Vereinigten Staaten zu tun versuchen. Alle diese Gebiete eröffnen verlockende Möglichkeiten zur Erweiterung der tiefenpsychologischen Manipulationstechniken.

In diesen Bereichen ist die Psycho-Überredung sogar noch mehr im Stadium der Versuche und des Tastens als bei der Marktgestaltung. Ihre Möglichkeiten sind jedoch, von der Allgemeinheit her gesehen, noch gewichtiger, denn hier ist das Ziel die Meinungsformung selbst. Es geht nicht mehr darum, mit unserem Unterbewußtsein zu spielen, um uns zum Kauf eines Kühlschranks oder eines neuen Motorboots zu verführen, ob wir diese Dinge brauchen oder nicht brauchen mögen. Der Zweck ist nichts Geringeres als die Beeinflussung unserer Geisteshaltung und die Lenkung unseres Verhaltens als Bürger.

XVII

Die Bildermacher und die Politik

»Eine Welt der unsichtbaren Diktatur ist denkbar, die sich noch der demokratischen Regierungsformen bedient.« – Kenneth Boulding, Universität Michigan

Die politische Meinungsbeeinflussung ist keineswegs eine Entdeckung der 1950er Jahre oder gar des zwanzigsten Jahrhunderts. Napoleon errichtete bereits ein Presseamt, das er – vielleicht in einer spaßigen Anwandlung – Amt für öffentliche Meinung nannte. Seine Aufgabe bestand im Fabrizieren von politischen Störungen auf Bestellung. Auch Machiavelli hat einiges Neuartige zu diesem Thema beigesteuert. In einer kontrollierten Gesellschaft ist die Manipulation des Volkes durch einen Tyrannen eine ziemlich einfache Sache, die er je nachdem mit harter oder weicher Hand anpacken kann. Handelt es sich aber um die Bürger einer freien Gesellschaft, die einen aus dem Amt herauswählen oder einem nach Belieben die Gefolgschaft verweigern können, dann wird sie zu einem echten Problem.

Unter den herrschenden Umständen waren politische Manipulationen und Massenüberredung erst möglich, nachdem die Symbolmanipulatoren auf der Bildfläche erschienen. Vor den fünziger Jahren schenkten sie jedoch der Politik keine ernsthafte Aufmerksamkeit. Innerhalb von ein paar Jahren – den Höhepunkt bildete die Präsidentenwahl von 1956 – wandelten sie dann die traditionellen Merkmale des amerikanischen politischen Lebens mit Riesenschritten. Sie vermochten das mit Hilfe der Erkenntnisse von Pawlow und seinen bedingten Reflexen, von Freud und seinem Vater-Imago, von Riesman und seiner Auffassung des heutigen amerikanischen Wählers als Zuschauer-Verbraucher der Politik sowie von Batten, Barton, Durstine and Osborn und ihrer Lehre von der Massenwerbung.

Zu Beginn der fünfziger Jahre erschien in *The New York World-Telegram*, einer normalerweise republikanischen Zeitung, eine Schilderung der Vorbereitungen für den Kongreßwahlkampf 1950, die das Schlimmste ahnen ließ. Die Schlagzeile lautete: *Die Marktschreier übernehmen den Wahlkampf der GOP* (Grand Old Party – Republikaner). Und der Leitartikel erläuterte, daß »die Politiker anfangen, all die gerissenen Werbetechniken anzuwenden, welche die amerikanische Massenproduktion benutzt, um Autos, Badesalze und Rasenmäher an den Mann zu bringen«. Es hieß dann weiter: »Der republikanische Kongreßausschuß unter dem Vorsitz von Leonhard W. Hall (R., N. Y.) und Publicity-Direktor Robert Humphreys liefert auf Bestellung fertiges Material für den Kandidaten, der durch Fernsehen, Kurzfilme mit Karikaturen und graphischen Darstellungen, zündende Durchsagen zwischen den Programmen der örtlichen Rundfunksender ... Rundschreiben, Interviews mit dem Mann auf der Straße usw. für sich werben will.« Diese beiden Männer sind im republikanischen Parteiapparat zu hohen Stellungen aufgerückt.

Ein führender Demokrat, William Benton, ehemaliger Mitinhaber der Werbeagentur Benton & Bowles, betrieb unter Einsatz zahlreicher Massenverkaufstechniken einen für den Senat erfolgreichen Wahlkampf. Er erklärte: »Es kommt darauf an, sich als Person von den anderen abzuheben.« Das bezweckte er mit Eine-Minute-Rundfunkdurchsagen, deren Eignung für die Masse feststand, auf Leserinteresse vorgetesteten Comic-Strip-Anzeigen, Werbeständen mit hübschen Mädchen an den Straßenecken und Fünf-Minuten-Kurzfilmen.

Für die Präsidentenwahlkampagne von 1952 hatte zumindest eine Partei die berufsmäßigen Überredungskünstler zu den internen Beratungen hinzugezogen. Stanley Kelley jr. von Brookings Institution führte über die Wahlkampagne 1952 eine Untersuchung durch, über die er in seinem Buch *Professional Public Relations and Political Power* (1956) schreibt: »Der Wahlfeldzug ... läßt einige interessante Unterschiede hinsichtlich des Ranges erkennen, den die berufsmäßigen Meinungspfleger in den Beratungen der gegnerischen Parteien einnahmen. Die Strategie, die Aufstellung von Programmen, der Einsatz von Werbeträgern, die Verplanung der finanziellen Mittel und der Ablauf der Eisenhower-Kampagne verrieten den maßgeblichen Einfluß von Propagandafachleuten. Die Demokraten bedienten sich weniger der Fachleute, waren weniger geneigt, sich in ihren Gedankengängen auf die kommerzielle und industrielle Erfahrung in der Meinungspflege zu stützen, und ihre Publicity-Leute hatten augenscheinlich bei den Beschlüssen über die Wahlkampagne keine Stimme.« Natürlich steckten die Demokraten eine Niederlage ein und Kelley vermutete es jedenfalls – zogen daraus die Lehre, 1956 stärker Public-Relations- und Werbefachleute heranzuziehen.

Auch die Tiefenforscher wendeten der Politik ihr Augenmerk zu. Während der Wahlkampagne 1952 kündigte Dr. Dichter an, all das langwierige Gerede über solche Folgen wie Inflation und Korea werde auf den Ausgang der Wahl sehr wenig Einfluß haben. Entscheidend sei die gefühlsmäßige Zugkraft der rivalisierenden Kandidaten. Nach der Wahl schrieb Burleigh Gardner in der Zeitschrift *Tide*, daß man sich für politische Vorhersagen tiefenpsychologischer Verfahren bedienen sollte. Mit Hilfe von Projektionstests zur Aufdekkung der zugrundeliegenden Gefühlsmomente (statt die Leute einfach zu fragen, wie sie wählen werden) hätte der Eisenhower-Erdrutsch vorausgesagt werden können. Ein New Yorker Werbeleiter, der tiefenpsychologische Methoden benutzt, behauptete: Wenn die Werbefachleute wirklich freie Hand bekämen, so wären sie in der Lage, mit auf die unentschlossene oder gleichgültige Masse zielenden Appellen bei so gut wie jeder Wahl entscheidende Wählerstimmen hereinzuholen. Während der Wahlkampagne 1952 führte seine Agentur eine Testuntersuchung bei den »Ich-weiß-nicht«-Wählern durch, um des Gefühlsmoments habhaft zu werden, das der Einstellung dieser Wähler zugrunde lag; hierfür benutzte man die gleichen Projektionstechniken wie für die Ermittlung von Wesensverwandtschaften mit Marken-Leitbildern. Nach der Wahl rief die Agentur die befragten Leute an (alle waren ausgesprochen unentschlossen gewesen) und stellte fest, daß ihre Vorhersagen, wie jeder einzelne wählen würde, zu 97 Prozent richtig gewesen waren. Der Sprecher der Agentur sagte, der unentschlossene Wähler sei keinesfalls der nachdenkliche »Unabhängige«, als der er oft geschildert wird. Der schwankende Wähler »schwankt aus irgendeinem eingebildeten, unwichtigen Grund, etwa weil er die Frau des Kandidaten nicht leiden kann«. Der Tiefenforscher James Vicary führte eine ähnliche Arbeit während der Bürgermeisterwahl in Kingston (New York) durch und fand, daß er gewöhnlich im voraus sagen konnte, wie der »Ich-weiß-nicht«-Wähler am Ende tatsächlich wählte.

Um 1956 herum gab sogar der berühmte »Nasenzähler« George Gallup, Direktor des American Institute of Public Opinion und des Gallup Poll, zu, daß er seine mehr konventionellen Methoden durch »Tiefeninterviews« bereichern werde.

In der Politik schien der Weg über die Tiefenpsychologie durch die wachsende Erkenntnis gerechtfertigt, daß man sich nicht auf das vernunftsmäßige Verhalten der Wähler verlassen konnte. Sowohl das Verhalten des einzelnen als auch das Verhalten der Masse schien ein starkes unlogisches oder nichtlogisches Element zu bergen.

Ein Beispiel für dieses nichtrationale Verhalten war die Reaktion der Wähler auf Präsident Eisenhowers Herzanfall im Jahre 1955. Anfang September 1955, kurz vor seinem Anfall, hatten bei Gallup-Poll 61 Prozent der Befragten erklärt, wenn Eisenhower gegen Adlai Stevenson, den führenden Mann der Demokraten, kandidiere, würden sie für ihn stimmen. Dann erkrankte er, und während der folgenden Monate, als es auf des Messers Schneide stand, ob er sich jemals soweit erholen würde, um wieder zu kandidieren, stieg in dem hypothetischen Wettstreit mit Stevenson seine Gallup-Wertung ständig, bis sie im März bei 66 Prozent lag. In seinem Kommentar zu diesem Anwachsen sagte James Reston von *The New York Times:* »Die Erklärung dafür fehlt mir im Augenblick, aber wenn ich sie finde, werde ich sie noch bringen.«

The Journal of Abnormal and Social Psychology befaßte sich mit diesem anscheinend nichtrationalen Element im Denken der Wähler, als es über ein Experiment mit Leuten berichtete, die entweder als entschiedene Pro- oder Antidemokraten bekannt waren. Alle zusammen hörten eine Zehn-Minuten-Rede über staatliche Angelegenheiten. Der Inhalt war sorgfältig je zur Hälfte prodemokratisch und antidemokratisch gerichtet. Man erzählte den Leuten, daß sie einer Gedächtnisprüfung unterzogen würden. Nach einundzwanzig Tagen stellte sich heraus, daß die Befragten in bezug auf den Inhalt, der mit ihrer eigenen politischen Meinung in Einklang stand, ein »bedeutend besseres« Gedächtnis hatten. Dagegen bestand eine unverkennbare Tendenz, den nicht mit den eigenen vorgefaßten Meinungen übereinstimmenden Inhalt zu vergessen.

1956 verzeichneten mehrere politische Kommentatoren (Reston, Dorothy Thompson, Doris Fleeson sind Beispiele dafür) besonders den ihrer Ansicht nach steigenden Rang, den die »Persönlichkeit« in der amerikanischen Politik einnimmt. Dorothy Thompson nannte es »Persönlichkeitskult«. Der Soziologe David Riesman, der das gleiche Phänomen beobachtete, betrachtete es als einen Teil des Trends zur Fremdbestimmtheit im amerikanischen Leben. Die zunehmend vom Konsum in Anspruch genommenen Amerikaner seien auch in der Politik zu Verbrauchern geworden. Das hat mehr und mehr dazu geführt, daß man dem besten Darsteller Beifall zollt, und für die Bewertung der Darbietung steht »Aufrichtigkeit« an erster Stelle. In seinem Buch *Die einsame Masse* heißt es: »Genauso wie bei der Verpackung und Werbung die ›Aufmachung‹ an die Stelle des Wettbewerbs der Preise tritt, genauso ersetzt in der Politik die ›Aufmachung‹ – entweder als *Charisma* (Verpackung) des Führers oder als sprunghafte Behandlung von Ereignissen mit den Mitteln der Massenbeeinflussung – jenes Selbstinteresse, das den von innen her bestimmten Menschen beherrschte.«

Die Tiefenpsychologen schlußfolgerten: Das amerikanische Volk will nicht nur politische Führer-Persönlichkeiten, sondern es möchte auf dem Stuhl des Präsidenten eine ganz bestimmte Art von Persönlichkeit sehen. Eugene Burdick, Dozent für theoretische Politik an der Universität Kalifornien, untersuchte als Mitglied des Center for Advanced Study in the Behaviorial Sciences die Eigenschaften des vollkommenen Präsidenten. (Burdick ist auch der Verfasser des 1956 erschienen Bestseller-Romans *Die neunte Welle* über irrationale Strömungen in der Politik.) Dr. Burdick stellte fest, daß der vollkommene Präsident nicht aus großen Erfolgen erwächst, sondern seiner Persönlichkeit wegen in unserer Vorstellung »groß« wird. Er wird so »groß«, daß er für uns zum »Vater-Imago« wird. Burdick schreibt: »Kürzlich durchgeführte Befragungen und psychologische Untersuchungen lassen erkennen, in welchem Ausmaß der Präsident heute für die amerikanische Durchschnittsfamilie ein, wie es die Psychoanalytiker nennen, ›Vater-Imago‹ ist.« In *This Week* zeichnet Burdick ein Gesamtbild des vollkommenen Präsidenten: »Er ist ein Mann mit großer Herzenswärme, der eher Vertrauen als Bewunderung einflößt und nicht so makellos ist, daß es unglaubwürdig erscheint. Er muß auf einem anderen Gebiet als dem der Politik etwas geleistet haben und echten Sinn für Humor besitzen. Seine Ansicht über einzelne politische Fragen ist verhältnismäßig unwichtig...« Nachdem er dieses Bild entworfen hat, fügt Burdick hinzu: »Zweifellos findet man in diesem Porträt einige bedenkliche Züge. Erstens: Ist es zum Beispiel nicht bedenklich, daß Probleme weniger wichtig sind als Persönlichkeit? Zweitens: Kann man es als gesund bezeichnen, daß die Bürger einer Demokratie einen Führer haben wollen, der sie beschützt? Drittens: Halten die Amerikaner in ihrer Abneigung gegen die Politiker Ausschau nach einem heroischen Führer totalitären Typs?«

Mitte der fünfziger Jahre prüften sich die meisten aktiven Politiker im Spiegel, ob sie das richtige Persönlichkeitsbild verkörperten. *Printer's Ink,* die Fachzeitschrift der Werbewirtschaft, zitierte einen führenden Demokraten, der 1955 gesagt habe: »Natürlich ist sich der Kandidat darüber klar,... je eher es ihm gelingt, im Zusammenhang mit den politischen Tagesfragen ein günstiges Persönlichkeitsbild von sich zu schaffen, um so wahrscheinlicher wird er durchkommen.«

Selbst Adlai Stevenson, der sehr lebendige, scharfzüngige Intellektuelle der unglückseligen Wahlkampagne von 1952, wurde 1956 von seinen Gegnern kritisiert, es fehle ihm »das Präsidenten-Imago«. Er soll versucht haben, diesen angeblichen Mangel zu korrigieren, indem er Amerika das Bild eines ein bißchen weniger geistreichen und dafür eines ein bißchen entschiedeneren und entschlosseneren Mannes bietet. Inzwischen vollzog sich im Laufe des Jahres 1956 auch im Persönlichkeitsbild Präsident Eisenhowers eine Veränderung. Louis Harris, der bekannte Meinungsforscher und politische Analytiker, führte nach Eisenhowers Erkrankungen 1200 »Qualitativ-Interviews« über die »tieferen Gründe und Motive« durch, von denen das Empfinden des Volkes gegenüber dem Präsidenten bestimmt wird. In seinem Bericht in der Zeitschrift *Collier's* (Ausgabe vom 20. Juli 1956) erwähnte er, daß viele, die 1952 General Eisenhower unterstützt hatten, ihn als starken, unbedingt redlichen Mann ansahen, der reinen Tisch machen und das Land aus Schwierigkeiten heraushalten könnte. »Das veranlaßte einige zu der Behauptung, die amerikanischen Wähler, besonders die Frauen, hätten eine ›Vater-Vorstellung‹ von ihm«, schrieb Mr. Harris und fügte hinzu: »Heute hat sich das wesentlich geändert. Eisenhower wird nicht mehr als stark betrachtet. Mutig ist er noch, das erzählen einen die Leute, wenn über sein Veto gegen das Farmgesetz oder gegen das Erdgasgesetz gesprochen wird. Aber das Bild ist milder geworden. Man sieht ihn jetzt als freundlicher, weiser und als – wie ein Wähler es ausdrückte – ›eine Art Großvater der Republik‹.«

Seit Mitte der fünfziger Jahre bedienten sich die beiden großen Parteien der Vereinigten Staaten weitgehend der berufsmäßigen Meinungsformer, die ihnen bei der Schaffung von Leitbildern behilflich sein sollten. Beglückt begrüßte Anfang 1956 die von der Handelskammer der Vereinigten Staaten herausgegebene Zeitschrift *Nation's Business* die neue, geschäftsmäßige Behandlung politischer Angelegenheiten. Sie verkündete: »Beide Parteien werden ihre Kandidaten und Programme mit den gleichen Methoden anpreisen, wie sie die Wirtschaft für den Warenabsatz entwickelt hat. Dazu gehören: fachkundige Auswahl der werbenden Momente; planmäßige Wiederholung ... Es werden keine fahnenschwenkenden Gläubigen mehr durch die Stadt marschieren; statt dessen wird ein Heer von Freiwilligen Türklingeln und Telefone in Bewegung setzen ... Rundfunkkurzdurchsagen und Anzeigen werden mit gezielter Eindringlichkeit bestimmte Phrasen wiederholen. Plakate werden Slogans von erprobter Wirkung einhämmern ... Kandidaten müssen außer einer klangvollen Stimme und einer korrekten Aussprache auch die Fähigkeit besitzen, ›aufrichtig‹ in die Fernsehkamera zu schauen ...«

Wir wollen uns nunmehr einige der lebendigsten Beispiele für den neuen Typ politischer Überreder, die da an der Arbeit sind, ansehen. Zuerst die Republikaner.

In welchem Umfang die kaufmännische Betrachtungsweise sich 1956 beim Bundesvorstand der Republikaner durchgesetzt hatte, zeigte eine Verlautbarung des Bundesvorsitzenden Leonward Hall, in der erklärt wurde, warum die Republikanische Partei wiederum die Kongreßmehrheit gewinnen werde. Unter anderem sagte er, die Partei habe »eine großartige Ware anzupreisen ... Heutzutage preist man seine Kandidaten und seine Programme genauso an wie ein Geschäft seine Waren«. Der Public-Relations-Leiter des Parteivorstands, der junge, im Mannschaftsgeist erzogene Richard Guylay, der für eine Anzahl Senatoren den Aufbau eines Persönlichkeitsbildes bewerkstelligt und dadurch geholfen hatte, der kaufmännischen Betrachtungsweise in der Politik den Weg zu bereiten, meinte, daß die neuen »fachkundigen Methoden die bisherigen ›Auf-gut-Glück‹-Verfahren aus der Politik ausschalten und einen Haufen vertaner Zeit und Mühe ersparen ... Len Hall ist ein begeisterter Anhänger der modernen Methoden.«

Im Weißen Haus selbst besaßen die Amerikaner einen Überredungskünstler von erprobtem Können in Gouverneur Howard Pyle, dem (nächst Sherman Adams) stellvertretenden Assistenten des Präsidenten. Dieser ehemalige Werbefachmann aus Phoenix (Arizona) erklärte, die Republikanische Partei werde wie bei den Wahlen von 1952 auch 1956 wieder ihr Vertrauen in die große New Yorker Werbeagentur Batten, Barton, Durstine & Osborn setzen. Ende 1955 sagte er: »Seit langem ist die Republikanische Partei mit B. B. D. & O. gleichgesetzt worden. Sie vertraten uns in Wahlzeiten und auch zwischendurch auf Grund einer Vertrags-Vollmacht. Wir sind ein regulärer und – wenn man sich die ›Wahlscherflein‹ ansieht – ein teurer Kunde. Wir haben B. B. D. & O. gegenüber Verpflichtungen.« (Bei einem seiner seltenen öffentlichen Auftritte machte er in dem von Arbeitslosigkeit heimgesuchten Detroit die peinliche Bemerkung, »das Recht zu leiden, gehört zu den Freuden einer freien Wirtschaft«.) Carroll Newton, der bei B. B. D. & O. den »Kunden« GOP* betreut, verkündete, er sei nicht Politiker, sondern Werbefachmann. Ein anderer von ihm betreuter Kunde ist die United States Steel. Er soll für das »Konto GOP« vierzig Leute beschäftigt haben.

Der vielleicht einflußreichste aller Meinungsformer in den Reihen der Republikanischen Partei war 1956 der Pressechef James Hagerty. Präsident Eisenhowers zwei Erkrankungen brachten ihn als *den* Mann zwischen dem Präsidenten und der Außenwelt ans Ruder. *Newsweek* vermerkte diese wachsende Macht von Mr. Hagerty und bezeichnete ihn als einen der einflußreichsten Regierungsbeamten, ein Mann, der Entscheidungen nicht nur verkünde, sondern hinter den Kulissen an ihnen mithelfe. Das Magazin plauderte aus, daß er regelmäßig den Kabinettssitzungen beiwohne und häufig auf sich und den Präsidenten als austauschbar anspiele, wenn er sagt: »Außerdem unterzeichneten *wir* heute...« Vor jeder Pressekonferenz pauke er mit dem Präsidenten sorgfältig die zu erwartenden Fragen und gebe ihm auch die möglichen Antworten ein, etwa in der Form: »Herr Präsident, warum wollen Sie nicht sagen...?« Das Magazin berichtete außerdem, daß die persönliche Sekretärin des Präsidenten, Frau Ann Whitman, bekannt habe: »Gewöhnlich entspricht die Antwort des Präsidenten dem, was James gesagt hat.«

Einige der interessantesten »Verführer«, denen die Errichtung des Persönlichkeitsbildes für einzelne prominente Republikaner oblag, kommen aus Kalifornien. Daran mag die Tatsache schuld sein, daß dort das politische Klima ideal ist für den neuen Typ des Meinungskneters. Kalifornien hat keine Parteiapparate im herkömmlichen Sinne, die Wähler haben eine geringe Parteitreue, sie wechseln leicht zur anderen Seite, und viele sind verhältnismäßige Neulinge im Lande. Das hat sich als ideale Voraussetzung für die Niederlassung der politischen Presseagentur des Ehepaares Clem Whitaker und Leone Baxter erwiesen. Er ist ein schmächtiger, heiterer, weißhaariger Mann, sie eine attraktive Rothaarige. Sie haben miteinander fünfundsiebzig politische Wahlkampagnen gemanagt und davon siebzig gewonnen. Nach *Time* gebührt ihnen das Verdienst, viele der zahlreichen jungen politischen Berühmtheiten Kaliforniens »gemacht« zu haben. In der Zeitschrift hieß es: »Sie lehrten Earl Warren, wie er in der Öffentlichkeit lächeln muß, und erkannten als erste den Werbewert seiner reizenden Familie. Sie brachten den ungestümen Goodie Knight mit einem erschöpfenden Redefeldzug an die Öffentlichkeit und haben seitdem ständig versucht, ein Auge auf ihn zu halten. Als der Bürgermeister von San Francisco, Roger Lapham, durch ein Abberufungsbegehren gefährdet war, retteten ihm Whitaker and Baxter den Posten...« Ein Reporter fragte sie einmal, ob sie ihren Rekord von siebzig erfolgreichen Wahlkampagnen auch erreicht haben würden, wenn sie für die andere Seite ge-

* GOP = Grand Old Party = Republikanische Partei.

arbeitet hätten. Frau Baxter erwiderte: »Ich bin überzeugt, wir hätten fast jede davon gewonnen ...«

Als sie Goodwin J. Knight in Kalifornien zum Gouverneursessel geleiteten, hielten sie ihn für vier »Spots« von je einer Minute Dauer fast den ganzen Tag vor den Fernsehkameras fest. Wenn sie eine Wahlkampagne übernehmen, bestehen sie darauf, die gesamte Strategie und den Ablauf zu bestimmen, sowie auf dem Einspruchsrecht gegen jeden Schritt, der das für den Kandidaten nach außen hin geschaffene Bild beeinträchtigen könnte. Bei einer Besprechung seiner Probleme mit einer Gruppe von Werbekollegen soll Whitaker geklagt haben, ein Kandidat sei nicht so einfach zu verkaufen wie ein Wagen, denn ein Auto sei stumm, aber ein »Kandidat kann einem mitunter eine Wahl kaputtreden, obwohl man im Hauptquartier des Wahlfeldzuges alles für ihn tut, was man kann«.

Ein weiterer Kalifornier der neuen Art von Überredungskünstler ist Murray Chotiner, Rechtsanwalt aus Los Angeles, der Richard Nixon auf amerikanisches Starformat brachte und seinen Wahlfeldzug von 1952 führte. Wie das von Whitaker and Baxter, arbeitet auch sein Starformungssystem hauptsächlich außerhalb des Parteirahmens. Seine Arbeit trug so auffallende Früchte, daß er, ehe er beim Kongreß in schlechten Ruf geriet, als Dozent für die Wahlpropagandaschulen der Republikaner sehr gefragt war. Der Leiter der Wahlfeldzüge der GOP, Robert Humphreys, brachte ihn Ende 1955 nach Washington, wo er den Parteivorsitzenden der Einzelstaaten die »Grundlagen der Wahlorganisation« eintrichtern sollte. Humphreys nannte ihn einen »Bombenkerl« mit seinen bildhaften Hilfsmitteln und Hinweisen, *wie* man die Masseninformationsträger handhaben müsse. Chotiners Technik bestand im Grunde darin, den Leuten zwei Bilder vorzuhalten: den guten Kerl (sein Mann) und den schlechten Kerl (der Gegner). Eines der Themen, zu denen er sich in seiner 12 000 Worte umfassenden Rede vor den Parteivorständen der achtundvierzig Staaten äußerte, betraf Anwendung und Abwehr der politischen Verleumdung. Und er sprach über die Kunst, durch Verwendung von rötlichem Papier dem Gegner einen Linksdrall zu unterschieben. Er sprach auch über die Methoden, wie man den Anschein von Forderungen der Allgemeinheit erweckt und durch geschickt gespielte Lauterkeit die Herzen des Volkes gewinnt.

Mr. Nixon, der Mann, der aus vielen, wenn nicht allen diesen Techniken den Nutzen zog, wird von aufmerksamen Beobachtern als eine neue Politikerrasse in Amerika beschrieben. Richard H. Rovere, politischer Essayist für *The New Yorker* und *Harper's*, sagte in seinem Buch *Affairs of State, The Eisenhower Years:* »Richard Nixon scheint ein Politiker zu sein, der wie ein Werbefachmann an seine Arbeit herangeht. Politische Dinge sind Waren, die der Öffentlichkeit verkauft werden müssen – heute dies, morgen das, je nach Diskont und Marktlage. Er wechselt von der Einmischung (in Indochina) zur Nichteinmischung mit der gleichen Leichtigkeit und Bedenkenlosigkeit, mit der ein Werbetexter seine Loyalität von Camel- auf Chesterfield-Zigaretten überträgt.« (Ein paar Tage, nachdem ich das Obige gelesen hatte, erfuhr ich aus den Zeitungen, daß der Vizepräsident, geschäftig wie er ist, Zeit zu einer Ansprache bei der Feier der Markenartikel-Woche im New Yorker Waldorf-Astoria-Hotel gefunden hatte.)

Als der Wahlfeldzug 1956 anlief, stellten die Parteiwortführer klar, daß die Zeiten der kurzen Halte des Wahlsonderzuges auf den Kleinstadtbahnhöfen und der Fackelzüge dahin seien. Der Präsident selbst sagte, er werde sich auf die Masseninformationsträger stützen, und sein Pressechef erwähnte, jeder komme mit einer Menge Ideen, wie die Wahlkampagne 1956 auf das neue Zeitalter, in dem wir uns befinden, »das Elektronenzeitalter«, ausgerichtet werden müsse. Das bedeute in erster Linie »Fernsehen«, durch das eine neue Sorte von Beratern für Meinungspflege in die Parteigremien gelangt war: der Fernseh- und Make-up-Berater. Als die Nation im Frühjahr sehr neugierig war, ob Präsident Eisenhower noch einmal kandidieren oder in Anbetracht seiner Erkrankung darauf verzichten würde, sahen Reporter am Tage vor der erwarteten Ankündigung über die Kandidatur den Fernsehberater des Präsidenten, Robert Montgomery, ins Weiße Haus gehen. Das war ein Wink, daß der Präsident auf dem Bildschirm erscheinen würde, und das wiederum bedeutete wahrscheinlich, daß er kandidieren werde. Die Ahnung war richtig. Nach jenem Auftreten erhielt übrigens Mr. Montgomery von der Fernsehkolumnistin der republikanischen Zeitung *The New York World-Telegram and Sun,* Harriet Van Horne, einen Tadel.

Sie erwähnte, Mr. Montgomery, »dessen NBC-Sendung ebenfalls eine Sache von B. B. D. & O. ist«, sei dazu da, den Präsidenten in bezug auf Beleuchtung, Make-up und Vortragsweise zu beraten, und sagte dann weiter:

Und nun möchte ich mir ein paar Vorschläge an Mr. Montgomery erlauben. Erstens, Mr. M., muß diese hellumrandete Brille weg. Sie betont die natürliche Blässe jedes Menschen, der mehr als vierzig Winter auf dem Rücken hat. Helle Brillenfassungen pflegen außerdem jeden ziemlich blassen Träger noch mehr zu »verwässern«. Zweitens, sowohl die Beleuchtung als auch das Make-up – falls überhaupt der Präsident die Pfannkuchenschminke, in die er sich auf dem Chicagoer Parteitag widerstrebend gefügt hatte, gestattet haben sollte – schienen darauf angelegt, General Eisenhower blaß aussehen zu lassen. Ein soeben von einem Urlaub im Süden zurückgekehrter Mann sollte sonnengebräunt aussehen, Mr. Montgomery, und die Beleuchtung sollte diese gesunde Farbe noch unterstreichen. (Der Präsident war zur Erholung in Georgia gewesen.)

Als die Republikaner im Wahljahr 1956 Pläne für eine »Sättigung der Nation« mit Fernseh- und Rundfunkpropaganda machten, untersuchten sie beflissen, inwieweit die elektronischen Relais dem Persönlichkeitsbild des Kandidaten Abbruch täten. Ihre anfängliche Schlußfolgerung war: nicht viel. Eine sorgfältige Nachprüfung wurde vorgenommen, nachdem Präsident Eisenhower im Januar über Drahtfunk-Fernsehen zu 63 000 Teilnehmern an 53 Festessen gesprochen hatte. Der Parteivorsitzende Hall berichtet: »Wir verschafften uns hinterher einen Überblick über die Wirkung und stellten fest, daß sie vollauf eingetreten war – die gleiche Rührung, die gleichen Tränen –, genau, als ob der Präsident in Person dagewesen wäre.«

Den wundervollen Vorzug des Fernsehens gegenüber den Sonderzughalten auf Kleinstadt-Bahnhöfen und den Straßenumzügen faßte der frühere Vorsitzende der GOP, Hugh Scott, in *The New York Times Magazine* zusammen: »Sehen Sie, viele von uns können sich noch an den Hausierer erinnern, der von Tür zu Tür ging und Töpfe und Pfannen anpries. Heute wird ein einziger Fernseh-Werbespruch ›Kelley-Kessel kochen schneller‹ mehr Kochtöpfe verkaufen als alle Hausierer von damals bis heute zusammengenommen.« Die Republikaner planten für den Endspurt der Wahlkampagne 1956 ein noch heftigeres »Sättigungs«-Trommelfeuer durch Funk und Fernsehen als 1952; damals hatte man mehr als eine Million Dollar wöchentlich großenteils für Kurzwerbungen von weniger als je einer halben Minute Dauer ausgegeben. Der Zweck war: Man sollte ihnen nicht entrinnen können; sie sollten dem Durchschnittsmenschen täglich mehrmals eingehämmert werden. Dieses pausenlose Sperrfeuer hatte sich der Werbefachmann Rosser Reeves ausgedacht, der später seine Taktik wie folgt schilderte:

»Ich stelle mir einen Mann in der Wahlzelle vor, wie er vor den zwei Hebeln der Abstimm-Maschine zögert, etwa wie in der Drogerie bei der Wahl zwischen zwei Tuben Zahnpasta. Seine Wahl wird auf die Marke fallen, die am tiefsten in sein Gehirn eingedrungen ist.«

Bereits ein volles Jahr vor den Wahlen von 1956 ließ sich die GOP für zwei Millionen Dollar die besten Fernsehsendezeiten reservieren. (Das geschah durch B. B. D. & O.) Schlauerweise wählten die Republikaner die Zeitabschnitte vor und nach den beliebtesten Sendungen, wie *Das ist dein Leben* und *Die 64 000-Dollar-Frage*. Die Republikaner sagten sich, daß sie bei dem Versuch, in den Hauptempfangszeiten mit Darbietungen wie denen von Phil Silver und Jackie Gleason zu konkurrieren, nicht viele Leute dazu bringen könnten, eine halbstündige politische Rede anzuhören, ganz gleich, wie sorgfältig sie mit visuellem Beiwerk und Filmschlagern aufgemacht wäre. Der Public-Relations-Chef Guylay erklärte, die halbstündige Rede sei überlebt. Er unterstellte, selbst Lincoln würde das moderne Fernsehpublikum nicht in der Hauptsendezeit mit seiner zweiten Präsidentschaftsrede fesseln können. Die Republikaner sollten sich ausschließlich auf »Kurz-und-bündig«-Reden von fünf Minuten verlegen, »denn«, fügte er hinzu, »man kann in fünf Minuten wirklich eine ganze Menge sagen«. Die GOP-Strategen griffen bei der Erkundung des bestmöglichen Zeitraums, der sich für diese Fünf-Minuten-

Sendungen kaufen ließe, eine Idee auf, die sie für ganz großartig hielten: Sie wollten die letzten fünf Minuten der großen Unterhaltungssendungen kaufen. Das verschaffte ihnen ein im wesentlichen aufmerksames Auditorium, weil die meisten Leute es für zu spät halten würden, noch ein anderes Programm einzuschalten. In *The Saturday Review* schrieb John Steinbeck über die Aufnahmebereitschaft eines solchen Auditoriums, es sei durch einen »dicken Komödianten« belustigt und schon halb hypnotisiert worden. Die Zeit nach einem derartigen Programm, sagte er, »ist sehr wertvoll, denn hier haben Sie Millionen Menschen in einem willen- und hilflosen Zustand, unfähig, einer Suggestion Widerstand zu leisten ...«

Eine Sache aber bekümmerte die praktischen Politiker draußen in den Landbezirken: Die von Washington oder einer anderen Stadt außerhalb ihres Bundesstaates ausgestrahlten Fernsehsendungen beraubten sie des Vorteils, sich sozusagen an die Rockschöße des Präsidentschaftskandidaten hängen zu können. Früher hatte es ihnen Stimmen eingebracht und sozusagen den Rücken gestärkt, daß man sie im Wagen des Präsidentschaftskandidaten fahren oder mit seiner Hand auf ihrer Schulter in der Schulaula ihres Wahlortes fotografiert sah. *Variety* meldete Anfang 1956, dieses Problem nehme die ganze Aufmerksamkeit der für die Massenpropaganda zuständigen Republikaner in Anspruch, und sie glaubten, es wäre folgendermaßen lösbar:

»Der Präsident könnte, wenn er in Washington spricht, wichtige Kandidaten aus verschiedenen Staaten einladen, in seiner Nähe zu sitzen, und er kann sie dann den Wählern empfehlen. Auch könnten seine Reden so zurechtgestutzt werden, daß die örtlichen Kandidaten mit eigenen Ansprachen – Live, von Band oder mit Film – in die letzten drei oder vier Minuten der Reden des obersten Chefs als ›cow catcher‹ (kurze geschäftliche Durchsagen im Rundfunk) eingeblendet werden können.« Der Wahlleiter der Republikaner, Robert Humphreys, erläuterte diese Taktik näher, als er sagte, wenn er einen Kleinstadtladen besäße, würde er sein letztes Hemd versetzen, um »ein Fünfzehn-Sekunden-Spot direkt hinter Godfrey kaufen« zu können. Bedenken Sie nur, fügte er hinzu, ein Senator oder ein Kongreßabgeordneter am Ort kann als Mitglied des Teams »direkt hinter Ike ein Fünfzehn- oder Zwanzig-Sekunden-Spot für sich selbst einblenden«. Vorsichtigerweise setzte Mr. Humphreys hinzu: »Das muß er natürlich selbst bezahlen.«

Der Republikanische Parteitag 1956 in San Francisco lieferte geradezu einen Modellfall der neuen Methode, einen Präsidenten zu nominieren, was der Überlieferung gemäß sonst ein demokratisches und oftmals gewalttätiges Verfahren war. Sogar die Geistlichen übernahmen in die Eingangs- und Schlußgesänge der Fernseh-Gottesdienste die Hauptslogans der GOP. Der Mann, der die Produktion überwachte – er wurde regelrecht als »Produzent« der Veranstaltung bezeichnet –, war der Hollywood-Schauspieler und Public-Relations-Direktor der Metro-Goldwyn-Mayer, George Murphy.

Mr. Murphy schien alle Delegierten als Darsteller in seinem Superkolossalschauspiel zu betrachten. Eine dunkle Brille tragend, stand er ein paar Schritt hinter der Rednertribüne. Berichterstatter beobachteten ihn, wie er »fachkundig die Regiezeichen für Tusch, Stretch-out und Abblenden gab. Die Delegierten bekamen ihre Einsatzzeichen mit dem Orchester zusammen«. Er geriet in geradezu wütende Aktivität, als ein Delegierter aus Nebraska »Joe Smith« als Vizepräsidenten zu nominieren versuchte, und zwar aus Protest gegen die GOP-Strategen, die auf Abstimmung per Akklamation bestanden. Schließlich schaffte Mr. Murphy den widerspenstigen Delegierten mit Hilfe anderer Männer aus dem Saal.

Die Anträge des Parteitags von 1956 waren sorgfältig vorher festgelegt, anders als beim Parteitag des vorhergehenden Jahres, wo es über die Einreichung von Anträgen oft zu erbitterten Kämpfen gekommen war. *The New York Times* schrieb: »Häufig muß der Vorsitzende ... die Antragsteller aufrütteln, damit sie ihre Anträge stellen.«

Eine weitere Neuerung war die Zulassung von Außenstehenden zum Parteitag. Nicht genug, daß es keine beglaubigten Delegierten waren, bekannten viele obendrein offen, sie seien nicht einmal Republikaner. Angeblich handelte es sich um klardenkende »Bürger«, die eifrig irgendwelche Anträge unterstützten, *Times* bemerkte, daß sie »in Wirklichkeit zusätzliche Werbesprüche für die Regierung beisteuerten«.

Ungeachtet aller dieser unverkennbaren Fortschritte in der Zähmung der Politiker war Mr. Murphy mit den in San Francisco erzielten Resultaten noch nicht zufrieden. Den leitartikelnden Brüdern Alsop sagte er im Vertrauen, wollte man auf ihn hören, dann würden Parteitage so inszeniert, wie sie inszeniert werden müßten: in einem richtigen Theater, mit einem richtigen Regisseur und Generalprobe. Bis dahin aber wäre er schon über eine Versenkung auf der Rednertribüne glücklich, um die Politiker verschwinden zu lassen, die es sich nicht verkneifen können, ihre Redezeit zu überschreiten.

Das Bestreben, die politische Überredung mit Hilfe sorgfältig inszenierter Veranstaltungen zu bewerkstelligen, griff auch auf die Wahlkampagne selbst über. Für ihr großes Treffen in Philadelphia, auf dem Mr. Eisenhower besonders herausgestellt werden sollte, arbeiteten die Republikaner ein 32 Seiten starkes »Drehbuch mit Zeitplan« aus, das auch die Verteilung von »würdigen Beifallsspendern« unter der Zuhörerschaft vorsah. Der Höhepunkt der Kundgebung am Vorabend der Wahl mit der Verherrlichung Eisenhowers und Nixons jagte selbst der GOP-freundlichen Fernsehkolumnistin Harriet van Horne einen Schrecken ein. Sie nannte die kleinen Ansprachen wahrscheinlich typischer Bürger »offenkundig einstudierte und den Anzeigen der Tabakindustrie entliehene Anerkennungsäußerungen«.

Roscoe Drummond, einer der wärmsten Eisenhower-Bewunderer unter den politischen Leitartiklern, verriet, daß man beim Wahlkampf den Nachdruck

»weniger auf Reden als auf die persönlichen Auftritte« gelegt habe. In einer Fernsehsendung, in der Eisenhower eine halbe Stunde auftrat, sprach er nur eine Minute lang. Der Fernsehkolumnist der *New York Times* beschwerte sich, daß manches in dem von der GOP aufgezogenen Theater an »peinliche Vergötterung« grenze.

Die zugunsten von Mr. Eisenhower geübte Werbetechnik wurde vielleicht am besten durch ein kurzes »Spot«-Fernsehspiel demonstriert, in dem ein angeblicher Taxichauffeur mit seinem Hund abends im Park gegenüber dem Weißen Haus spazierenging. Der Mann schaute sehnsüchtig auf das erleuchtete Fenster im Weißen Haus und sagte inbrünstig: »Ich brauche dich!«

Ein Fernsehregisseur, der dem Weißen Haus bei einigen Sendungen mit Eisenhower geholfen hatte, war in der Tiefe seines Herzens ein Stevenson-Anhänger. Er rechtfertigte seine Mitarbeit, indem er dem Verfasser gegenüber erklärte: »Die amerikanische Öffentlichkeit ist so an Schnulzen gewöhnt, daß man sich zumindest auf das im Fernsehen erwartete Schnulzen-Niveau begeben muß, ehe man mit seinem Anliegen ›ankommt‹.«

In den letzten Tagen des Wahlkampfes, als das gewaltige und besondere Problem der Republikaner darin bestand, die Nation zu überzeugen, daß Eisenhower trotz seiner zwei schweren Erkrankungen sich einer robusten Gesundheit erfreue, verließen sie sich etwas weniger darauf, Mr. Eisenhower auf dem Bildschirm zu zeigen. Das Fernsehen pflegte nämlich – trotz Mr. Montgomerys Regiekünsten – den Präsidenten ein bißchen blasser wirken zu lassen, als den GOP-Strategen genehm war. Man sorgte deshalb mehr für öffentliches »Auftreten«, bei dem der Präsident winkte, vergnügt lächelte und vielleicht ein paar Worte sagte.

Wenden wir uns nun den Demokraten zu! Sie kämpften so gut sie es vermochten, um hinsichtlich ihrer Propagandamethoden mit der Zeit Schritt zu halten. Daß ihre Bemühungen kümmerlicher erschienen als die der Republikaner, darf wenigstens zum Teil darauf zurückgeführt werden, daß die großen Meinungskneter auch großes Geld kosten; die Demokraten stöhnten, die großen Spender stünden hauptsächlich auf seiten der Republikaner. Außerdem waren sie weniger auf fortschrittliches Wirtschaftsdenken eingestellt und begriffen die Lehren der Überredung, aus denen die Wirtschaft Nutzen zog, langsamer.

Ebenso wie die Republikaner verwendeten sie einen großen Teil ihrer Wahlkampfgelder für Fernseh-Kurzsendungen von fünf und zehn Minuten. Ebenso wie die Republikaner richteten sie Schulungskurse in Wahlkampftechnik ein. Von den Universitäten holten sie für ihre Spots Sozialwissenschaftler wie Paul Willis (von der Universität Indiana). Geschäftig kauften sie ganze Rollen Filmmaterial aus dem Filmarchiv der NBC und anderen Quellen auf, um ihre Fernsehwerbesendungen damit aufzulockern. Sie verpflichteten Hollywood-Stars wie Henry Fonda und David Wayne für die Aufnahme von

Musik- und Text-Langspielplatten, die von den Ortsgruppen der Demokraten ausgegeben werden sollten. Hollywood drehte einen so lebendigen Film von demokratischen Stimmen der Vergangenheit, daß einige Wahlstrategen fürchteten, er werde den lebenden, in Fleisch und Blut auftretenden Rednern Abbruch tun.

Die Schwierigkeiten der Demokraten wurden durch den Umstand verschlimmert, daß sie keine große Werbeagentur fanden, die willens gewesen wäre, ihren Wahletat zu verwalten, obwohl die Absicht bestand, acht Millionen Dollar (mindestens) für Massenwerbeträger auszuwerfen. Die großen Verführer schauten meist zur anderen Seite. Das wuchs sich Ende 1955 und Anfang 1956 in den Kreisen der Werbewirtschaft zu einer Art Skandal aus, als die Monate ins Land gingen und die Demokraten offensichtlich noch immer keine große Agentur an ihrem Multi-Millionen-Dollar-Auftrag interessieren konnten. *Printer's Ink* bestätigte, die Demokraten hätten Schwierigkeiten, eine geeignete Agentur heranzuziehen, »angeblich, weil große Agenturen nicht die republikanischen Geschäftsleute vor den Kopf stoßen wollen, die an der Spitze vieler, vieler Gesellschaften auf ihrer Kundenliste stehen. Manche Agenturleiter bezeichnen diesen Gedanken als lächerlich.« Auch *Advertising Age* hielt eine derartige Auffassung für ziemlich lächerlich, gab indessen zu, daß »wohl ein Körnchen Wahrheit in der Beteuerung steckt, die Republikaner verfügten über eine weit größere Auswahl an Möglichkeiten, einem gewisse Ungelegenheiten zu bereiten«. Die Zeitschrift brachte ferner ihre Freude darüber zum Ausdruck, daß in der Politik mehr und mehr Männer und Methoden der Werbewirtschaft Verwendung finden. »Das kann nur zum besten sein.« Nicht gut sei »die zunehmende öffentliche Diskussion über die Wichtigkeit der Werbung in der Politik«, und sie begrüßte die wachsende Erkenntnis, wie wichtig es für eine Partei oder einen Kandidaten ist, »die richtige Werbeagentur zu haben«. (Einen Hinweis auf die persönlichen politischen Sympathien der führenden Werbefachleute enthielt der Post-mortem-Bericht des Senats über die Wahlfondsspenden. Leitende Männer von siebenunddreißig führenden Agenturen spendeten für die Republikaner 51 000 Dollar, für die Demokraten nichts.)

Als die Verlegenheit über die Lage der Demokraten wuchs, war davon die Rede, den Demokraten eine Rettungsmannschaft oder ein »Sondereinsatzkommando« in Form eines nicht »abgestempelten« Pools aus tüchtigen Fachleuten der verschiedenen Werbeagenturen zu schicken. Es war auch davon die Rede, eine Art spezieller »Rettungsanker«-Agentur zu errichten, die jeder Partei dienen sollte, die keine Agentur finden könnte.

Die Ungewißheit hatte ein Ende, als die verhältnismäßig kleine, aber rührige Werbeagentur Norman, Craig & Kummel sich bereit erklärte, den Auftrag der Demokraten zu übernehmen. Es handelte sich um die Agentur, die den erfolgreichen Werbefeldzug »Mir träumte, ich ging in meinem

Maidenform-Büstenhalter spazieren« entworfen hatte. Im Vergleich zu dem Goliath B. B. D. & O. auf seiten der Republikaner war diese Agentur ein David, und die Werbefachleute sahen dem Wahlkampf, abgesehen von aller Politik, mit Spannung entgegen. Er versprach ein aufregender Wettbewerb in Beeinflussungsmethoden zu werden, denn Norman, Craig & Kummel haßten B. B. D. & O. mehr, als die Demokraten die Republikaner haßten, weil Norman, Craig & Kummel die Fernsehschau *Die 64 000-Dollar-Frage* zu einer Sendung gemacht hatten, die den absoluten Beliebtheitsrekord erzielte, und ihnen dann die größere Firma B. B. D. & O. den fetten Brocken wegschnappte. Walter Craig, der Chef der Agentur, erklärte, sie verließen sich auf ihr »Gespür für Einfälle mehr als auf sonst etwas«, um die B. B. D. & O.-Republikaner zu schlagen. Alle Könner, die für den Auftrag der Demokraten angesetzt würden, seien überzeugte Demokraten. Der vierunddreißigjährige Kundenberater Chester Herzog hatte vorher den Auftrag Blatz-Biere betreut.

Norman, Craig & Kummel gaben dem Parteitag der Demokraten in Chicago eine besondere Note mit einer kleinen »Quiz«-Veranstaltung unter Mitwirkung der jungen Stars Gloria Lockerman und Lenny Ross, die sich bei der *64 000-Dollar-Frage* als Wunderkinder bewährt hatten. Quizmaster war der Hauptredner des Parteitags, Frank Clement.

Eine vermutlich ebenfalls der Agentur zuzuschreibende weitere Besonderheit war das Grundsatzreferat selbst. Mr. Clement ließ den Ablauf des Vortrags filmen, um die Wirkung jeder Geste und jeder Redewendung vorher zu überprüfen. Auf den Rat von Fachleuten aus den Kreisen der Massenwerbeträger verzichtete der Demokratische Parteitag auch auf eine Saalausschmückung mit seinen gewohnten Farben Rot-Weiß-Blau. Statt dessen war alles, selbst die Tribünensessel, in telegenem Blau gehalten.

Ebenso wie die Republikaner hatten 1956 auch die Demokraten Veranstaltungsfachleute aus Hollywood und vom Broadway herangeholt, um die Vorstellung »in Fluß« zu halten. Die Leitung des Unterhaltungsprogramms lag in den Händen von Dore Schary, dem Chef der Metro-Goldwyn-Mayer (was ihm Verdruß mit einflußreichen M-G-M-Aktionären republikanischer Färbung eingetragen haben soll). Eine weitere demokratische Funktionärin von Rang war Mrs. Lynn Nichols. Sie befehligte die »Hoopla Division« (Agitations-Trupps) und war für die Überwachung der Kundgebungen in und außerhalb der Versammlungshalle verantwortlich.

Als Mr. Stevensons Wahlkampf sich seinem ungünstigen Ausgang näherte, sollen die – nunmehr psychologisch ausgerichteten – demokratischen Wahlstrategen unglücklich gewesen sein, weil Stevenson sich nicht gut »herausstellte« und ihm noch das wirklich überzeugende Persönlichkeitsbild eines Präsidenten fehle. Stevenson selbst hörte man murmeln, er habe das Gefühl, eher an einem Schönheitswettbewerb als an einer ernsten Auseinandersetzung teilzunehmen. Seiner Erbitterung über die Methoden der Symbolmanipulatoren

– zumindest der republikanischen Spielart – zur politischen Meinungsknetung gab er mit den Worten Ausdruck:

»Die Vorstellung, man könne Kandidaten für ein hohes Amt anpreisen wie Frühstücksflocken ... ist der Demokratie in höchstem Grade unwürdig.«

XVIII

»Mannschaftsspieler« für die freie Wirtschaft

»Laßt die Leute arbeiten – und laßt sie es gern tun.«
Schlagzeile, Iron Age

Ein beträchtlicher Teil der US-Industrie begrüßte und begünstigte den Trend in der amerikanischen Gesellschaft zum fremdbestimmten Menschen – dem Menschen, der mehr und mehr irgendwelchen Gruppen angehört und sich in eine Mannschaft einordnet. Bekanntlich sind Leute, die sich zu Gruppen vereinigen, leichter zu lenken, zu beherrschen, zu behandeln und zu beaufsichtigen. Der »Team«-Begriff war für die Großen der Wirtschaft, der Gewerkschaften und der Regierung, die um die Jahrhundertmitte zunehmend die amerikanische Szene beherrschten, eine Hilfe, wenn nicht sogar eine ausgesprochene Notwendigkeit. Charles Wilson, ein führender Mann des Big Busineß, der als Verteidigungsminister in der Regierung tätig war, brachte das neue Denken auf einen kurzen Nenner; als 1956 einige seiner hohen Beamten ihren Gefühlen Luft machten, soll er geknurrt haben: »Wer sich nicht in die Mannschaft einordnet und seinen Kopf heraussteckt, bringt sich leicht selbst in eine gefährliche Lage.«

Anfang der fünfziger Jahre beobachtete die Zeitschrift *Fortune*, die häufig das sprechende Gewissen des Big Busineß gewesen ist, diesen Trend mit Unbehagen und benutzte das Orwellsche Wort »Gruppendenk«, um in etwa zu beschreiben, was da vor sich ging. Sie schlug vor, die Männer der Wirtschaft sollten, derweil sie über den schleichenden Sozialismus in Washington jammerten, doch einmal ein Auge auf die »kaum merklichen, aber alles durchdringenden Veränderungen« vor ihrer eignen Tür haben. Der Artikelschreiber, William H. Whyte jr., legte dar: »Fast ohne unser Wissen hat sich etwas sehr Sonderbares in den Vereinigten Staaten abgespielt. In einem Land, wo dreihundert Jahre lang Individualismus – Unabhängigkeit und Selbstvertrauen – die Losung war, bekehrt man sich jetzt zu der Auffassung, daß der einzelne bedeutungslos ist, außer als Glied einer Gruppe.« Mehr und mehr werde eine »rationelle Konformität« zum nationalen Ideal erhoben; Whyte erwähnte das Auftauchen einer wachsenden Zahl von »Sozialingenieuren«, willens und begierig, den Managern der Wirtschaft bei ihren Personalfragen behilflich zu sein. Diese Sozialingenieure weisen, schreibt Whyte, manche Ähnlichkeit auf mit den Human-Relations-Forschern an der Elton Mayo School, die bahnbrechend waren in der Erkennung jener Faktoren, die uns veranlassen, mit größter Begeisterung zu arbeiten. »Aber wo die Gelehrten vor dem Gedanken der Menschensteuerung zurückscheuen, leiden die Sozialingenieure keineswegs an derartigen Anwandlungen.« (Anfang 1957 legte Mr. Whyte seine Befürchtungen in seinem Buch *The Organization Man* nieder; die deutsche Ausgabe ist im ECON-Verlag, Düsseldorf, unter dem Titel HERR UND OPFER DER ORGANISATION erschienen.)

Dieser Trend zum fremdbestimmten Menschen war ein höchst interessantes Faktum für jeden an einer wirksameren Steuerung des menschlichen Verhaltens interessierten Meinungsformer. Dieser Trend zeigte sich auf vielen Gebieten des amerikanischen Lebens, sogar in der Romanliteratur, in den Fernsehdarbietungen und in den Kinderbüchern.

Der Sozialwissenschaftler David Riesman widmete einen Abschnitt seines Buches *Die einsame Masse*, das einen Aufriß dieses Hanges zur Fremdbestimmtheit enthält, der interessanten Analyse der meistgekauften Kindergeschichte unserer Zeit: *Die kleine Lok.* Tütüt ist eine junge Lokomotive; sie besucht eine Schule, wo man sie vor allem lehrt, bei rotem Signal stets anzuhalten und niemals den Schienenstrang zu verlassen. Wer sich dieser beiden Dinge stets befleißigt, so lehrt man sie, kann einmal zur Stromlinien-Fernlokomotive heranwachsen. Bei ihren ersten Versuchsfahrten hält sich Tütüt eine Weile an die Regeln, aber dann entdeckt sie plötzlich, wieviel Spaß das Blumenpflücken abseits des Schienenstranges macht. Diese Verstöße werden durch verräterische Spuren ihres Treibens am Schienenräumer entdeckt. Tütüts Seitensprünge rufen in Lokstadt große Unruhe hervor; die Bürger versammeln sich, um zu überlegen, wie man Tütüt zwingen kann, auf dem Gleis zu bleiben. Trotzdem geht Tütüt weiter ihre eignen Wege. Schließlich greift man zu einer List. Als sie das nächstemal wieder die Schienen verläßt, läuft sie direkt vor ein rotes Signal. Darauf abgerichtet, bei Rot zu halten, hält sie, wendet sich in eine andere Richtung und ... sieht sich wieder vor einem roten Signal. Ringsum hat man rote Signale aufgebaut. Sie mag sich drehen und wenden, wie sie will: nirgendwo ist ein Plätzchen zum Umhertollen. Schließlich schaut sie nach dem Schienenstrang zurück. Dort locken grün-weiße Signale – »Freie Fahrt«! Glückselig kehrt sie auf ihre Schienen zurück und verspricht unter den Jubelrufen der Bürgerschaft, sie nicht mehr zu verlassen und von nun an immer eine brave Lok zu sein. Dr. Riesman zieht den Schluß, »diese Geschichte scheint dazu geeignet, Kinder zu einer fremdbestimmten Konformitätsform zu erziehen. Sie lernen, daß es schlecht ist, die Gleise zu verlassen und mit Blumen zu spielen, und daß auf lange Sicht gesehen Erfolg, Anerkennung und selbst Freiheit nur dem beschieden sind, der den grünen Signalen folgt.«

Die gleiche Verherrlichung der Fremdbestimmtheit stellte Social Research bei seiner Untersuchung der »Weltraum«-Sendungen des Fernsehens fest. Das wichtigste ist die Mannschaft, und der Reiz der Sendung basiert auf des Kindes »Mangel an Vertrauen in seine eigene Fähigkeit«, mit Situationen fertig zu werden, die seine »Bande« oder seine »Mannschaft« schon bewältigen wird, hieß es in dem Bericht. Die Krise oder das Grunddilemma tritt ein, wenn der einzelne von seiner Mannschaft getrennt wird und allein gegen das Unheil ankämpfen muß.

Ein berufsmäßiger »Überreder«, der seine Mühe großenteils darauf verwendet, Leute zur Unterstützung guter Zwecke zu überreden, bemerkte, der heutige Mensch könne leichter dazu gebracht werden, als »einer von vielen unter einem Anführer als für den gleichen Zweck allein zu arbeiten«. (John Price Jones in *The Engineering of Consent.*) Und ein Motivforschungs-Enthusiast bei einer Werbeagentur erklärte, daß der Werbeslogan zur Steigerung des Kirchenbesuchs »Nimm nächsten Sonntag jemand mit zur Kirche« einen großen Teil seiner Wirkung dem fremdbestimmten Appeal verdanke.

Eine merkwürdige Äußerung dieses Hanges zur Fremdbestimmtheit ist nach meinem Dafürhalten in einer so unerheblichen Sache wie dem Gelächter beim Fernsehen zu erblicken. Man hat festgestellt oder angeblich festgestellt, daß die Leute leichter lachen und sich amüsieren, wenn sie andere lachen hören. Da bei Live-Sendungen das teilnehmende Publikum oft mühsam oder schwierig zu lenken ist (wegen all der Kameras usw.), neigte das Fernsehen mehr und mehr zu Lach-Konserven, dem auf Band aufgenommenen oder synthetisch hergestellten Gelächter eines fröhlichen Publikums. Der Intendant einer Sendergruppe verteidigte die Gelächter-Konserve mit der Feststellung: »Niemand lacht gern allein«, und eine »naturgetreue Lachschiene« versetze einen mitten unter die Zuhörerschaft, und man könne den Spaß mitgenießen.

Infolge des Bedarfs an konserviertem Gelächter entstanden Firmen, die Lachen auf Schallplatten verkaufen mit Titel wie »Beifall«, »Beifall mit Pfiffen«, »Beifall – lebhaftes, großes Publikum« und »fortgesetzt heiteres großes Publikum«. Der Fernseh-Lustspielautor Goodman Ace schilderte in *The Saturday Review* (6. März 1954), wie so etwas zustande kommt: »Der Regisseur bestellt ein Schock ausgesuchter Grunzochsen und besprenkelt das ganze Tonband mit einer Kette von einfältigem Lachen und Prusten.« Bei einer anderen Gelegenheit sagte er, Konservengelächter werde überall dort eingeblendet, »wo nach Vorstellung des Spielleiters der Witz oder die Situation ein Gelächter herausfordert. Es wird in allen Stärken geliefert, und der Regisseur, der es sich verkneifen könnte, ein brausendes Gelächter einzublenden, wo ein Kichern genügen würde, muß erst noch geboren werden.«

Mit dem steigenden Bedarf an synthetischer Heiterkeit in genauen Dosierungen wurden auch verfeinerte Produktionsverfahren dafür entwickelt. Ein Radioingenieur erfand eine orgelähnliche Maschine mit sechs Tasten, auf der sechs Stärken Gelächter, vom leisen Kichern bis zum dröhnend widerhallenden Lachen, angeschlagen und nach Belieben zum Verstummen gebracht werden können. Mit Hilfe von Akkorden lassen sich Dutzende von Variationen dieser sechs quantitativen Grundgelächter erzeugen. Laut *Newsweek* hat auch der Produzent der Fernsehschau *I Love Lucy* eine Maschine entwickelt, mit der man einhundert verschiedene Sorten Lachen erzeugen kann.

Bei der Industrie, mit der wir uns hier vor allem befassen, ging die Betonung des Mannschaftsgeistes Hand in Hand mit dem Einzug der Psychologen und anderer »Sozialingenieure« in die Werkshallen und Büros. Sie wendeten die Erkenntnisse der Gruppendynamik, Sceno-Tests, Gruppenpsychotherapie und Sozialphysiologie auf schwierige Personalfragen an. *Fortune* schrieb: »Man entleiht bei den Sozialwissenschaften ein bestürzendes Arsenal von Methoden und ›Disziplinen‹ für einen geballten Großangriff auf die menschliche Eigenwilligkeit.« Die Zeitschrift protestierte gegen das Überhandnehmen der Gruppenkonferenzen; diese Methode habe derart um sich gegriffen, daß in einigen Firmen die leitenden Angestellten »buchstäblich keinen Augenblick für sich haben«. Ist ein Arbeitnehmer mit der Firmenpolitik oder mit seiner Umgebung unzufrieden, so sehen es die Sozialingenieure als ihre Pflicht an, ihm aus seinem ungesunden Gemütszustand herauszuhelfen. *Fortune* zitierte einen Sozialingenieur, der gesagt habe: »Klinische Psychologen haben im Manipulieren fehlangepaßter Individuen große Erfolge erzielt. Ich sehe keinen Grund, warum wir mit der Anwendung der gleichen Verfahren bei leitenden Angestellten nicht ebensogut Erfolg haben sollten.«

Der zunehmende Nachdruck, mit dem auch von den Leuten des Managements »Mannschaftsgeist« verlangt wurde, gebar nach und nach Führungskräfte von einer ganz bestimmten Persönlichkeitsstruktur. Auf diese aufschlußreiche Tatsache wies Lyle Spencer hin, der Präsident der Science Research Associates, Chicago, als er die Young Presidents' Organization untersuchte. Ihr gehören Männer an, die zu Generaldirektoren ihrer Firma aufstiegen, bevor sie vierzig Jahre alt waren. Zwangsläufig, oder zumindest folgerichtig, stehen die meisten dieser jungen Generaldirektoren an der Spitze von verhältnismäßig kleinen Betrieben und nicht von Großunternehmen. In seinen Ausführungen über die Persönlichkeit dieser jungen Generaldirektoren sagte Mr. Spencer: »Sie sind weniger Mannschaftsspieler. Aus diesem Grund werden sie niemals Präsident der General Motors werden können. Sie haben es nicht gelernt, geduldige Herdenmenschen zu sein. Sie haben zu lange in freier Wildbahn gelebt.«

Die zunehmende Neigung der Firmen, die Arbeitnehmer auf ihre Teamarbeiter-Qualitäten zu durchleuchten, machte sich auf die verschiedenste Weise bemerkbar. In *Dun's Review and Modern Psychiatry* hieß es im Februar 1954 dazu: »Handelt es sich um einen Stellenbewerber oder um einen Anwärter auf Beförderung, dann lautet die Frage: Ist er ein Mensch, der sich gut in ein Team einfügt? ... Die Art, wie der einzelne in die Teamarbeit des Betriebes paßt, ist sowohl für die Betriebsführung wie für den einzelnen so wichtig, daß die Aussage des Psychiaters über den einzelnen für die ganze Gruppe Bedeutung erlangt.«

Iron Age berichtete in einem Artikel »Aussonderung der Ungeeigneten durch die Psychologie« über die frischgebackene Begeisterung der Armco Steel Corporation für die Tiefenpsychologie, von der die Zeitschrift sagte, sie sei »ein Modewort für ein Verfahren, das den ›Eisernen Vorhang‹ lüftet, hinter dem die Menschen sich oftmals verstecken ...« (Die industriellen Arbeitnehmer stellten in steigendem Maß fest, daß für sie – um ein bekanntes Wort zu gebrauchen – »kein Ort, der Schutz gewähren kann«, existiere.) Für Armco machte sich das, dem Blatt zufolge, insofern bezahlt, als sie die Anzahl an neuen Beschäftigten, bei denen sich hinterher unerwünschte oder an der Grenze des Tragbaren liegende persönliche Mängel herausstellten, von 5 auf 1 Prozent senken konnten. Bei Armco wurden die Beschäftigten u. a. auf sogenannte »Geselligkeit« getestet. Weiter hieß es, man habe 20 000 Beschäftigte auf ihre Charakterzüge hin »geprüft«, um zu bestimmen, wer gefördert werden und wichtigere Aufgaben zugewiesen bekommen könne.

Eine Elektrogesellschaft an der Westküste erhielt von einem Psychologen Belehrungen darüber, wie halsstarrige Leute zu behandeln sind. Es gehöre zu den unerfreulichen Charaktereigenschaften der störrischen, widerspenstigen Leute, daß sie »sensibel« und »empfindlich« sind. Er fügte hinzu, es sei »unschön, zeitraubend und vielleicht kindisch, aber dennoch häufig unerläßlich, solchen Menschen hinter eine schwache Seite zu kommen«, um sie gefügiger zu machen.

Ein Personalchef von Sears Roebuck schrieb als Leitfaden für Hunderttausende amerikanische Schüler eine Broschüre, die den Gedanken betonte: »Wenn du eine Stellung antrittst, wirst du Mitglied eines Arbeitsteams ... Erwarte nicht, daß die übrige Gruppe sich nach dir richtet. Sie ist recht gut ohne dich ausgekommen. Es liegt an dir, einer der Ihren zu werden ...« Wie David Riesman in einem anderen Zusammenhang bemerkte, »scheinen manche Firmen, wie Sears Roebuck, von Leuten geführt zu werden, die eine glückliche Hand haben ...«

An solchen Entwicklungen sieht man, wie die Beziehungen zu den Arbeitnehmern tiefenpsychologisch gehandhabt werden. Science Research Associates in Chicago, die ein Dutzend Doktoren der Philosophie unter ihren Mitarbeitern haben, bieten der Wirtschaft die Dienste »geschulter und erfahrener Psychologen und Soziologen« u. a. für folgende Aufgaben an: Bewertung von Anwärtern auf leitende Stellungen, Ermittlung der Meinung der

Beschäftigten über ihre Tätigkeit und ihre Firma, zuverlässigere Leistungsbewertung bei den Beschäftigten.

Mehrere Firmen sollen einen ganztags angestellten Psychiater beschäftigen. Und in steigendem Maß werden Arbeitnehmer während der Tätigkeit auf verschiedene Weise psychoanalysiert. In einem Bostoner Warenhaus mußten die Verkäuferinnen die Kunden bedienen, wobei sie wußten, daß irgendwo im Hintergrund ein Psychologe sie beobachtete und jede ihrer Bewegungen mittels eines Chronographen festhielt, der die Daten auf einen Bandschreiber übertrug. Die Aufzeichnungen über Gespräch, Lächeln, Nicken, Handbewegungen einer jeden Verkäuferin, solange sie mit einem Kunden beschäftigt war, lieferten ein Bild von ihrer »Geselligkeit« und Wendigkeit.

Die Industriepsychologen schmuggelten die Tiefenpsychologie auch in die Arbeitgeber-Arbeitnehmer-Beziehungen ein. Einer der erfolgreichsten Praktiker, Robert McMurry, bezog angeblich ein Honorar von 125 Dollar pro Stunde für die Vermittlung neuer Erkenntnisse an die Betriebsführung in bezug auf die Ursachen ihrer Schwierigkeiten mit der Arbeiterschaft. Wenn Arbeiter einer Gewerkschaft beitreten, so tun sie es angeblich, um höheren Lohn, eine bessere Sicherung ihres Arbeitsplatzes oder andere greifbare Vorteile zu erlangen. In Beurteilung der Sachlage bei mehr als hundert Firmen, für die er gearbeitet hatte, meinte Dr. McMurry, daß dies sehr oft keineswegs die Hauptgründe seien. Der wichtigere Anlaß sei der unbewußte Drang der Arbeiter, das *emotionale* Arbeitsklima zu verbessern, und sie streikten oft nur, um unklaren, aggressiven Impulsen freien Lauf zu lassen. Seine »psychodynamische« Schlußfolgerung hinsichtlich der Wurzel vieler Schwierigkeiten, die er beobachtet hatte, faßte er in die denkwürdigen Worte zusammen:

»Das Management hat es versäumt, der freundliche, schützende Vater zu sein, deshalb ist die Gewerkschaft die zärtliche Mutter geworden, die bei dem Ekel von Vater etwas herausholt.« Nach seinen Ermittlungen sind etwa fünf Prozent aller Arbeiter chronisch Unzufriedene. Es gebe nicht viel, was sie zufriedenstellen könne. Aber, so glaubte er, für die übrigen 95 Prozent könne in bezug auf größere Harmonie eine ganze Menge getan werden, wenn man das Arbeitsklima verbessere.

Eine Firma, die der Industrie ihre Dienste als psychologischer Kammerjäger anbietet, verweist auf die ihr gelungene Lösung eines schwierigen Arbeiterproblems. Ein Arbeitgeber in Ohio erhielt die böse und für ihn enttäuschende Mitteilung, die Angestellten seines Werkes fühlten sich so unglücklich, daß sie im Begriff stünden, der Gewerkschaft beizutreten. Hilfesuchend wandte er sich an die Tiefenforschungsfirma, sie möge herausfinden, wo etwas faul sei und was man tun könnte, um die Leute von der Gewerkschaft fernzuhalten. Ein Team aus zwei Psychologen und einem Soziologen übernahm den Fall und stellte den Leuten im Werk eine Menge Fragen. Sie ermittelten: Viele der Unzufriedenen waren Frauen, die in einem düsteren, abgelegenen Teil des Betriebes arbeiteten und sich vernachlässigt fühlten. Ihre Stimmung hob sich, als sie Sonnenblenden, bessere Beleuchtung und gewisse Vergünstigungen bekamen. Andere unglückliche Angestellte kamen sich bei ihrer Tätigkeit in großen Abteilungen wie verloren vor. Als man sie in Gruppen aufteilte, fühlten sie sich wohler.

Bei der Industrie geschah vieles an Personalsteuerung – das muß gesagt werden – zu dem konstruktiven Zweck, den Beschäftigten die Arbeit angenehmer und dadurch ergiebiger zu machen. Sehr häufig bestand dies einfach in der Anerkennung oder individuellen Beachtung, die man dem Betreffenden zuteil werden ließ, oder in der Erkenntnis, daß für den in einer vielschichtigen Firma arbeitenden Menschen Rangsymbole ungeheuer wichtig werden können. Wie in dem Falle eines Mannes, der dem Anschein nach den Rang und alle Privilegien seiner Kollegen besaß, aber dennoch sich schrecklich unglücklich vorkam. Eine Untersuchung förderte die Wurzel des Kummers zutage: Sein Schreibtisch hatte nur drei Schubladen, während die Schreibtische der Mitarbeiter in vergleichbaren Stellungen vier Schubladen hatten. Sobald er einen Schreibtisch mit vier Schubladen bekam, hörte seine Nörgelei auf. Mancher Rat der Psychologen an das Management lief – das soll nicht unerwähnt bleiben – darauf hinaus, die Firmen zu bewegen, ihren Angestellten – als ein Mittel zur Leistungssteigerung – mehr Freiheit und persönliche Verantwortung zu geben. Dagegen werden wohl wenige von uns etwas einzuwenden haben.

Die unverblümtere Manipulierung und tiefenpsychologische Abschätzung vollzogen die Firmen interessanterweise an ihrem eigenen Managementpersonal. Anfang der fünfziger Jahre schrieb *Fortune:* »Seit dem Krieg hat sich nichts Wichtigeres im Management ereignet als die Tatsache, daß viele Firmen an ihren Abteilungschefs und obersten Führungskräften psychologische Experimente vollziehen.« Das Blatt erwähnte die Firmen Standard Oil of New Jersey, Sears Roebuck, Inland Steel, Union Carbide & Carbon sowie General Electric. Die von Betriebsberatungsfirmen geleisteten psychologischen Dienste erfuhren zusehends eine Erweiterung. Die große Beratungsfirma Stevenson, Jordon & Harrison zum Beispiel hatte bis 1940 keinen psychologischen Dienst, aber 1945 hatte sie dreißig Psychologen in ihrem Stab. Einer davon, Perry Rohrer, schied damals aus (angeblich mit achtzehn weiteren Mitarbeitern) und gründete seine eigene Firma, die bis zum Anfang der fünfziger Jahre das in Schlüsselstellungen sitzende Personal von 175 Firmen durchleuchtet hatte. In dieser Frühzeit bestand eine der bedeutsameren Entwicklungen in der Erarbeitung eines Tiefentests (durch Burleigh Gardner, Lloyd Warner und William Henry), mit dessen Hilfe die »Kommenden« unter den Betriebsangestellten ausfindig zu machen waren. Diese »Kommenden« mußten einen entscheidenden Charakterzug aufweisen, nämlich hohe Achtung vor dem Begriff Autorität haben. »Er erkennt ihn ohne weiteres an. Er betrachtet seine

Vorgesetzten als Menschen von größerer Erfahrung ..., welche ihm Weisungen erteilen, die er vorurteilslos gelten läßt.« Im Kommentar hieß es weiter: »Dies ist eine für erfolgreiche Führungskräfte absolut unerläßliche Einstellung, denn sie bestimmt ihre Reaktionen gegenüber Vorgesetzten.« Die Verfasser zitierten anschließend Fälle von Männern, die zu führenden Stellungen hervorragend geeignet schienen, auf Grund der psychologischen Analyse aber für untauglich befunden wurden, weil sie einen kümmerlichen Autoritätsbegriff besaßen. Einer betrachtete seine Mitarbeiter »als Konkurrenten, die er überspielen müsse. Ihm fehlt eine festumrissene Vorstellung von Vorgesetzten als leitenden oder richtungsweisenden Persönlichkeiten.« Ein anderer Mann hatte – o weh! – einen Autoritätsbegriff, bei dem er selber der Hahn auf dem Mist war: »Unbewußt hielt er sich für tüchtiger als die meisten seiner Vorgesetzten.« Diese Entdeckung hat ihm bestimmt den Hals gebrochen.

Manche Firmen unterwarfen alle Anwärter auf leitende Stellungen psychiatrischen Tests, wie z. B. der Rorschach-(Tintenklex-)Analyse ihrer Gefühlsstruktur, um eventuelle Neurotiker und psychosenanfällige Leute auszusondern. Eine Füllhalterfirma, die so verfuhr, berichtete, daß diese Praxis sich oftmals bezahlt mache, und erwähnte als Beispiel die Entdeckung eines Mannes mit ausgeprägtem Hang zu Narzißmus. Er wurde nicht entlassen, sondern erfuhr vielmehr eine Sonderbehandlung – er erhielt soviel Lob, wie seine egozentrische Natur zu brauchen schien.

Um ihren Manager-Lesern die Segnungen einer vollständigen psychologischen Analyse aller Angestellten in Schlüsselpositionen vor Augen zu führen, brachte die Zeitschrift *Fortune* im Juli 1950 eine graphische Darstellung, die Psychologen der Agentur Stevenson, Jordan & Harrison über ein bestimmtes Unternehmen angefertigt hatten. Sie zeigte – als Punkte, Kästchen und Pfeile – die Analysenbefunde bei sechsundvierzig höchsten Abteilungsleitern und Direktoren des Unternehmens. Jede Wertung beruhte auf langen Interviews und Tests. Die Punkte, Kästchen und Pfeile bedeuteten berufliche Tüchtigkeit, Anpassungsvermögen usw. Wichtig waren die Farben. Sie reichten von Blau (hervorragend) über Schwarz und Gelb bis Rot (ziemlich hoffnungslos).

Daß der Präsident des Unternehmens, dem der Bericht wahrscheinlich vorgelegt wurde, als in seiner gegenwärtigen Position »hervorragend« tüchtig bewertet war, überrascht nicht. Auch verschiedene andere Leute hatten blaue Punkte. Leid tun konnte einem der Revisor des Unternehmens, der ein gelbes Kästchen, einen schwarzen Punkt und einen gelben Pfeil bekommen hatte, was entschlüsselt hieß: »Unterdurchschnittlich ... arbeitet auf der ihm möglichen Stufe ... Unterdurchschnittliche Anpassung; bedarf großer Entwicklungshilfen.« Am ärgsten kam der Direktor für Industrial Relations weg. Hoffentlich hat er keine Ambitionen, denn auf seiner Karte prangten ein rotes Kästchen, ein roter Pfeil und ein roter Punkt, was besagte: »In seiner

Stellung unbefriedigend... Potentieller Wert zweifelhaft. Starke Fehlanpassung; Besserungsversuche unrentabel.«

Steht die Diagnose fest, beginnt die »Entfaltung« oder Therapie. Der Psychologe einer anderen Firma sagte: »Einem Menschen nicht zu helfen, nachdem er seine Probleme offenbart hat, heißt Enttäuschung und Verwirrung heraufbeschwören.«

In seinem Buch *The Organization Man* erzählt Mr. Whyte den Direktoren, wie sie die psychologischen Tests durch Mogeln überlisten können.

Manche Bemühungen, die Männer des Managements einzuschätzen und umzuformen, gehen insgeheim vor sich. Häufig treffen die Psychologen beim Golfspiel oder bei einem Drink auf den Mann, den sie taxieren sollen. Eine der größeren psychologischen Teststellen in den Vereinigten Staaten beliefert die Unternehmen mit einem besonderen Psychotestformular, das so ausgearbeitet ist, daß es ohne Wissen des Betreffenden eine Intelligenzwertung ermöglicht. Er glaubt, es handle sich einfach um ein Routineformular. Der Leiter einer Firma für Psychotests sagte mir, er werde, wo eine wichtige Beförderung auf dem Spiel steht, oft in Anspruch genommen, um den Anwärter ohne sein Wissen zu bewerten. Üblicherweise spricht er mit dem Mann erst, nachdem dieser zwei Martini getrunken hat; so kann er die Persönlichkeit des Mannes besser abschätzen, weil dann seine Grundnatur mehr zutage tritt.

Um Verhalten und Einstellung von Angestellten in Schlüsselpositionen umzumodeln, kam in weiten Kreisen der Industrie ein psychologisches Verfahren zur Anwendung: das sogenannte Rollenspiel von zwei oder mehr Angestellten vor einem Auditorium von Kollegen. Die Literatur über Personalpolitik enthält viele Hinweise auf das Rollenspiel. Die Zeitschrift *Advanced Management* brachte 1954 in einer ihrer Ausgaben eine begeisterte Schilderung der Vorzüge des Rollenspiels. Ein Direktor einer großen Versicherungsgesellschaft berichtete: »Wir brauchten einen Beweggrund, irgend etwas mit ›Pfiff‹. Rollenspiel schien gerade das richtige zu sein.« Vor Mitarbeitern als Publikum spiele ein Angestellter die Rolle des »Boß« (»Ratgeber«) und ein anderer die Rolle des »Untergebenen« (»Ratsucher«), wobei sie das Verhalten oder ein Problem des Untergebenen erörterten. Was der »Boß« nicht wußte, war, daß der »Untergebene« eine »heimliche Instruktion« bekommen hatte, wie er die Unterredung durchführen sollte. Der Angestellte erläuterte begeistert: »Hier schmuggelten wir eine ›Nörgelei‹ ein – ein dem Ratgeber nicht bekannter Beweggrund.« Allerdings warnte er die Leute der Betriebsführung, daß eine solche heimliche Instruktion »nicht ratsam erscheint, wenn der Ratgeber uneingeweiht oder empfindlich ist. Es kann unangenehm für ihn sein.« Aber er war von dieser »Feuerprobe«-Belehrungsmethode begeistert und frohlockte, es sei »genau das, was man eben nicht aus Büchern lernen kann«.

Bei vielen Firmen wird sogar das häusliche Leben eines Mannes unter die Lupe genommen, ob es mit den Interessen des »Teams« oder der Firma im

Einklang steht. Ein Wirtschaftsredakteur der *New York Herald Tribune* berichtete Anfang der fünfziger Jahre über die große Menschenjagd auf qualifizierte leitende Angestellte, die von gewerbsmäßigen Anwerbefirmen betrieben wurde, die sich eigens für diesen Zweck aufgetan hatten. Er erwähnte einige Eigenschaften, auf die man heute bei leitenden Angestellten achte, und schrieb hierzu: »Ein weiterer Punkt von gleicher Wichtigkeit ist die Ehefrau. Das wird mehr und mehr betont. Gewerbsmäßige ›Menschenjäger‹ messen dem geordneten Familienleben große Bedeutung bei der Qualifikation für einen Posten zu. Das gleiche sagen alle auf diesem Gebiet tätigen Firmen, einschließlich Ward Howell, Handy Associates, Inc., Ashton Dunn Associates, Inc., Boyden Associates, Inc., oder Sorzano, Antell & Wright. Es kann passieren, daß ein wichtiger Mann nicht für eine höher bezahlte Stellung empfohlen wird, weil seine Frau vielleicht zu kokett ist oder dem Cocktail zu fleißig zuspricht oder weil sie eine unverbesserliche Klatschbase ist. Die Nachforschungen sind in dieser Hinsicht recht gründlich.«

Der psychologische Berater James Bender erzählte mir, ein bedeutender Hersteller von Zellbaumwoll-Erzeugnissen habe ihn gebeten, ihm bei der Aufstellung eines Arbeitskraftbeschaffungsprogramms unter Berücksichtigung der Ehefrauen behilflich zu sein. Er erklärte mir: Als letzter Schritt vor der Entscheidung über eine Anstellung wird die Ehefrau des leitenden Angestellten oder Repräsentanten interviewt, den dieses Werk einzustellen beabsichtigt. Es ist ein wechselseitiges Abschätzen. Der Frau wird klargemacht, was die Stellung hinsichtlich Anforderungen an das Familienleben und Unbequemlichkeiten, wie Umzug, häufige Abwesenheit des Mannes usw., bedeuten kann. In einigen wenigen Fällen hätten die Ehefrauen nach diesem Gespräch ihre Männer bewogen, die Stellung nicht anzunehmen. »Und in einigen wenigen anderen Fällen haben wir uns entschieden, den Mann nicht einzustellen – nachdem wir die Frau kennengelernt hatten.«

Manche Firmen pflegen die Ehefrau als mögliche Rivalin um die Ergebenheit des Mannes anzusehen. In der Oktober-Ausgabe 1951 stellte *Fortune* in einem bemerkenswerten Artikel im einzelnen die immer größere Rolle dar, welche die Ehefrau im Firmendenken spielt. In ganz Amerika befragte die Zeitschrift leitende Männer der Wirtschaft und zitierte einen, der bekümmert erklärt hatte: »Über die betriebliche Umwelt eines Mannes haben wir eine Kontrolle, aber wir verlieren sie restlos, sobald er die Schwelle seines Zuhause überschreitet. Das Management hat deshalb die Aufgabe und unausweichliche Verpflichtung, eine wohlwollende, konstruktive Stellungnahme von seiten der Ehefrau zum Betrieb einzuplanen und zu erwecken, was die gesamte Energie des Mannes für seine Arbeit freisetzen wird.«

Auf welche Charakterzüge sollten die Unternehmen bei der Ehefrau in erster Linie achten? *Fortune* schrieb: »Die Betriebsführung weiß genau, welche Art von Frau ihr erwünscht ist. In ganz Amerika skizzieren die Unternehmensleiter mit bemerkenswerter Übereinstimmung in der Formulierung die für das Unternehmen ideale Ehefrau. Auf den einfachsten Nenner gebracht, ist es eine (1) höchst anpassungsfähige, (2) außerordentlich gesellige Frau, die (3) weiß, daß ihr Mann dem Unternehmen gehört.«

Die *Harvard Business Review* schilderte die Forderungen der Firma sogar noch lebendiger in einem Bericht über die von Lloyd Warner und James Abegglen durchgeführte Untersuchung über mehr als achttausend Führungskräfte der Wirtschaft.* Darin hieß es, die Frau eines leitenden Angestellten darf »nicht zuviel von der Zeit und dem Interesse ihres Mannes für sich beanspruchen. Infolge seiner ausschließlichen Konzentration auf seine Arbeit wird selbst seine sexuelle Aktivität auf einen zweitrangigen Platz verwiesen.«

Der Weg zum erfolgreichen »Mannschaftsspieler« kann natürlich seine unerfreulichen Seiten haben. Im Juli 1954 warf *Changing Times*, ein Magazin, das sich in erster Linie an die Wirtschaft richtet, einen Blick auf die »Welt von morgen«. Mit »morgen« war das Jahr 1964 gemeint. Das Blatt schrieb, die »Großen Drei« – Wirtschaft, Regierung und Gewerkschaften – seien bestrebt, die Menschen auf einen Generalnenner zu erniedrigen, wo ein Mann es schwerer habe, »unabhängig, individualistisch und sein eigner Herr zu sein«. Eine Oberschicht aus Wissenschaftlern, Ingenieuren und Wirtschaftlern werde Handel und Wandel lenken. Weiter heißt es: »Sie selber werden technisch besser geschult und weniger Individualisten sein, auf Eigenschaften durchleuchtet, die sie zu besseren Mannschaftsspielern machen ... Nahezu jeder wird umfangreiche psychologische und Eignungsprüfungen bestehen müssen. Die Zeit des bärtigen Gelehrten, der in seiner Klause mit Retorten hantiert, ist vorüber ...«

Vielleicht liegt der Tag, an dem es für einen Individualisten keinen Ort der Zuflucht mehr gibt, nicht einmal in so ferner Zukunft, wie *Changing Times* anzunehmen schien. *Newsweek* veröffentlichte 1956 um die Zeit der Promotionen die Ergebnisse einer Umfrage, nach welcher Art von College-Absolventen (besonders nach welchen Charaktereigenschaften) die Industriewerber Ausschau hielten. In dem Bericht hieß es, daß in den Aufzählungen der Werber immer wieder die Worte »dynamische Konformität« vorkommen. »Die Sklavenhändler der Industrie scheuen den Typ des Bücherwurms ... und des Einzelgängers. ›Wir nehmen lieber einen lebenspraktischen Typ als einen Philosophen‹, heißt es. ›Laßt die komischen Käuze in die Forschung gehen.‹« Aber selbst dort, in der Forschung, mögen sie nur ja nicht glauben, sich auf sich selbst zurückziehen zu können. Die Losung für morgen heißt »Team-Forschung«.

* Die deutsche Ausgabe erschien im Econ-Verlag unter dem Titel: »Karriere in der Wirtschaft«.

XIX

Das zurechtgezimmerte Ja

»Das Publikum ist zuweilen ungeheuer leichtgläubig.«
The Public Relations Journal

Meinungsformer, die als Public-Relations-Fachleute ihren Lebensunterhalt verdienen, fühlen sich angesichts der massiven Überredungsanstrengungen, die ihre Kollegen Werbefachleute unternehmen, manchmal ein bißchen im Hintertreffen. In dem von Edward L. Bernays herausgegebenen Handbuch der Public-Relations-Technik, *The Engineering of Consent,* beklagte sich einer: »Es werden viel mehr Millionen ausgegeben, um für Erzeugnisse Stimmung zu machen, als für die Schaffung einer günstigen Stimmung für die Gesellschaften, welche diese Erzeugnisse herstellen...« Er empfahl seinen Kollegen dringend, sich die beim Marketing gebräuchlichen fortschrittlichen Überredungsmethoden anzueignen, »weil die systematische Forschung dort sehr viel weiter entwickelt ist«.

Mitte der fünfziger Jahre waren die Public Relations geradezu ein Versuchsfeld für Meinungsformungs-Bestrebungen – viele davon auf dem Weg über die Tiefenpsychologie – geworden. Berichten zufolge gaben hundert führende Gesellschaften allein insgesamt über fünfzig Millionen Dollar dafür aus, und die Zahl der PR-Fachleute in leitenden Stellungen wurde in den Vereinigten Staaten auf etwa 40 000 geschätzt. Von den größeren Public-Relations-Firmen, wie Carl Byoir & Associates und Hill & Knowlton, sollen manche Honorare haben, die jährlich in die Millionen gehen. Die Harvard Law School, die eine Untersuchung über Öffentliche Meinung und Meinungspflege durchführte, erklärte, die Bewegung sei dringend notwendig wegen der »Vervielfachung der Kommunikationswege zur Öffentlichkeit... Überall begegnen wir Zeugnissen wohlerwogener Bemühungen, die Allgemeinheit zu informieren und zu überzeugen...«

The Engineering of Consent zählte als verlockende Weidegründe für Public-Relations-Bestrebungen folgende Werbeträger im Amerika der fünfziger Jahre auf:

1 800 Tageszeitungen
10 000 Wochenzeitungen
7 600 Magazine
2 000 Fachzeitschriften
7 635 Volksgruppen-Zeitschriften

100 000 000 Rundfunkgeräte
12 000 000 Fernsehgeräte
15 000 Lichtspielhäuser
6 000 Werkzeitschriften

Richter Learned Hand zeigte sich über das Anwachsen gewerbsmäßiger Meinungspfleger in der amerikanischen Gesellschaft sehr stark beunruhigt. Er nannte die Meinungspflege »eine schwarze Kunst«, gab aber zu, daß sie eine feste Einrichtung geworden ist. »Ihre Durchschlagskraft und die Zweckbestimmtheit ihrer Handlungen erhöhen sich von Jahr zu Jahr.«

Ihrer Macht bewußt, begnügten sich in den fünfziger Jahren manche amerikanischen Meinungsformer nicht mehr mit solchen Lappalien, wie Bearbeitung der Öffentlichkeit und Unterstützung ihrer Gesellschaft oder ihres Klienten bei dem Bestreben, vor der Welt ein freundliches, gesetzestreues Gesicht zu bewahren. Sie brannten darauf, in großem Maßstab meinungsformend zu wirken. Ein Public-Relations-Berater, G. Edward Pendray, stellte fest: »Den Public-Relations-Leuten muß die wichtigste aller gesellschaftsformenden Rollen zufallen – die stufenweise Reorganisation der menschlichen Gesellschaft, Stück um Stück und Struktur um Struktur.« Offenbar empfanden sie unklar, daß solche Großtaten schließlich dem Public-Relations-Beruf die Anerkennung als echter, freier, geistiger Beruf einbringen würden. Die erfolgreicheren Public-Relations-Praktiker berührte es peinlich, daß unter der Flagge »Public Relations« eine buntscheckige Gesellschaft segelte: robuste Presseagenturen, Lobbyisten, Begrüßungsonkel und Postenvermittler. Man war bemüht, den Begriff »Public Relations« genauer zu umreißen. Einer ihrer prominentesten Fachmänner, Carl Byoir, sagte allerdings: »Public Relations ist alles das, was der einzelne P.-R.-Fachmann sich darunter vorstellt.«

Einige führende Leute auf dem Gebiet begannen nach einem neuen Namen zu suchen. Sie fanden, »Public Relations« klinge ziemlich undurchsichtig. Der scheidende Präsident der Public Relations Society of America wies 1954 darauf hin, daß einige Firmen die Bezeichnung »Public Relations« für ihre mit P.-R.-Aufgaben befaßten Direktoren fallenließen, um auch nur den »Anschein zu verhüten, ihr Material sei (für die Öffentlichkeit) zurechtgestutzt« und habe mit der Grundanschauung des Unternehmens nichts gemein.

Mit dem ständigen Wachsen der Public Relations geriet sie unversehens auf manche scheinbar fremde Gebiete. *The Public Relations Journal* vom März 1954 brachte einen begeisterten Bericht, auf welche Weise rührige Prediger P. R. anwandten, um ihre Kirchenbänke zu füllen und zu »gesunden Finanzverhältnissen« zu kommen. Das Blatt gab zu, daß die Wahrung einer »würdigen Form« ein »Hemmnis« für die wirklich schlagkräftige Verwendung der Public Relations auf geweihtem Boden sei. Ein weiteres Hindernis sei »das Problem, den praktischen Nutzen mancher religiösen Werte aufzuzeigen«.

Aber »wenn wir unsere Methoden den Methoden Christi angleichen, müssen wir die Wahrheit dorthin herniederholen, wo das Volk sie verstehen kann ... über gewöhnliche Dinge reden ... die Sprache des Volkes sprechen«. (Hier zeigte man ein Bild: Jesus in einem Boot, zu seinen Jüngern sprechend.) Der Bericht erwähnte im einzelnen, wie der rührige Prediger das Fernsehen und andere Massenwerbeträger benutzen kann und wie er mit »Herrn Abtrünnig« umgehen muß. (Man gewinnt ihn durch »psychologische Einwirkungen« zurück.) Schließlich bekamen die Prediger noch den Wink, die Resultate sorgfältig zu kontrollieren, um herauszubekommen, »was zog«.

Um die Erhöhung ihrer Durchschlagskraft (und vielleicht auch des Bewußtseins der eigenen Wichtigkeit) bestrebt, wandten sich die Meinungsformer in großer Zahl dem Weg über die Tiefenpsychologie zu. Begeistert nahmen sie die Lehren der Sozialwissenschaftler in sich auf. Das von dem berühmten Publizisten Bernays herausgegebene Buch *The Engineering of Consent* strotzt von Bezugnahmen auf die Erkenntnisse von Psychologen, Soziologen, Anthropologen und Sozialpsychologen. Die Studien dieser Wissenschaftler sind, wie er anmerkt, für Public-Relations-Berater »eine Fundgrube an themensymbolischem Quellenmaterial«.

Die Notwendigkeit des tiefenpsychologischen Verfahrens, um den Leuten jeweils die richtige Einstellung beizubringen, erläutert Bernays mit den Worten: »Es wäre ideal, wenn wir uns alle durch objektive Bewertung aller dazugehörigen Fakten unabhängig unsere Meinung bilden könnten. Das ist jedoch nicht möglich.« In einem späteren Kapitel verbreitet sich ein Publizist ausführlicher darüber, gelegentlich der Erörterung von Vilfredo Paretos Theorie über die nichtlogischen Elemente im menschlichen Tun, und zitiert dann Richard Worthingtons Kommentare zu Paretos *Allgemeiner Soziologie:*

»Man findet in diesem Buch gewisse Ideen und Entdeckungen, die ... für Menschen, welche die Gesellschaft umformen möchten ... von beträchtlichem Wert sein können ... Viele ... haben versucht, die Lebensführung der Menschen mittels Vernunftgründe oder Erlaß bestimmter Gesetze zu ändern. Eigenartigerweise ist ihren Bemühungen oftmals der Erfolg versagt geblieben ... Pareto zeigt, wie ihr Scheitern mit der Bedeutung des Nichtlogischen verknüpft ist ... Man muß die Menschen durch Manipulieren ihrer Instinkte und Gemütsbewegungen beherrschen statt durch Änderung ihres Gedankengangs. Von diesem Faktum haben die Politiker stets Gebrauch gemacht, wenn sie ihre Anhänger durch Appellieren an die Gefühle überreden, statt (Vernunftgründe) anzuführen, die noch niemals ein Ohr gefunden haben oder zumindest niemals sich als wirksam erwiesen haben, die Massen in Bewegung zu bringen.«

Mr. Bernays veröffentlichte seine Ansichten in *The Annals of the American Academy of Political and Social Science;* er schrieb, daß »erwähnenswerte Ereignisse, bei denen Menschen im Spiel sind, gewöhnlich nicht zufällig geschehen. Sie sind um eines Zweckes willen planmäßig vorbereitet worden – um Ideen oder Taten zu beeinflussen«.

Die Bände des *Public Relations Journal* enthalten eine für einen Außenseiter vielleicht überraschende Anzahl von Berichten amerikanischer Männer der Wissenschaft, die eng und vertraulich mit den Meinungsformern und Möchtegern-Meinungsknetern der Public Relations zusammenarbeiten. Hier einige wenige Beispiele: Im Juni 1953 beschrieb die Zeitung unter der Überschrift »Orientierung an den Sozialwissenschaften« eine Reihe von Seminaren, die an der Lehrerbildungsanstalt der Columbia-Universität für New Yorker Mitglieder der Public Relations Society of America abgehalten worden waren. Sechs Doktoren der Sozialwissenschaften, an der Spitze der Sozialanthropologe Lyman Bryson, besorgten die »Orientierung«. (Alle waren von der Columbia-Universität.) Dr. Bryson sagte den Publizisten:

»Wenn Sie Zustimmung bewerkstelligen wollen, dann sollten Sie, wie es die Sozialwissenschaften lehren, mit einer grundlegenden Analyse der drei Ebenen beginnen, auf denen in einer Gesellschaft wie der unseren die Zustimmung vor sich geht.« Die erste Ebene, sagte er, ist die menschliche Natur. Er fügte hinzu, daß hier in Wirklichkeit wenig getan werden könne, um die Leute zu »manipulieren«. Die zweite Ebene sei die kulturelle Wandelbarkeit; dort gelte es zu operieren, wolle man die Vorstellungen der Menschen beeinflussen. Die dritte Ebene ist der Wählbereich. Hier erfolgt ein Impuls in einer bestimmten Richtung, und es werde blind irgendeine Wahl getroffen, »so als ob die Wahl zwischen gleichen Produkten stattfinde«. Auf dieser Ebene »ist es verhältnismäßig leicht, die Leute zu manipulieren«, sagte Bryson. Versuche man dagegen, ihre Vorstellungen zu wandeln, »arbeitet man auf der zweiten Ebene«, wo man andere »psychologische Druckmittel, Methoden und Kniffe« verwenden müsse als die, »mit denen man auf der dritten Ebene Erfolge erzielt«.

Zwei frühere Ausgaben des gleichen Jahres behandelten ausführlich »Die Sozialwissenschaftliche Tagung«, welche die »enge Wechselbeziehung zwischen Public-Relations-Praxis und Sozialwissenschaften« aufdeckte. Das *Journal* leitete den Bericht mit dem knalligen Vorspann ein: »Die Sozialwissenschaften bergen die Lösung – wir müssen sie nur entdecken – für viele... Probleme, mit denen wir uns heutzutage noch ergebnislos herumschlagen.«

Zwei Sozialwissenschaftler von hohem Rang übernahmen die Beantwortung der Frage, wie man die Lösung »entdecken« könne: Dr. Rensis Likert, Direktor des Institute for Social Research an der Universität Michigan, und Dr. Samuel A. Stouffer, Direktor des Laboratory of Social Relations an der Harvard-Universität. Dr. Stouffer sagte, es sei eine große Auszeichnung, vor der Versammlung der »Human-Relations-Praktiker« zu erscheinen, und erzählte seinen Zuhörern dann, eine brauchbare Faustregel besage, daß man an die Haltung der Leute leichter über das Gefühl als über den Verstand herankomme. Er fügte hinzu, im Harvard Laboratory betreibe man im Zusammenhang mit der Aufstellung einer wissenschaftlichen Theorie eine »intensive Forschung über die Furcht«. Er stellte in Aussicht, daß dieses Material den Public-Relations-Fachleuten in den kommenden Jahren »praktische Arbeitshilfen« zu geben vermöchte. Dr. Likert sprach des langen und breiten über die Motive der Leute und wie ihr Verhalten geändert werden kann, indem man »die auf sie einwirkenden Motivationskräfte« verändert.

Das waren nur zwei von mehreren Berichten über die Orientierung der Meinungspfleger durch Wissenschaftler. Ein Unbeteiligter, der die Berichte liest, könnte sich bewogen fühlen, die Herren Doktoren mahnend am Ärmel zu zupfen, weil sie anscheinend keinen Gedanken daran verschwenden, welchen Gebrauch die Bedenkenlosen und Draufgänger unter ihren Zuhörern von diesen Einsichten machen könnten.

Es gibt mancherlei Beweise dafür, daß die amerikanische Öffentlichkeit allmählich daran gewöhnt ist, durch Public-Relations-Experten in ihrer Haltung manipuliert zu werden. David Riesman erwähnt in *Die einsame Masse,* daß die Einwohner einer großen Chicagoer Vorortsiedlung auf eine ausgefallene Weise ihrem Ärger gegen die Siedlungsleitung wegen aller Unzulänglichkeiten der Einrichtungen Luft machten. Häufig hätten die Beschwerden den von der Geschäftsführung betriebenen schlechten Public Relations gegolten. »Tatsächlich bemängelten die Leute also nicht die eigentlichen Mißstände, sondern vielmehr, daß man sie nicht so ›manipuliert‹ hatte, daß ihnen alles gefiel«, berichtet er.

Die Technik, mit Geschick eine Zustimmung zuwege zu bringen, hat sich in erschreckendem Ausmaß auf einem Feld durchgesetzt, das auf den ersten Blick dafür nicht in Betracht zu kommen scheint: das Spendensammeln. Die Amerikaner stehen in dem Ruf, das großzügigste Volk der Welt zu sein. Um die Jahrhundertmitte nahm die Philanthropie, in Dollars ausgedrückt, den vierten Platz auf der Liste der amerikanischen Industrien ein. Nichtsdestoweniger war das spontane Geben – was die Philanthropie großen Maßstabes anbelangte – so gut wie ausgestorben.

Um große Spenden hereinzuholen, traten große »Verführer« in Erscheinung. Im Jahre 1956 gab es über das ganze Land verstreut mehr als vierhundert Firmen, welche die Spendensammlung als Gewerbe betrieben und von denen die meisten in entsprechenden Bearbeitungsmethoden Übung besaßen.

Business Week riet seinen Lesern – meist Leute aus dem Management –, wegen einer Beihilfe an sie herantretende gewerbsmäßige Spendensammler nicht spöttisch zu behandeln. Diese Leute, versicherte das Magazin, sind nicht unbedingt »unpraktische Träumer«. »Sie werden im Gegenteil feststellen, daß viele ein überraschendes Verständnis für gesunde Geschäftsprinzipien haben.«

Die Spendensammler vom Fach behaupten, sie könnten für eine Sache ein

Vielfaches dessen zusammenbringen, was sie selbst an Kosten verursachen. Und wahrscheinlich haben sie recht. Amerikas bekanntester Spendensammler, John Price Jones, behauptete in *The Engineering of Consent* (das ein von ihm verfaßtes Kapitel enthält), Spendensammeln sei eine der höchstentwickelten Formen von Public Relations. »Es bedarf besserer Public Relations, einen Mann zum Spenden eines Dollars zu bewegen, als ihn zum Ausgeben eines Dollars zu bringen«, erklärte er. Jones meint, die Begeisterung des Bittstellers selbst genüge nicht, solange sie nicht »in ein lebensvolles System gebracht« ist. Die Fachleute halten sich gewöhnlich im Hintergrund, da die Ortsansässigen sie gern ablehnen, und beschränken sich darauf, dem Vorstoß jeweils die zweckentsprechende Richtung zu geben.

Wenn Sie ein bedeutendes Opfer sind, weiß der Spendensammler von Beruf wahrscheinlich mehr über Sie als Ihre besten Freunde. Etwa so, wie es Jerome Beaty in *The American Magazine* beschrieben hat:

»Der Sachverständige für Spendensammelwesen wird den Spendensammler mit Tips in bezug auf Ihre Schwächen ausstatten, und wie man an Ihr mildtätiges Herz rühren kann. John Price Jones z. B. besitzt eine Kartei mit den Namen von mehr als 66 000 Leuten überall im Land, die stattliche Beträge für gute Werke gegeben haben und wahrscheinlich noch mehr geben, wenn man sie nur richtig anspricht. Sechs Mädchen und ein Mann halten diese Kartei auf dem laufenden. Sie lesen zu diesem Zweck Zeitungen, Magazine und Fachzeitschriften, die sie auswerten, ausschneiden und sammeln; ebenso Geschäftsberichte und Finanzstatistiken. Über jeden als Spender in Betracht kommenden Menschen gibt es eine Akte, die beinahe so vollständig ist wie die FBI-Akten über kommunistenverdächtige Leute.«

Diese berufsmäßigen Spendensammler begaben sich alsbald auf den tiefenpsychologischen Weg, als sie die wahren Gründe entdecken wollten, aus denen die Leute willens sind, einen großen Teil ihres Geldes zu verschenken, und ebenso die wahren Gründe, aus denen sie freiwillig bereit sind, als Bittsteller von Tür zu Tür zu gehen.

Nach Ansicht führender Spendensammler gibt es mehrere »echte« tiefliegende Gründe, weshalb die Leute meist leicht dazu gebracht werden können, für wohltätige Zwecke zu spenden oder als freiwillige Sammler für derartige Zwecke sich zur Verfügung zu stellen. Die meisten Erklärungen laufen auf verdeckte Formen der Selbst-Verherrlichung oder Ego-Befriedigung hinaus. Mr. Jones glaubt, wenn man beispielsweise diesen Beweggrund entsprechend begünstige, fänden sich stets Leute zum Spendensammeldienst bereit. Er hält es für eine Grundtatsache, daß in unserem Leben das Selbstinteresse einen erstrangigen Beweggrund und »die Grundlage der erfolgreichen Organisation« bildet. Diesen Angelpunkt Selbstinteresse unterstrich *The Public Relations Journal* in einer Erörterung, welche Methoden die Public-Relations-Leute ihren Firmen in lokalen und philantropischen Fragen anraten sollten. Der Verfasser, ein Public-Relations-Direktor, erklärte: »Spendenbeiträge sollten immer den Interessen des Unternehmens dienen. Sie sollten ihm entweder unmittelbar, etwa durch verbesserte Gemeindekrankenhäuser in den Wohnorten der Beschäftigten, oder, wie im Fall von Schulen, auf lange Sicht Vorteile einbringen.«

Nach Ansicht der berufsmäßigen Überreder vermag als weiterer Grund »das Allgemeinwohl« die Leute zum Spenden zu veranlassen. Indessen heißt es, dieser Beweggrund sei bei weitem weniger zwingend als das Motiv Selbstinteresse, und in Wirklichkeit stecke letzteres oft mit darin, »wie im Fall von Leuten, aus deren Dienst am Allgemeinwohl die privaten Interessen mittelbar Nutzen ziehen«.

Die dritte Triebfeder ist der gesellschaftliche oder geschäftliche Nutzen, der einem aus dem »Anschluß an die besten Leute der Stadt« erwächst. Es sei erstaunlich, wie viele andere stracks begierig mitmachten, sobald man erst die besten Leute gewonnen habe. Handelsvertreter hätten z. B. oft die Erfahrung gemacht, daß die tätige Beteiligung an einer Sammelaktion ein »fruchtbares Feld zur Erweiterung ihres eigenen Bekanntenkreises« darstellt.

Laut Mr. Beatty haben die Motivforscher mehr als dreißig Gründe entdeckt, warum die Leute geben. Als wesentlichen Anreiz nennt er die Möglichkeit, daß das Lokalblättchen die Höhe des Spendenbeitrags erwähnt oder das Bild des Spenders bringt, sowie »die Befürchtung, was die Leute über eine kleine Spende sagen würden«. Wer in bezug auf seinen Rang empfindlich ist, den werden die berufsmäßigen Spendensammler »soviel Publicity und soziales Ansehen kaufen lassen, wie zu bezahlen er willens ist«.

In kleineren Gemeinden wird ein großzügiger Spendenbeitrag oftmals auf dem Golfplatz eingeheimst. Wenn der Bankdirektor Sie auf der Straße anhält und beiläufig bemerkt: »Übrigens, wir brauchen am Samstag noch einen vierten Mann. Wie wär's damit?«, dann, so warnt Mr. Beatty, sind Sie wahrscheinlich das nächste »Opfer« auf seiner Liste. »Sie werden ihn vermutlich beim Golf schlagen, aber beim neunzehnten Loch wird er Sie wahrscheinlich um einen großen Spendenbeitrag angehen.«

XX

Hege und Pflege des »positiven Denkens«

»Die Publikumsmeinung insgesamt auf Vertrauen zu stimmen, ist eine gewaltige Aufgabe, dennoch scheint sie den Industrieführern zu gelingen.« – Tide

In den zwanziger Jahren leierten die Amerikaner am Tag zehnmal: »Es geht mir täglich besser und besser.« Sie gingen an ihre Probleme nach der Formel heran: »Selbstbeherrrschung durch bewußte Autosuggestion«, die der französische Apotheker und Psychologe Emile Coué aufgestellt hatte.

Allmählich geriet dann diese Formel zur Bewältigung unserer Grundprobleme in ziemlichen Mißkredit. Um 1956 herum schien der Couéismus indes fröhliche Urständ zu feiern, insbesondere in den höchsten Wirtschafts- und Regierungskreisen. Fast täglich verkündete irgendein »großes Tier« in der Zeitung gewaltige Erweiterungspläne oder seinen unbegrenzten Glauben an die Zukunft. In der Industrie tätige Volkswirtschaftler gaben beruhigende Erklärungen ab, die amerikanische Wirtschaft stehe, trotz der bergehoch anwachsenden Verschuldung der Verbraucher, fest wie ein Fels. *Business Week* frohlockte im März 1956: Das »Vertrauen ist groß ... Das Wirtschaftswesen wird von einer neuen Welle des Vertrauens getragen«. Eine Woche später bejubelte ein anderes in der Geschäftswelt vielgelesenes Blatt die Tatsache, daß alle wichtigen Indices steigende Tendenz anzeigten. Die Untertitel lauteten: »Optimismus zieht ein« und »Furcht räumt das Feld«.

Während das Land Ende 1955 und Anfang 1956 von solchen frohen Beteuerungen widerhallte, klärte *Tide* alle Geschäftsleute, die noch im dunkeln tappen mochten, darüber auf, was dahinter steckte. Diese überschwenglichen Bekundungen seien eine von berufsmäßigen Meinungsknetern »sorgfältig ausgeklügelte Psychologie«. *Tide* prägte den Ausdruck »psychologisches Marketing«, um »diese neue Marketing-Technik« zu beschreiben, die darauf abziele, den besonderen Bedürfnissen »unseres Zeitalters der Psychoanalyse« gerecht zu werden.

»Beispiele dafür sieht man jeden Tag (schrieb *Tide*). Erst unlängst wurden die riesigen Aufträge für Flugzeuge mit Strahltriebwerk bekanntgegeben, die das Vertrauen in den Reisemarkt der nächsten zehn Jahre anzeigen. Es gibt aber noch weitere ... wie die Milliarden-Dollar-Wette von Harlow Curtice ... Andere in Handel, Industrie oder Finanz führende Männer geben Woche für Woche ihrem Glauben an die Wirtschaft Ausdruck. Die Automobilindustrie spricht von dem bevorstehenden Jahr der zehn Millionen

Wagen. Die Stahlindustrie spricht nur noch von Ausweitung ... Es gibt auch weniger dramatische Beispiele ... die Pressemitteilungen über Erweiterungspläne, die Vorträge vor lokalen Interessentengruppen, selbst die Tischgespräche bei Festessen ...«

Ohne Umschweife erläuterte dann das Blatt, was es mit all dem Gerede auf sich hatte: »Diese Männer reden nicht bloß, um ihre Stimme zu hören«, ihr Hauptzweck ist, das Vertrauen der Nation zu stärken, indem sie dem zuweilen laut werdenden »Pessimismus« entgegenarbeiten, so daß die Händler weiterhin Waren bestellen und die Verbraucher weiter Waren kaufen, immer mehr und immer mehr, und sich notfalls dafür in Schulden stürzen. »Um ein steigendes Konsumtempo beizubehalten«, versicherte *Tide,* »müssen auch in großem Umfang die Kreditkäufe beibehalten werden. Es muß eine fortgesetzte Bereitschaft zur Ausweitung da sein ...« Eine derartige Expansionsbereitschaft aber beruht, so überlegte man in Industriekreisen, auf Vertrauen. »Vertrauen und Aufwand sind die Handlanger einer sich ausweitenden Wirtschaft«, stellte *Tide* fest.

Vom Standpunkt der Meinungspflege aus gesehen, überschattete die Vertrauensfrage alles übrige. In dem Augenblick, wo der Glanz des Vertrauens im Lande erlosch, konnten alle möglichen unangenehmen Dinge geschehen. Eines würde bestimmt eintreten: Die Menschen würden anfangen, den Pfennig umzudrehen und ihre Käufe mit mehr Verstand zu tätigen. Das würde den tiefenpsychologischen Marktschaffern, welche die Leute zu Impuls-, Rangsymbol-, Freizeit- und vielen anderen Arten von Genußsuchtkäufen zu verlocken trachteten, die Arbeit gründlich erschweren. Dr. Dichter verwies mit allem Nachdruck auf das mögliche Risiko, falls es nicht gelänge, das Vertrauen vollauf wachzuhalten. »Unser Wohlstand beruht auf psychologischen Stützen«, und warnend fügte er hinzu, daß Nationalökonomen und Wirtschaftsführer, die eine Wirtschaftsdepression vorhersagen, »mit dem Feuer spielen und dem Lande einen schlechten Dienst erweisen«.

Was bewies denn, daß Vertrauen entscheidend war? Die werbende Wirtschaft war stark beeindruckt von den Erkenntnissen der Psychologen des Survey Research Center der Universität Michigan (ein Institut, das für den Bundesbankrat die Kaufstimmung des amerikanischen Publikums statistisch erfaßt). Sie hatten herausgefunden, daß es so etwas wie eine nationale Kaufstimmung gibt und waren angeblich überzeugt, daß die Leute sich eher durch eine allgemein freundliche Atmosphäre als durch vernunftgemäße Berechnung zu Geldausgaben bewogen fühlen.

Man unterstellte, nicht nur der Verbraucher, sondern auch der kleinere Geschäftsmann werde von dem im Big Busineß herrschenden Vertrauen oder Mangel an Vertrauen angesteckt und richte sein Handeln nach dem, was die Wirtschaftsgrößen zu wittern scheinen. Der kleine Geschäftsmann oder der Einzelhändler, der vielleicht zögert, ob er sein Bankguthaben (oder einen großen Teil davon) in einen großen und möglicherweise riskanten Auftrag stecken soll, wird angeblich durch zukunftsgläubige Reden der führenden Männer sicher gemacht und durch jede Erwähnung von »schwachen Stellen« in der Wirtschaft aus der Fassung gebracht.

Und noch jemand bedarf anscheinend regelrechter Beruhigungsdosen: der kleine Kapitalanleger. Der Präsident der New Yorker Effektenbörse fuhr 1956 nach West-Virginia, um bei den Werbefachleuten der American Association of Advertising Agencies Rat zu holen, wie man mehr Leute überreden könne, ihr Geld bei amerikanischen Firmen anzulegen. »Zusätzliche Millionen von Menschen müssen behutsam mit dem Investment vertraut gemacht und ermutigt werden, einen Teil ihres Geldes in der Wirtschaft ›aufs Spiel zu setzen‹ ... Ihnen das beizubringen, erfordert beträchtliches Geschick, Phantasiereichtum und Einfühlungsvermögen, wie sie der schöpferische Werbefachmann hat.«

Indessen gab es 1956/57 in Amerika noch einige altmodische Leute, die beharrlich ihrem Unbehagen über die ihrer Ansicht nach schwachen Stellen der Wirtschaft – wie etwa die wachsende Verschuldung der Teilzahlungskäufer – öffentlich Luft machten. Dr. Dichter jammerte über die Leute, die dem Verbraucher unentwegt »mit Zweifeln und düsteren Prophezeiungen den Kopf schwermachen«, oder, wie *Tide* schrieb, »nicht imstande sind, auch nur ein bißchen Optimismus aufzubringen«. (Eine derartige Bemerkung verbreitete die Presse Anfang 1957 von dem Vorsitzenden des National Distribution Council. Er hatte einem Finanzjournalisten gegenüber geäußert: »Bei meinen Reisen durch das Land bin ich auf eine überraschend große Zahl von Firmen gestoßen, die bereits insgeheim ihre Umsatz- und Gewinnerwartungen für 1957 herunterschrauben.«)

Als Gegengewicht gegen die Pessimisten erfand man das »psychologische Marketing« und vervollkommnete es zu einer Marketing-Technik.

Obwohl den größten Teil der lautwerdenden optimistischen Äußerungen die Industrieführer in die Welt posaunten, waren es die Public-Relations-Experten, die hinter den Kulissen die Hauptlast dieser Kampftaktik trugen, wie *Tide* erklärte. »Aller Wahrscheinlichkeit nach gebührt ein Teil des Verdienstes den damit befaßten erstklassigen Public-Relations-Männern«, hieß es in dem Artikel; »schließlich sind sie in erster Linie Psychologen und erst in zweiter Linie Publizisten. Sie sind es, die das Vertrauen im Publikum verbreiten; oftmals sind sie es, die dem Publikum die Verlautbarungen der Industrie angemessen interpretieren, und sehr oft schreiben sie die Reden.« *Tide* veranstaltete eine Umfrage bei den führenden amerikanischen Meinungspflegern. Sie erbrachte die völlig einmütige Auffassung, das psychologische Marketing sei ein »weiteres Werkzeug im Marschgepäck des Public-Relations-Mannes« geworden. *Tide* schrieb: »Die P.-R.-Leute sind es, die der Managementführung für Verlautbarungen über Erweiterungen und für die Vertrauensbeteuerungen in bezug auf das richtige Wie und Wann beistehen; sie sind es, die die Publikumsmeinung insgesamt auf Vertrauen stimmen.« Die Zeitschrift erklärte, der psychologisch entscheidende Teil liege nicht in der Ankündigung einer Erweiterung, sondern in ihrer Begründung: »Um den Bedarf eines Volkes zu decken, dem eine glänzende Zukunft winkt, und als Ausdruck unbedingten Glaubens an das Gedeihen der Wirtschaft.«

Die Folge dieses neuartigen psychologischen Marketings werde, laut *Tide*, mehr Umsatz, erhöhte Nachfrage, höheres Sozialprodukt sein. Zugegebenermaßen seien einige Marketer nicht von der Zweckmäßigkeit des »psychologischen Marketing« überzeugt. Die Zeitschrift führte den Marketing-Direktor der A. O. Smith Corporation an, der den Gedanken aufgeworfen habe, dieser Weg zur Marktschaffung habe irgendwie einen Beigeschmack von Unaufrichtigkeit. Er glaubte, die Wirtschaft stehe im Begriff, gesitteter zu werden, und er zögerte, sich diesem löblichen Tun dadurch in den Weg zu stellen, daß er derartige Bemühungen als Teil einer psychologischen Taktik ansehe.

Offensichtlich gehörte er jedoch einer kleinen, wenn nicht gar verlassenen Minderheit an. *Tide* war von der Bewegung zur systematischen Fortpflanzung des Optimismus so angetan, daß sie geradezu lyrisch wurde. »Wenn einmal die Wirtschaftsgeschichte des 20. Jahrhunderts geschrieben wird, dann sollte ein Kapitel das psychologische Marketing behandeln«, schrieb das Blatt. »Die führenden Männer des heutigen Marketing stellen die Grundlehren auf, die das Marketing von morgen befolgen wird.«

Als 1956 der Chef einer führenden amerikanischen Werbeagentur unter seinen Untergebenen Wahlscherflein für die Republikaner sammelte, stellte er es ganz darauf ab, daß es um die Bewahrung des Optimismus gehe. In seinem Rundschreiben erklärte er, Spendenbeiträge für die Wiederwahl Präsident Eisenhowers dienten dazu, dieses »Klima geschäftlichen Vertrauens zu bewahren«.

Ob instinktiv oder mit Bedacht optimistisch bis ins Mark, war Präsident Eisenhower der richtige Mann für Washington. Die Columnistin Dorothy Thompson schrieb: »Er ist Optimist, ob's stürmt oder schneit.« Der Politiker der *New York Times*, James Reston, wendete mehr als tausend Worte an die ausführliche Schilderung, wie entschlossen der Optimismus der Eisenhower-Regierung sei. In einer Zeit, da es im Vorderen Orient gäre, die Russen einen neuen Kurs eingeschlagen hätten, von der Türkei bis Indochina kleine Brände züngelten und man im Lande selbst ganz erhebliche Kopfschmerzen habe, betrachte die Regierung die Weltlage »mit entschlossenem Optimismus«, schrieb Reston. »Staatssekretär Dulles ... verbreitete sich gestern vor Korrespondenten über die Weltlage und gewann jeder Frage eine optimistische Seite ab. Präsident Eisenhower, ein lebendes Symbol des Vertrauens, trug die Ermutigungs-Offensive in seine heutige Pressekonferenz.« Reston erwähnte, der Präsident habe viel von der »Moral« der westlichen Völker gesprochen, und meinte, die Regierung sei bemüht, die »Moral« hochzuhalten, indem sie beharrlich bei allen Dingen die angenehme Seite sehe. Er fügte hinzu: »Einige hiesige Beobachter glauben, gerade wegen dieser Entschlossenheit, die Dinge von der freundlichen Seite zu sehen, sei der Präsident ein so tüchtiger und beliebter politischer Führer. Andere betrachten es als eine Haltung, die eher einem Backfisch anstünde, und als eine Art Wunschdenken, mit dem man zwar Stimmen fängt, aber in der Bevölkerung Illusionen über die wahre Weltlage nährt.«

Als 1956 fünfhundert republikanische Parteiführer auf der Eisenhower-Farm tagten, um das Startzeichen für den Wahlkampf zu geben, rief der Vorsitzende Hall aus: »Ist jedermann glücklich?« (Sie bejahten im Chor.) Eisenhowers Ratschläge für den Wahlkampf bestanden im wesentlichen aus folgendem Gedanken: »Unterschätzt nicht den Wert eines Lächelns!«

Ein Reporter der *New York Times*, der den unentwegt lächelnden Mr. Eisenhower auf seinen Wahlreisen begleitete, schrieb später: »Das Lächeln auf dem Gesicht der Menge im Kielwasser des Präsidenten ist das Symbol dieses Wahlfeldzuges. Es ist ein friedliches, verträumtes, entrücktes Lächeln purer Zufriedenheit ...« Dies schrieb er wenige Tage vor der Wahl und nur ein paar Tage, bevor der Krieg im Nahen Osten ausbrach. Das entrückte Lächeln wich nun Blicken überraschter Bestürzung.

XXI

Seele in Klarsichtpackung

> *»Wahrhaftig, das ist der moderne ›Mensch nach Maß‹ – dazu angetan, eine neue und größere Ära in den Annalen der Dieseltechnik einzuleiten.«* – Diesel Power

Die beängstigenden Erscheinungsformen einer Welt Orwellscher Prägung, zu denen uns die Meinungskneter – wenn auch ungewollt – hin zu drängen scheinen, werden bei einigen ihrer besonders gewagten, erfinderischen Bemühungen am deutlichsten erkennbar.

Die gewagten Unternehmungen, die wir jetzt unter die Lupe nehmen werden, stellen – wie es dem Autor scheint – überzeugende, in die Zukunft vorausgreifende Verführungspraktiken dar, und zwar einige der hinterhältigsten oder großzügigsten, die wir in diesem Buche untersucht haben.

Anfang 1956 schrieb ein ehemaliger Werbefachmann, John G. Schneider, einen satirischen Roman, *The Golden Kazoo* (die goldene Kindertrompete), der den damals schon deutlich erkennbaren Hang zur politischen »Marktschaffung« auf die Präsidentenwahl 1960 projiziert. Um das Jahr 1960 haben die Werbefachleute aus der Madison Avenue vollkommen das Heft in die Hand bekommen (genau wie Whitaker & Baxter, die in Kalifornien bereits den Anfang machten). Schneider setzt auseinander, dies sei der Höhepunkt eines Trends, der 1952 begann, als die Werbefachleute in die höchsten politischen Führungsgremien der beiden Parteien einzogen, als Kandidaten »erstmals Ware«, politische Wahlfeldzüge eine »Sache der Verkaufsförderung« und die Wählerschaft ein »Markt« wurden.

1960 ist die Präsidentschaft eine mit erprobten und bewährten Werbetaktiken zu verhökernde Ware wie jede andere. Reden sind als für den fernsehgewohnten Bürger zu langweilig verpönt. (Sogar die Fünf-Minuten-Kurzansprachen von 1956 sind unerträglich geworden.) Statt dessen billigt man dem Kandidaten einen kurzen Auftritt zu oder macht ihn zum dekorativen Mittelpunkt von »Ausstattungsstücken«, die sorgfältig darauf angelegt sind, Stimmenzuwachs für ihn einzuheimsen. (Man erinnere sich an die Großveranstaltung am Vorabend der Wahl von 1956, wo »kleine Leute« dem Präsidenten Eisenhower berichteten, weshalb sie für ihn waren!)

In Schneiders Darstellung läuft der Wahlkampf von 1960 auf ein gigantisches Ringen zwischen zwei Riesenwerbeagenturen hinaus; eine, Reade's & Bratton genannt, arbeitet für die Republikaner, die andere heißt einfach B. S. & J. und arbeitet für die Demokraten. Als einer der beiden Kandidaten, Henry Clay Adams, schüchtern vorschlägt, er müßte eigentlich im Fernsehen eine außenpolitische Rede über die Krise im Atomzeitalter halten, staucht ihn der Kundenberater der Agentur zurecht: »Hörnsemal«, erklärt er ihm, »wenn Sie bei Langhaarigen, Intellektuellen und Studenten der Columbia-Universität Eindruck schinden wollen, dann machen Sie das gefälligst auf eigene Kosten, aber nicht auf Kosten unserer bezahlten Sendezeit. Denkense doch an Ihren Markt, Mann! ... Ihr Markt sind vierzig, fünfzig Millionen Dussel, die zu Hause sitzen und am Bildschirm oder Radio Ihr Zeugs schlucken. Was kümmert die das Atomzeitalter! Blödsinn! Die denken daran, was für 'ne Rechnung sie nächsten Freitag beim Lebensmittelhändler zu bezahlen haben!« Mehrere Zeitschriften der Werbewirtschaft widmeten Schneiders Buch eingehende Besprechungen, aber ich habe keine gesehen, die über seine Folgerungen erschrocken oder erschüttert gewesen wären.

Soweit die romanhaften Vorgriffe auf die Zukunft! Vielleicht werden Sie einige feierlich als Trends verkündete lebenswahre Sachverhalte für noch erstaunlicher oder beunruhigender halten – das liegt ganz bei Ihnen!

Ein gewaltiges Heimstätten-Unternehmen in Miramar (Florida) wird von seinen Urhebern das perfekteste Gemeinwesen der Welt genannt. *Tide* empfahl den amerikanischen Marktschaffern, dieser bahnbrechenden Entwicklung ihr Augenmerk zu schenken, da sie der »Marketing-Zielbereich von morgen«

sein könne. Das Blatt schrieb über Miramar: »Der schlagartige Erfolg ... ist insbesondere für die Marketer von Bedeutung, denn der Trend zu ›gebrauchsfertigen‹ Heimstätten in ›gebrauchsfertigen‹ Gemeinwesen kann anzeigen, wo und wie der Verbraucher von morgen leben wird...« Der Gründer, der jugendliche Robert W. Gordon, teilte mir mit, Miramar sei »eine rührige kleine Gemeinde« geworden und auf dem besten Wege, viertausend Familien ein »vollständig in sich geschlossenes Gemeinwesen« zu bieten.

Was bedeutet der Kauf eines »gebrauchsfertigen« Heims in einem »gebrauchsfertigen« Gemeinwesen? Für viele (aber anscheinend nicht alle) Miramar-Familien bedeutet das: sie brauchen nur ihre Koffer mitzubringen, weiter nichts. Keine Aufregung mit Möbelwagen oder Lebensmitteleinkäufen, kein Warten auf freundliche Antrittsbesuche der neuen Nachbarn. Die Häuser sind vollkommen eingerichtet, sogar Wäsche, Porzellan, Silber, ein Kühlschrank voller Lebensmittel ist vorhanden. Und alles, auch der gefüllte Kühlschrank, gehört zum Ratenzahlungsplan.

Die neuartigste und schrecklichste Errungenschaft von Miramar – alles im Gesamtpreis inbegriffen – ist vielleicht, daß einem auch das gesellschaftliche Leben gebrauchsfertig mitgeliefert wird. Oder wie Mr. Gordon es ausdrückt: »Jeder kann ohne etwas anderes als seine persönliche Habe in eines der Häuser einziehen und fünf Minuten später als ein Teil des Gemeinwesens zu leben beginnen.« Wo sonst noch könnte man am Abend des Einzugstages mit neuen Nachbarn Bridge spielen! Kurzum: Freundeskreis und Grundstück werden in einem verkauft, alles in einer einzigen Hochglanzverpackung. *Tide* beschrieb diesen Aspekt der Stadt von morgen mit den Worten: »Um Miramar so gemütlich und anheimelnd wie möglich zu machen, haben die Erbauer eine, man möchte sagen, ›organisierte Erholung‹ eingerichtet. Sobald eine Familie einzieht, erhält die Frau des Hauses eine Einladung zu einer Reihe von Veranstaltungen, vom Bridgespiel bis zu literarischen Tees. Ihr Mann wird durch Miramar bei Vereinen eingeführt, in denen alles betrieben wird, von der Fischzucht bis zum Wasserskiing.« Angesichts der Trends zur Fremdbestimmtheit, zum Gruppendasein und zur Verbrauchsbeflissenheit, wie sie bei Dr. Riesman ihre Darstellung finden, mag Miramar für den modernen Menschen sehr wohl so etwas wie ein Endziel sein.

Eine andere Art von Vorwegnahme, die Vorwegnahme des Trends in der Industrie zum »sozialen Zurechtstutzen« unseres Lebens, ist wohl in einer bemerkenswerten Fachschule in Los Angeles zu erblicken. Dieses Institut feilt seine Schüler nach einem bestimmten Schnittmuster zurecht und bestätigt ihnen beim Abschluß, daß sie als Arbeitspersönlichkeit ideale Industrieanwärter sind. Das Institut schult Dieselmechaniker, Elektriker, Elektrotechniker, Maschinisten, Autoschlosser und -mechaniker, Funk- und Fernsehmechaniker usw. (National Schools, gegründet 1905.)

Auf diesen Nährboden für den Menschen von morgen stieß ich zuerst dank einem »Menschen nach Maß« überschriebenen, bewundernden Artikel in der Zeitschrift *Diesel Power.* Er stand neben einem Aufsatz über »Schmierstoffe« und erschien in den Anfängen der Benutzung des tiefenpsychologischen Weges zur Belegschaftserziehung. Die Diesel-Zeitschrift, hingerissen von den aufregenden Möglichkeiten sozialer Einpassung, schrieb: Während auf dem Felde der Technik an Wunder grenzende Fortschritte gemacht worden seien, habe man bis vor kurzem »einen lebenswichtigen Zweig des ›engineering‹ schmählich vernachlässigt – die Wissenschaft des ›human engineering‹.« Das Blatt fuhr erläuternd fort: »Unter ›human engineering‹ verstehen wir hier die Wissenschaft von der Formung und Einpassung der Haltung der Industriebelegschaften. Arbeitstechnisches Können und Fachkenntnis eines Arbeiters erfahren vermittels ›human engineering‹ eine entsprechende Ergänzung durch die Fertigkeit, sich hinsichtlich Zusammenarbeit, Aufgabenbereich, Arbeitgeber und Kollegen einzupassen.«

Das jüngste Bestreben gehe dahin, so hieß es weiter, diese kooperative Einstellung im Arbeiter zu entwickeln, noch ehe er seine Beschäftigung aufnimmt, nämlich während seiner Ausbildung, wenn er »für diesen neuen Weg am ehesten empfänglich ist«. National Schools in Los Angeles hätten sich als eine einzigartige Werkstätte für die stufenweise Entwicklung des »human engineering« erwiesen. Die Schule verfolgte den Werdegang der Absolventen, die in die Industrie gingen, und kontrollierte nicht nur ihr technisches Können, sondern auch »ihre Haltung sowohl der Arbeit als auch den Mitarbeitern gegenüber«. Diese Befunde wurden mit den Aufzeichnungen über ihre Arbeit in der Schule verglichen. Derartige Analysen, verbunden mit einer Umfrage bei den Arbeitgebern, welche Eigenschaften ihnen bei den Arbeitnehmern erwünscht seien, befähigten National Schools, so hieß es in dem Artikel, »den idealen Personaltyp hervorzubringen, den die Industrie braucht«. Die Schüler lernen die Grundbegriffe menschlichen Verhaltens; »besonderen Wert legt man auf die gründliche Erörterung und Durcharbeitung jedes Lehrgegenstandes, der geeignet erscheint, dem Schüler ein besseres Verständnis des Zusammenwirkens von Kapital und Arbeit zu vermitteln. Zu diesem Zwecke... treten an den National Schools maßgebliche Persönlichkeiten aus der Dieselindustrie als Gastdozenten auf.« Wahrhaftig, frohlockte das Blatt, hier entstand der »Mensch nach Maß«, bereit, ein besseres Morgen für die Dieseltechnik aufbauen zu helfen!

Wie das Morgen aussieht, dem wir in der Marktschaffung für Produkte zustreben, läßt sich an der Anwendung tiefenpsychologischer Testmethoden auf kleine Mädchen ermessen, deren Empfänglichkeit für Werbelosungen man feststellen wollte. Offenbar entgeht keiner, buchstäblich keiner dem allsehenden Großen-Bruder-Auge des Motivanalytikers, wenn Marktmöglichkeiten zu winken scheinen. Der Fall, auf den ich mich beziehe, mag heute noch extrem anmuten – aber wird das auch morgen noch so sein?

Der fragliche Fall, bei dem es sich um die Tiefenforschung einer Chicagoer Werbeagentur im Auftrage einer führenden Herstellerfirma für Heimdauerwellen handelt, wurde von dem Chef der Agentur im Mai 1954 auf einer Konferenz von Werbefachleuten an der Universität Michigan voller Stolz geschildert. Er führte ihn unter Einschaltung von Dias mit allen Details an, um sein Thema »Wie Motivuntersuchungen für die Verbesserung der Werbung nutzbar gemacht werden können« zu veranschaulichen.

Es ging um das Problem, wie der Widerstand der Mütter gegen Heimdauerwellen für ihre kleinen Mädchen zu durchbrechen sei. Viele Frauen waren der Meinung, Heimdauerwellen hätten Zeit, bis die Mädchen in das Alter kommen, wo sie zur höheren Schule gehen, »einen Lippenstift und erste Rendezvous haben«. (Wie ich selbst bei Befragungen herausfand, befürchten manche Mütter, daß Heimdauerwellen dem Haar der kleinen Mädchen schaden, und sie haben auch gewisse moralische Bedenken.) Auf jeden Fall stellte die Agentur durch Tiefeninterviews mit den Müttern fest, daß sie »beruhigt« werden müßten, ehe die meisten mit einer Heimdauerwelle für ihre Kleinen einverstanden wären. Mittels tiefenpsychologischer Befragung von kleinen Mädchen machte sich die Agentur nun auf die Suche nach einer Basis, wie sie diese Beruhigung verschaffen könnte. Sie hoffte zu entdecken, daß kleine Mädchen einfach Lockenköpfchen »brauchen«, und arbeitete zu diesem Zweck – beraten von »führenden Kinderpsychologen und -psychiatern« – eine Reihe von Projektionstests aus, die man den kleinen Mädchen als »Spiele« unterbreitete. Zeigte man ihnen ein sorgfältig erdachtes Projektionsbild eines kleinen Mädchens am Fenster, so lasen sie angeblich in dieses Bild hinein, es sei »seiner glatten Haare wegen reizlos, unerwünscht und deshalb einsam«. Legte man ihnen Satzvervollständigungstests vor, so setzten sie hübsches Haar angeblich mit »glücklich sein« und glattes Haar mit »häßlichen, unschönen Dingen« gleich.

Der Leiter der Agentur faßte die Erkundungsresultate sowohl von Müttern (deren eigene frühe Kindheitswünsche) als auch von Töchtern zu der Feststellung zusammen: »Ungeachtet der äußerlichen Zweifel der Mütter über die Zweckmäßigkeit von Heimdauerwellen für Kinder war ein im Grunde sehr starkes Verlangen der Mütter nach lockenköpfigen kleinen Mädchen erkennbar.« (Was durchaus glaubhaft ist, wenn man bedenkt, daß die Marktschaffer für Haarpflegemittel seit Jahrzehnten den amerikanischen Frauen eintrichtern: Lockiges Haar verschönt dich.) Den »schöpferisch« tätigen Leuten der Agentur wurde ein siebeneinhalb Pfund schwerer Band ausgehändigt, der alle Einzelheiten der Untersuchung enthielt, und man führte mehrere »schöpferische Arbeitstagungen« mit »einer auf dem Gebiete der Kinderpsychologie maßgeblichen Autorität« als Diskussionsleiter durch. Diese Autorität war anscheinend vonnöten, um einige der schöpferischen Mitarbeiter selbst über diesen Anschlag zu beruhigen, denn sie erklärte: »Einige von Ihnen mögen so reagieren, wie es viele ältere Frauen tun, die sagen: ›Wie schrecklich! Dauerwellen für ein Kind!‹ und gar nicht erst überlegen, daß sie in Wirklichkeit sagen: ›Wie schrecklich, ein Mädchen reizvoller und selbstsicher zu machen‹.«

Der Kinderpsychologe analysierte jeden Werbetext, jedes Layout und jede Fernseh-Handlung auf psychologische Gültigkeit hin, um sicher zu gehen, daß es »für die Eltern glaubhaft klinge«. Diese ganzen Beratungen fanden ihren Niederschlag in einer Fernseh-Werbesendung, die der Mutter helfen sollte, »ihres Kindes Frage: ›Werde ich schön sein oder häßlich, beliebt oder unbeliebt?‹ unterbewußt wahrzunehmen, weil es auch ihre eigenen Kindheitswünsche waren«.

Einen anderen Ausblick auf morgen eröffnet vielleicht auch die Suche nach Mitteln und Wegen, uns als Krankenhauspatienten weniger schwierig und weniger beschwerdefreudig zu machen. Dr. Dichter übernahm die Erforschung dieses Sachverhalts, und *The Modern Hospital* berichtete ausführlich über seine Ergebnisse. Anlaß zu dieser Untersuchung gaben die ständigen Klagen der Patienten über Beköstigung, Rechnungen, Hausbräuche, Langeweile und Pflegerinnen. Patienten sind im allgemeinen reizbar, und Krankenhäuser, die durch Änderung der Hausbräuche oder des Speisezettels diese Beschwerden aus der Welt zu schaffen versucht hatten, erreichten damit so gut wie nichts.

Also nahm die Tiefenanalyse der Patienten ihren Lauf. Eine fünfzigjährige Frau entsann sich ihrer Beschämung, weil eine Krankenschwester sie gescholten hatte, als sie in der Nacht mehrmals nach ihrer Mutter rief. Die Interviewer entdeckten, daß Krankenhauspatienten oftmals voller infantiler Unsicherheiten stecken. Sie ängstigten sich nicht gerade vor dem Sterben, aber sie ängstigten sich, weil sie hilflos wie Kinder seien. Und benähmen sich demnach wie Kinder. Dr. Dichter berichtete, seine bedeutsamste Entdeckung betreffe »den Rückfall des Patienten in die Unvernunft eines Kindes ... In jedem Interview klang immer und immer wieder in der einen oder anderen Form auf: ›Ich fürchte mich ...‹.« Der Rückfall des Erwachsenen in die Hilflosigkeit und Abhängigkeit eines Kindes und das Verlangen nach symbolischer Sicherheit lägen klar auf der Hand. Nach symbolischer Sicherheit strebend, beginnt der Patient, den Arzt als Vater und die Pflegerin als Mutter zu sehen.

Was sollten die Krankenhäuser mit all diesen Erwachsenenkindern anfangen? Die Antwort leuchtete ein. Behandelt sie wie Kinder, wendet bei ihnen die gleichen Methoden an, wie in den Kinderabteilungen, damit die Kinder sich geliebt und umhegt fühlen! Vor allem darf es nicht das leiseste Anzeichen einer Meinungsverschiedenheit zwischen Arzt und Schwester geben, weil es die Patienten an ihre Kindheitsängste erinnern würde, wenn Mutter und Vater miteinander stritten.

Am Ende – so um das Jahr 2000 herum – wird vielleicht diese ganze Tiefenmanipulation psychologischer Prägung liebenswert altmodisch erscheinen. Dann sind möglicherweise die Biophysiker mit ihrer »Biokontrolle« am

Ruder, was einer bis ins letzte gehenden Tiefensteuerung gleichkommt. Biokontrolle ist die neue Wissenschaft der Beherrschung der geistigen Vorgänge, der Gefühlsreaktionen und der Sinneswahrnehmungen mittels bioelektrischer Impulse.

Auf der Tagung der National Electronics Conference, die 1956 in Chicago stattfand, sprach der Elektroneningenieur Curtiss R. Schafer von der Norden-Ketay Corporation über die aufsehenerregenden Möglichkeiten der Biokontrolle. Ihm schwebte vor, wie Elektronen die Kontrolle widerspenstiger Menschen übernehmen werden. Den Unterweisern und Gedankenkontrolleuren bliebe dadurch eine Menge Mühe und Arbeit erspart. Es hörte sich verhältnismäßig einfach an.

Flugzeuge, Raketen und Werkzeugmaschinen sind schon heute elektronengesteuert, und das menschliche Gehirn kann ebenso gesteuert werden. Mit Hilfe der Biokontrolle ist es den Wissenschaftlern bereits gelungen, den menschlichen Gleichgewichtssinn zu verändern. Und sie haben in Tieren Hungergefühle bei vollem Bauch erweckt, und sie lassen Tiere Furcht empfinden, wenn sie nichts zu fürchten haben. Laut *Time* hatte Schafer erklärt:

Die höchste Vollendung erreicht die Biokontrolle mit der Kontrolle des Menschen selbst ... Den kontrollierten Wesen würde niemals gestattet werden, als Individuen zu denken. Wenige Monate nach der Geburt setzt ein Chirurg jedem Kind eine Hülse unter die Kopfhaut und Elektroden, die bestimmte Bereiche des Gehirngewebes ansprechen ... Die Sinneswahrnehmungen und die Muskeltätigkeit des Kindes können dann durch bioelektrische, von unter Staatskontrolle stehenden Sendern ausgestrahlte Impulse entweder verändert oder vollständig beherrscht werden.

Tröstend fügte er hinzu, die Elektroden verursachten »keine Beschwerden«.

Sicherlich würden die Psycho-Verführer von heute bestürzt sein über die Aussicht, daß der Mensch einer derartig schmachvollen Behandlung ausgeliefert werden könnte. Es sind ja meist anständige, nette Leute, Produkte unserer unermüdlich fortschrittlichen Ära. Die meisten möchten uns bloß ein kleines bißchen kontrollieren, damit sie uns irgendein Erzeugnis verkaufen können, das wir vielleicht sogar brauchbar finden, oder eine Meinung unter uns verbreiten, die durchaus ehrenwert sein kann.

Aber wenn das Manipulieren erst anfängt, wo hört es auf? Wer bestimmt den Punkt, von dem an Manipulationsversuche für die menschliche Gesellschaft unerwünscht sind?

XXII

Die Frage der Gültigkeit

»Gute Fachleute werden nicht von sich behaupten, daß sie außerhalb ihrer nachweislichen Kompetenz von Nutzen sein könnten.« – American Psychological Association

Ein großer Teil des Materials in diesem Buch beruht, insbesondere was die Verbraucherforschung und -manipulation anbetrifft, auf den Entdeckungen und Erkenntnissen der Motivanalytiker mit ihren massenpsychoanalytischen Methoden. Manche ihrer Schlüsse aus unserem Verhalten sind so verblüffend, daß der Leser oft mit Recht erstaunt fragen wird, inwieweit ihre Untersuchungsmethoden überhaupt gültig sind.

In den Kreisen der werbenden Wirtschaft haben diese Methoden sowohl übertriebene Anerkennung als auch übertriebene Ablehnung gefunden. Einige Vorstöße gegen die Motivforschung – vor allem von Leuten, die mit rivalisierenden Überredungstechniken arbeiten – sind inzwischen abgeflaut. Gewisse Marktschaffer glauben noch, daß man weit wirkungsvoller mit Zugaben Verkaufsförderung betreiben könne, als mit diesem ganzen tiefenpsychologischen Hokuspokus. Der Marketing-Direktor der Pabst Brewinß Company äußerte vor dem Premium Industry Club betrübt: »Die Psychologen haben sich zu wahren Geschäftsorakeln entwickelt. Überschlaue Professoren und Hellseher erforschen die Meinungen der Käufer. Sie suchen zu beweisen, daß die Libido den Umsatz beherrscht, oder daß die Leute eine Ware kaufen, weil sie unterbewußt ihre Väter hassen.« In Wirklichkeit »schätzen die Verbraucher Zugaben sehr und bekommen gern etwas umsonst. In jedem von uns steckt ein kleiner Dieb ...«

In den mittelfünfziger Jahren gerieten die Werbefachleute der Madison Avenue in heftige Auseinandersetzungen über die Frage der Gültigkeit und Durchschlagskraft der Motivforschung. Die Motivforscher schalteten sich ebenfalls ein und bombardierten sich den Herbst 1955 und Anfang 1956 hindurch gegenseitig. Der erste Schuß kam von Alfred Politz, der zwei Jahre zuvor sich selber für Motivuntersuchungen angeboten, inzwischen aber sein großes Unternehmen auf traditionelleren Methoden aufgebaut hatte.

Er brachte zunächst seinen festen Glauben an den Wert tiefenpsychologischer Untersuchungen zum Ausdruck, fügte jedoch hinzu: Wegen der Notwendigkeit, die Befunde zu deuten, und der Tatsache, daß die Motivforschung noch in den Kinderschuhen steckt, »ist leichtgläubigen Marketern großenteils pures, unausgegorenes Geschwätz als wissenschaftliches Evangelium aufgeredet worden«. Er beschuldigte die Motivanalytiker, sie nähmen die Werbeleute von der Madison Avenue mit ihrer »Pseudo-Wissenschaft« an die Leine und würden noch obendrein mit offenen Armen aufgenommen, weil sie einfache Antworten (auf alle Fragen) lieferten und »Madison Avenue nichts Schweres oder Kompliziertes haben will«.

Später erhob er den Vorwurf, einige von den »Händlern in Motivforschung« benutzten als Interviewer stellungslose Schauspieler statt geschulter wissenschaftlicher Arbeiter. Und einer seiner aufgebrachten Assistenten sagte: »Man kann nicht von der Couch des Psychiaters aus beurteilen, wie der Verbraucher sich in einem Einheitspreisgeschäft verhalten wird.« Besser und vernünftiger sei es, zur Beurteilung eine möglichst wirklichkeitsgetreue Kaufsituation zu konstruieren. Seine Firma betreibt zu diesem Zweck den sogenannten »Politz-Laden«.

Wie vielfach angenommen wurde, waren die Bergfeste Ernest Dichters und sein rasch wachsendes Institute for Motivational Research das Hauptziel der Politz-Kanonade. Das Institut schlug zurück, indem es Politz' Kritik einen »Gefühlsausbruch« nannte und hinzusetzte: »Es könnte interessant sein, nach den Motiven einiger hitziger Attacken zu forschen, die unlängst von Personen geritten worden sind, welche ein begründetes Interesse an anderen Forschungsmethoden haben.«

Aus dem Bereich der Sozialwissenschaften kam von anderen Seiten der Hinweis, daß manche Motivforscher zuweilen die Neigung hätten, mehr zu verkaufen als sie haben – sozusagen die Ausbeuter auszubeuten. Der als Industrieberater tätige Yale-Psychologe John Dollard rügte einige unter seinen Kollegen mit der Bemerkung, derjenige werde mit offenen Armen aufgenommen, der den Werbungtreibenden »eine gemäßigte Form von Allmacht« verspreche. Indessen betonte er im selben Atemzug, die Motivforschung sei weder eine Marotte, noch werde sie wieder verschwinden, vorausgesetzt, die Werbungtreibenden und die Agentur-Leute wären willens, sich um eine Verbesserung ihrer Leistungen zu bemühen.

Burleigh Gardner, Direktor von Social Research, tat einen anderen vielsagenden Ausspruch über die Benutzung der Motivforschung. Eine der Hauptschwierigkeiten, sagte er, ist der Umstand, »daß viele Leute einen oberflächlichen Gebrauch von der Motivforschung machen, großenteils nur als Renommierstück für ihre Agentur oder ihre Firma«. Und fast jede Marktforschungsfirma sei rasch mit einem »Machen wir!« bei der Hand.

Als Anfang der fünfziger Jahre erstmals eine Kontroverse über die Motivforschung entbrannte, errichtete die Advertising Research Foundation, wie schon erwähnt, einen Sonderausschuß Motivforschung, der die Sachlage abschätzen sollte. Der Vorsitzende Wallace H. Wulfeck bezog in Anbetracht der vielen in der Motivforschung steckenden Risiken eine mittlere Linie. Er erklärte, wer die Motivforschung als »Mache« angreife, habe genauso unrecht wie jene, die behaupten, sie könne »Wunder tun«. Er betonte, man müsse an die Motivforschung mit Vorsicht herangehen, da sie noch im Versuchsstadium sei; er schien jedoch durchaus überzeugt, daß die Motivforschungstechniken, wenn sie erst vervollkommnet sind, Standardverfahren der Marktforschung sein werden.

Ich will hier kurz sowohl einige der ernsthafteren Kritiken an der Motivforschung als gültiges Werkzeug (wenigstens wie sie bislang benutzt worden ist) anführen als auch Beweise für ihren Wert. In der Hauptsache werden gegen die Motivforschung und ihre Praktiker vier Einwände vorgebracht:

1. Übereifrige Anhänger haben häufig durchblicken lassen, sie sei ein Allheilmittel für jedes Problem und jede Aufgabe des Marketings. Tatsächlich ist es natürlich falsch, anzunehmen, es gäbe einen einzigen oder einen Hauptgrund, warum die Leute ein Erzeugnis kaufen oder nicht. Ein Schwarm von Faktoren spielt dabei mit, wie Qualität der Ware, der Platz im Regal und der reine Werbeaufwand.

In diesem Zusammenhang sollte erwähnt werden, daß viele Erkenntnisse der Motivforschung in bezug auf ein Produkt zwar vielleicht faszinierend, dem Marktschaffer aber nicht besonders nützlich sind. Der Motivforscher Albert J. Wood erklärte vor der American Marketing Association:

»Sofern nicht alle Werbung einfach eine Variation über die Themen Ödipuskomplex, Todesahnen oder Reinlichkeitsdressur werden soll, müssen wir zugeben, daß die Motive, mit denen wir Geschäfte machen, manipulierbare Motive sein sollten ... Ein Produzent hat keine Möglichkeit, einen Verbraucher für die Tatsache zu entschädigen, daß er als Säugling unzureichend gestillt worden ist.« (Andere werden diese Behauptung vielleicht bestreiten und darauf verweisen, daß einige um der oralen Befriedigung willen geschätzte Produkte die unzureichende Stillung im Säuglingsalter entschieden zu einem manipulierbaren Motivationsfaktor machen.)

Die Forscher sagen, daß die Brauchbarkeit eines unterbewußten Faktors für den Manipulator zweifellos mit der *Intensität* unserer unterbewußten Regungen zusammenhängt. Professor Smith erklärt: »Die Tatsache, daß ein bestimmtes Produkt für vorteilhaft gehalten wird, oder als Sexualsymbol gilt, oder den Betreffenden an seine Mutter erinnert, hat nur begrenzten Wert, außer wir wissen etwas über die Intensität der Empfindung, die es erweckt, und ob dieses Gefühl sich in die gewünschten greifbaren Reaktionen auf Verbraucherebene ummünzen läßt.«

Gesprächsweise oder in die Enge getrieben, lassen die meisten Analytiker selber durchblicken, daß sie wissen, wie weit die Motivforschung, wenigstens bis jetzt, davon entfernt ist, eine Patentlösung zu sein. Zum Beispiel:

Mr. Cheskin gab zu: »Manchmal denke ich, wir könnten zu tief hineingeraten.«

Der psychologische Direktor einer großen Forschungsfirma sagte: »Wir stehen noch ganz am Anfang, wo mehr versprochen als geliefert wird.«

Der Chefpsychologe einer anderen Forschungsfirma warnte: »Man kommt nicht umhin, diese Sache mit ein bißchen Witz anzufassen.«

Der Forschungsdirektor einer umfangreich mit Motivforschung befaßten Werbeagentur (sie hat nahezu hundert Untersuchungen durchgeführt) sagte: »Motivforschung allein genügt nicht. Bei 20 bis 30 Prozent unserer Untersuchungen entdecken wir überhaupt nichts Brauchbares.«

Selbst Dr. Dichter und seine Assistenten lassen gelegentlich vorsichtige Äußerungen fallen, so, wenn er sagt: »Die Motivforschung ist noch weit davon entfernt, eine exakte Wissenschaft zu sein«, und ein Assistent erklärte, Kaufentscheidungen würden sowohl auf rationaler als auch auf irrationaler Basis getroffen.

Der Marktforschungsdirektor einer der größten psychologischen Testfirmen der USA sagte: »Auch die besten Methoden tragen nur ein kleines bißchen zu unserem Verständnis bei, warum die Menschen so handeln, wie sie handeln.«

Professor Smith schrieb in seinem Buch über die Motivforschung zusammenfassend, man betrachte sie am besten als »einen Plusfaktor«.

2. Ein weiterer Vorwurf beschuldigt einige Motivanalytiker, sie hätten ihr diagnostisches Handwerkszeug in der Klinischen Psychiatrie aufgelesen und wendeten es auf das Massenverhalten an, ohne sich über die Gültigkeit einer solchen Anwendung zu vergewissern.

Diese Seite der Motivforschung hat Dr. Wulfeck von der Advertising Research Foundation ebenso viel Kopfzerbrechen bereitet wie vielen anderen. Einige klinische Techniken, wie der Rorschach-(Tintenklecks-)Test, sind keineswegs unfehlbar, selbst dann nicht, wenn sie bei klinischen Fällen individuell angewendet werden. Für Irrtümer bleibt immer Raum, zumindest in der Auslegung der Bedeutung eines bestimmten Kleckses oder einer Antwort bei einem Satzvervollständigungstest.

Zieht man, von einer kleinen Mustersammlung an Testresultaten ausgehend, Schlüsse auf das Massenverhalten, so sind Irrtumsmöglichkeiten ohne weiteres gegeben. Denn in bezug auf ihre Motivationen sind die Einzelwesen beträchtlich voneinander verschieden. Nach Ansicht sehr objektiver Beobachter ist die Zahl der bei einer bestimmten Motivuntersuchung Befragten entscheidend. Leider sind Motivationstests kostspielig. Will man eine wirkliche Tiefensondierung erreichen, so muß ein geübter Praktiker auf jeden einzelnen Befragten eine Menge Zeit verwenden. Das legt die Versuchung nahe, den

Umfang der Befragung klein zu halten. Dr. Wulfeck wies jedoch Ende 1954 darauf hin, daß »der Umfang der Befragung von erheblicher Bedeutung« sei. Die größte ihm bislang bekanntgewordene tiefenpsychologische Befragung habe zweihundert Personen umfaßt, und er fragte: »Genügt das?« (Mittlerweile hat Louis Cheskin vom Color Research Institute erklärt, der kleinste Personenkreis, den er bei einem Markentest für das Gebiet der Vereinigten Staaten befragte, umfaßte sechshundert Menschen.)

3. Eine weitere, viele Leute beunruhigende Seite der Motivforschung ist die zu starke Abhängigkeit der Ergebnisse vom Scharfsinn und den intuitiven Kräften des einzelnen Fachmannes. Hinsichtlich der Vereinheitlichung und Gültigerklärung von Testverfahren ist bisher wenig erreicht worden.

Dr. Wulfecks Gruppe arbeitet unter anderem an der Bestimmung der Gültigkeit oder Wertlosigkeit der verschiedenen Motivforschungstechniken. Wie er mitteilte, ist seit kurzem an der Columbia-Universität mit finanzieller Unterstützung der Foundation eine derartige Prüfung im Gange. Man untersuche eingehend, ob Satzvervollständigungs-Tests für Motivforschungszwecke Gültigkeit haben oder nicht. Leider sei dies der einzige 1956 unternommene Versuch zur Bewertung von Motivforschungsverfahren. Dr. Wulfeck verwies bekümmert auf die vielen Millionen Dollar, die für die auf den Einsichten der Motivforschung basierenden Werbefeldzüge ausgegeben werden, während es schwer sei, Firmen zur Unterstützung von Forschungen zu bewegen, welche erst einmal die Forschungstechniken bewerten. »Leute, die das Geld zur Finanzierung solcher Forschungen hätten, sind mehr an der Lösung alltäglicher Probleme interessiert als an der Suche nach Wegen zur Verbesserung unserer Methoden«, sagte er.

Manche Wissenschaftler stört der Umstand, daß Projektionstests – ihrem ganzen Wesen nach – normalerweise nicht statistisch beweisbar sind. Sie fühlen sich wohler, wenn sie mit einer Methode arbeiten, deren Aufschlüsse statistisch erfaßt werden können. Die Art und Weise zum Beispiel, wie jemand auf ein Tiefeninterview reagiert, läßt sich nicht addieren. Das gleiche gilt für die Rorschach-Tests.

Der Psychologe William Henry behauptet allerdings, Motivforscher alter Schule betonten die Notwendigkeit statistischen Beweises zu sehr. Er sagte: »Es gibt verhältnismäßig wenige Quantitativ-Untersuchungen, die den Wert entweder des Rorschach- oder des TAT-Tests (zwei Projektionstests) statistisch dartun. Trotzdem kenne ich keinen Kliniker – und ich weiß viele, die mit diesen Mitteln gearbeitet haben –, der nicht auf Grund seiner allgemeinen psychologischen Ausbildung davon überzeugt ist, vermittels dieser Tests weitaus zuverlässigere Informationen zu bekommen, als mit jenen Verfahren, die bei den statistikbeflissenen Psychologen Ansehen genießen.«

Manche tiefenpsychologische Wege sind mehr Sache »wissenschaftlicher« Verfahrensweise als andere. Mr. Cheskin betont gern, daß seine auf Assoziations- und indirekten Präferenztests (bei denen die Versuchsperson nicht einmal gewahrt, daß sie getestet wird) basierenden Untersuchungen zuverlässiger sind als die sogenannten Tiefeninterviews. (Sein alter Rivale Dr. Dichter war der Wegbereiter des Tiefeninterviews.) Cheskin sagt, die von ihm betriebene Art der Motivforschung sei »reine Wissenschaft, genau wie Physik, Chemie oder Biologie.«

Cheskin befaßt sich vor allem mit dem Testen von Verpackung. Er erklärte, daß er nacheinander jeweils einen Faktor, etwa Name, Farbe, Form, Bild usw., testet und dann erst alle Faktoren zusammen. Und bevor er eine Verpackung draußen im Verkauf testet, wird sie im Labor noch Okulartests unterworfen, die über Augenbewegung, Sichtbarkeit und Lesbarkeit Klarheit schaffen. Von den Tiefeninterviews sagte er, die Versuchsperson wisse auf jeden Fall, daß sie interviewt wird, setze daher Abwehrmechanismen in Gang und gebe, zumindest in gewissem Grade, vernunftbestimmte Antworten. Außerdem hingen die Ergebnisse der Tiefeninterviews von der »Geschicklichkeit des Interviewers« ab.

Tatsächlich stellt nicht nur das Können des Interviewers eine Quelle für Irrtümer dar. Forschungsexperten gleicher Ausbildung können, wie ein Vertreter der Psychological Corporation erklärte, zu unterschiedlichen Auslegungen der gleichen Projektionsresultate kommen.

Es steht überdies fest, daß manche Forscher mit ihren Testresultaten nach Belieben umgegangen sind. Emanuel Demby von Motivation Research Associates hat darauf hingewiesen, daß bei gewissen Sachverhalten Kritik durchaus gerechtfertigt ist. Besonders führte er Fälle an, wo die von den Befragern berichteten Resultate selbst zusammengezimmert sind, oder wo dem Klienten nicht alles Beweismaterial zugänglich gemacht wird, auf das die Beurteilung sich stützt, oder »wenn der Bericht geschrieben wird, ehe alle Tests vorliegen, wie es in einer Anzahl von Fällen geschehen ist«. Nichtsdestoweniger fügte auch er hinzu, daß der tiefenpsychologische Zugang zum Verbraucherverhalten »ein Faktum des modernen Lebens« sei.

4. Schließlich bemängelt man es, daß die Befunde der Tiefensondierer manchmal nicht der objektiven Bestätigung durch konventionelle Testmethoden unterworfen werden, bevor man sie anerkennt und verwendet. Hier liegt die große Gefahr – wie eine Kritik besagt –, »die Vorstellung, von der man ausging, für die Schlußfolgerung« zu halten.

Business Week gelangte in seiner Analyse der Motivforschungsverfahren zu der Auffassung, jede Verhaltensforschung, die »einen gewissen Grad wissenschaftlicher Genauigkeit anstrebt, sollte in Stufen vor sich gehen: Erstens, eine Leituntersuchung – ein schneller, zwangloser Überblick, um sich mit dem Gegenstand vertraut zu machen. Zweitens, eine peinlich genaue, sorgfältige Untersuchung, um herauszufinden, ob die Schlußfolgerung wirklich hieb- und stichfest ist, und unter welchen Verhältnissen sie gilt. Für viele Werbeprobleme genügt es vollauf, die mutmaßlichen Fakten ins Auge zu fassen. Deshalb werden die Werbungstreibenden es bei ihren Motivuntersuchungen wahrscheinlich mit der ersten Stufe bewenden lassen.«

Einige Forscher – das muß hier eingefügt werden – testen die Befunde ihrer Motivforschungsarbeit rigoros mit konventionellen Methoden, ehe sie sie als Faktum nehmen. Herta Herzog, eine der ersten Motivanalytikerinnen und Leiterin der Abteilung Creative Research bei der riesigen Werbeagentur McCann-Erickson, gelangt heute in vier Etappen zu ihren Schlüssen. Erstens wendet sie konventionelle Forschungsmethoden an zur Ermittlung möglicher Käufer für das in Frage stehende Produkt. Zweitens testet ihr Mitarbeiterstab drei- bis vierhundert dieser Leute tiefenpsychologisch. Drittens werden die Testergebnisse mit Hilfe eines mehr konventionell »aufgebauten« Fragebogens an einem großen Personenkreis (bis zu dreitausend) nachgeprüft. Viertens, um festzustellen, ob die aus der Motivuntersuchung gezogenen Schlüsse richtig sind, testet man die auf Grund der Motivforschungsergebnisse entworfenen Inserate an einem ausgewählten Verbraucherkreis in verschiedenen Gebieten der Vereinigten Staaten.

Um 1957 schienen die meisten verantwortungsbewußten Praktiker der Motivforschung die Ansicht zu vertreten, daß sie als Ausgangspunkt oder als Leitfaden sehr nützlich ist, ihre Erkenntnisse jedoch, wann immer möglich, mit Hilfe anderer Methoden auf ihre Gültigkeit geprüft werden sollten. Sogar ihre Kritiker geben zu, daß sie in der Marktforschung im Stadium des Ideen-Sammelns und der Mutmaßungen einen wichtigen Platz einnimmt.

Einige Werbefachleute behaupten, daß selbst die ungeprüften Ideen und Anhaltspunkte der Analytiker unerhört wertvoll sind. *Business Week* meinte: »Jeder Werbetexter ... könnte bessere Anzeigen schreiben, wenn er erst mit einem Dutzend oder vierhundert Verbrauchern gesprochen hätte, statt sich am Schreibtisch abends um neun mit glorreichen Ideen herumzuschlagen.« Der Forschungsdirektor eines Lebensmittel-Unternehmens erzählte mir, er konsultiere oft Ernest Dichter und bringe »Ernest« gern dazu, einfach über ein Problem, wie etwa backfertiges Kuchenmehl, zu plaudern. Zuweilen könne das so nützlich sein wie eine regelrechte Umfrage. »Wenn es nur einmal richtig bei ihm ›funkt‹, ist uns das mindestens 2500 Dollar wert«, erklärte er. Indessen betrachtet nicht jeder aus dem Bereich der Werbung Dr. Dichters Erkenntnisse als unfehlbar, aber *Tide* stellte 1955 in einem Artikel fest, sogar seine sachkundigen Vermutungen seien »genial«.

Der Präsident der Nationales Sales Executives, Inc., erklärte ebenfalls die Erkenntnisse der Sozialwissenschaftler in zweierlei Hinsicht für wertvoll: »Erstens, die Analytiker kommen häufig mit Lösungen, die sich im Falle der Erprobung bewähren. Zweitens, auch wenn Empfehlungen nicht genau die erhofften Resultate erbringen, so reißen sie doch das Management aus dem geistigen Trott.«

Der zwingendste Beweis, daß die Motivforschung ernst genommen werden muß (zumindest von der tiefensondierten und manipulierten Allgemeinheit), ist vielleicht die Tatsache, daß die Wirtschaft selbst sie tatsächlich noch sehr ernst nimmt. Mehr und mehr Unternehmen stützen sich für ihre Werbefeldzüge auf die Motivforschung. *Tide* schrieb in der Ausgabe vom 26. Februar 1955: »In zehn Jahren wird die Motivanalyse so gebräuchlich sein wie ›Nasenzählen‹. Wenn der gegenwärtige Trend anhält, werden im Jahre 1965 in Amerika wenige Marketer eine Anzeigenwerbung starten oder ein neues Produkt auf den Markt bringen, ohne zuerst eine gründliche Untersuchung der Verbrauchermotive durchzuführen.« Für eine der größten Werbeagenturen Amerikas gilt dies tatsächlich schon heute. Jeder einzelne Kunde bekommt bereits seine Motivuntersuchung!

Diese gleichen Leute setzen abrupt, ohne mit der Wimper zu zucken, ein Millionen-Dollar-Fernsehprogramm ab, wenn es in der Beliebtheitswertung um ein paar Punkte abfällt. Sie würden die Motivforschung nicht benutzen, wenn sie ein besseres Werkzeug besäßen, uns zum Kauf ihrer Waren zu überreden. (1956 gab der sachverständige A. C. Nielsen jr. die Ergebnisse einer Umfrage bekannt, wonach in der Vergangenheit die Marketing-Direktoren im allgemeinen jeweils nur zu 58 Prozent recht oder im großen und ganzen recht gehabt hatten!) Die maßgeblichen Männer haben daraus entnommen, daß der tiefenpsychologische Weg, ob sie ihn schätzen oder nicht, Lösungen zu liefern vermag, die zu übersehen sie sich nicht leisten können.

Ende 1954 befragte *Printer's Ink* die Mitglieder ihrer Jury of Marketing Opinion, was sie von der Motivforschung hielten. Vierundsechzig beantworteten den Fragebogen. Zweiunddreißig davon sagten, sie wendeten die Motivforschung an oder hätten sie angewandt. Die Zeitschrift schloß daraus: »Die meisten, die Motivforschung ausprobiert haben, schätzen sie.« Die folgende Übersicht zeigt, wie viele von den Befragten die einzelnen Testmethoden benutzt hatten.

Tiefeninterviews	27
Panel-Reaktion	12
Gruppeninterviews	12
Projektionstechniken	9
Wortassoziation	7
TAT	4
Psycho-Tests	3
Rollenspiel	2
Rorschach	1

(In diesen Antworten scheint allerdings eine gewisse Verwirrung oder Doppelzählung zu herrschen, weil beispielsweise der Rorschach-Test nur eine von mehreren Projektionstechniken ist.)

Zusammenfassend kann man sagen: Während über die verschiedenen Untersuchungstechniken beträchtliche Unstimmigkeit bestand, gibt es kaum Zweifel, daß der tiefenpsychologische Weg im allgemeinen Bestand haben wird. *Advertising Age* zitierte einen Professor der Nationalökonomie an der Universität Illinois: »Nur wenige Menschen stellen heutzutage den Wert der Psychiatrie oder der Psychologie für die Erklärung von Verhaltensweisen in Frage.« Das bedeutet natürlich nicht, daß die Motivforschungs-Praktiker hundertprozentig recht haben oder auch nur in jedem Falle größtenteils im Recht wären. Die Motivforschung ist eine neue und noch nicht exakte Wissenschaft. Dr. Wulfeck sagt, sie ist etwa soweit wie die Demoskopie Anfang der dreißiger Jahre – also alles andere als unfehlbar. Es muß noch viel getan werden, um ihre Verfahren zu verfeinern, zu vereinheitlichen und zu bewerten und qualifizierte Praktiker heranzubilden. Dr. Wulfeck ist überzeugt, daß, je mehr Motivforschung betrieben wird, desto präziser auch die Werkzeuge werden. *Business Week* wies darauf hin, daß Motivforschungs-Praktiker schon unbestreitbar sichere Resultate erzielten; als Beispiel führte das Blatt die Arbeit des Survey Research Center der Universität Michigan an, dessen psychologische Forschungsstelle »für eine fortlaufende, zuverlässige Messung der Verbrauchermeinungen sorgt, die den Lauf der Geschäfte bestimmen. Diese Angaben sind bereits ein wichtiger Gradmesser für das Wirtschaftsklima geworden.« (Der Federal Reserve Board nimmt sie großenteils als Richtschnur.)

Die von *Business Week* über die Motivforschung durchgeführte Untersuchung faßte die Lage auf eindringliche Weise zusammen:

»Daß heutzutage den Motiven der Leute soviel Wert beigelegt wird, und das Streben nach einer Verhaltenswissenschaft ist mehr als nur Manie. Sie wird sich nicht legen, sondern man muß damit rechnen, daß sie an Bedeutung gewinnt – weil sie einem wirtschaftlichen Bedürfnis entgegenkommt, das einem realen und bedeutsamen Wandel in der amerikanischen Gesellschaft während der letzten zwei oder drei Jahrzehnte entspringt.«

Der Bericht setzte dann folgenden hoffnungsvollen oder Böses verheißenden – das kommt auf den Standpunkt an – Kommentar hinzu: »Sehr wahrscheinlich werden die in Rede stehenden Untersuchungen im Laufe der Zeit beträchtlich sorgfältiger ausgearbeitet und gründlicher werden. Denn wenn die Wirtschaft sich mit den psychologischen Techniken genügend vertraut gemacht hat, wird sie sich ihrer auch für andere als für Werbeaufgaben bedienen.«

Das wurde Mitte 1954 geschrieben. Wie schon gesagt, setzen Geschäftsleute und andere diese wirksamen Methoden zur Meinungsforschung mittlerweile auch bei Vorhaben ein, die mit der Warenwerbung nichts zu tun haben.

Da der tiefenpsychologische Weg trotz seiner Fehlbarkeiten zunehmend und auf immer weiteren Gebieten beschritten wird, ist es vonnöten, die unausgesprochenen moralischen Folgerungen, die sich aus diesem steigenden Gebrauch ergeben, ins Auge zu fassen.

XXIII

Die Frage der Moral

> »*Allein schon die Vermessenheit, durch die von uns angewandten Methoden den menschlichen Geist zu formen oder zu beeinflussen, hat in unseren Gemütern ein Gefühl tiefen Unbehagens hervorgerufen.*« – W. Howard Chase, Präsident der Public Relations Society of America, 1956

Welche unausgesprochenen Folgerungen ergeben sich aus dieser ganzen »Meinungspflege« im Hinblick auf unsere bestehende Moral? Was bedeutet es für die amerikanische Moral, daß so viele mächtige, einflußreiche Leute bestrebt sind, unsere Gesellschaft »in die Hand« zu bekommen? Energisch bestrebt, unser Tun zu lenken, scheinen manche Meinungsformer unwissentlich der Ansicht zu huldigen, der Mensch sei dazu da, »manipuliert« zu werden.

Während manche Meinungsformer sich hin und wieder Gedanken über die zwangsläufigen Folgen ihrer Bemühungen machen, glauben andere, was für sie Fortschritt bedeute, sei ein Fortschritt für die Nation. Einige tiefenpsychologische Marktschaffer beispielsweise scheinen zu unterstellen, daß alles, was zur Erhöhung des Sozialproduktes führt, automatisch gut ist für Amerika. Ein Werbeleiter aus Milwaukee erzählte in *Printer's Ink*, daß Amerika durch die systematische Schaffung von Unzufriedenheit groß geworden sei. Er redete besonders von dem Triumph der kosmetischen Industrie, die durch den Verkauf von Hoffnung in die Milliarden-Dollar-Klasse aufgerückt sei. Triumphierend zog er die Schlußfolgerung: »Und jedermann ist glücklich!«

Andere behaupten, das Publikum stehe den Werbeappellen so skeptisch gegenüber, daß seine Psyche trotz aller ihr geltenden Sturmangriffe von seiten der verschiedenen Werbemittel keinen Schaden erleiden könne. (Dem läßt sich entgegenhalten, daß eben diese wachsende Skepsis ein Hauptgrund war, warum die Werbefachleute sich den unterbewußten Appellen zuwandten. Sie wollen durch unsere Bewußtseinsschranke schlüpfen.)

Business Week wies die Beschuldigung zurück, die Wissenschaft vom Verhalten der Menschen gebäre ein Monstrum an Menschendirigismus, mit dem

»hinter den Kulissen eine Bevölkerung aus Marionetten manipuliert werde«, und erklärte: »Es ist schwer, etwas wirklich Böses an einer Wissenschaft zu entdecken, deren Hauptsatz besagt: Man kommt mit den Leuten aus, indem man ihnen gibt, was sie haben wollen.«

Aber ist »jedermann glücklich«? Und sollte man uns alles »geben«, was unser Es »will«?

Sicherlich läßt sich manches Positive über die sozial konstruktiven Folgen sagen, die aus den Bemühungen der Meinungsformer um die Erforschung des menschlichen Verhaltens erwachsen sind. Die Wirtschaft hat ihre Verkaufswerbung von einigen der früheren groben Auswüchse befreit und achtet mehr auf unsere Wünsche und Bedürfnisse, wenn es auch oft unterbewußte Bedürfnisse sind. Der Werbeberater Edward Weiss hob dies hervor, als er sagte, die sozialen Erkenntnisse helfen den Werbeberatern, »nicht an Mätzchen zu denken und sich auf die *wirklichen Gründe*, warum die Leute Waren kaufen, zu konzentrieren«. Wir haben gesehen, wie die Marktschaffer in ihren Werbelosungen für Bier und andere Produkte, die vorwiegend von der Mittelklasse gekauft werden, realistischer geworden sind.

Ähnlich wurde ein Lebensmittelkonserven-Fabrikant infolge einer tiefenpsychologischen Untersuchung in seiner Verkaufswerbung klüger. Er hatte eine Gratisreise nach Hollywood als Preis ausgesetzt für die beste, fünfzig Worte umfassende Darstellung »Warum ich gern...«. Das brachte ihm eine Menge Einsendungen, aber keine nennenswerte Umsatzsteigerung ein. Eine tiefenpsychologische Hausfrauenstudie ergab, warum. Verheiratete Frauen mit zwei Kindern und einem arbeitenden Mann waren an einer Reise nach Hollywood, ob kostenlos oder anderswie, uninteressiert. Wer würde auf die Kinder aufpassen und für den Mann kochen? Eine Analyse der Einsender ergab, daß es meist Teenager waren, die noch nie Lebensmitteleinkäufe gemacht hatten!

Ähnlich hat die Anwendung von Einsichten der Sozialwissenschaften auf die Firmenbelegschaft – wo sie nicht mit »social engineering« einherging – vernünftige Verfahrensweisen und konstruktive Veränderungen herbeigeführt. *Advanced Management* berichtete, daß ein großes Unternehmen jetzt seine Leute der Forschungsabteilung und die Neulinge, die einen Vertrauensposten übernehmen, eingehend befrage, um zu hören, unter welchen Bedingungen sie meinen, am besten arbeiten zu können. Arbeiten Sie gerne allein oder in einer Gruppe? Haben Sie Ihren Schreibtisch gern in einer Ecke oder in der Mitte des Raumes? Arbeiten Sie gern an einer einzigen Sache oder lieber an mehreren gleichzeitig? Kurzum, diese Betriebsführung versucht die Umgebung dem Individuum entsprechend zu manipulieren, nicht umgekehrt.

Andererseits wirft ein gut Teil des menschenmanipulierenden Tuns der »Verführer« tief beunruhigende Fragen auf über die Art von Gesellschaft, die sie für uns aufrichten wollen. Daß sie in der Lage sind, durch Zeitungen, Fernsehen usw. mit Millionen Menschen gleichzeitig in Verbindung zu treten, gibt ihnen – wie einer von ihnen sagte – die Macht, in sehr kurzer Zeit und »in einem Ausmaß, wie es nie zuvor möglich gewesen wäre«, Gutes oder Böses zu tun. Sind sie befugt, ihre Manipulation damit zu rechtfertigen, daß alles, was das Sozialprodukt erhöht, »gut« für Amerika ist? Oder damit, daß der alte Grundsatz »Käufer, sei auf der Hut!« sie von der Verantwortlichkeit für Folgen entbinde, die manchem antisozial erscheinen mögen?

Vielleicht können die Anhänger der Optimismus-Zeugung in Wirtschaft und Politik eindrucksvoll auf die Notwendigkeit der Bewahrung des öffentlichen Vertrauens verweisen, wenn uns an Frieden und Wohlstand gelegen ist. Aber wohin führt es uns? Was wird denn aus dem öffentlichen Vertrauen, wenn die Öffentlichkeit merkt (und allmählich wird sie es merken müssen), daß die Industrie- und Regierungsführer sich auf Biegen oder Brechen zu einem vertraueneinflößenden Standpunkt verschworen haben?

Wie soll man da noch wissen, was man glauben darf?

Meiner Meinung nach wirft eine ganze Anzahl der von mir hier angeführten Praktiken und Techniken ganz entschieden Fragen moralischer Natur auf, mit denen Verführer und Publikum sich auseinandersetzen müßten. Zum Beispiel:

Ist es moralisch, einem vernunftwidrigen und impulsiven Handeln der Hausfrau beim Einkauf der Lebensmittel für die Familie Vorschub zu leisten?

Ist es moralisch, mit geheimen Schwächen und Mängeln – Ängste, aggressive Empfindungen, Furcht vor dem Anderssein und infantile Überbleibsel – zu spielen, um Erzeugnisse zu verkaufen? Vor allem, wie ist es um die Moral von Industrien bestellt, die Werbefeldzüge ausarbeiten, deren Gelingen auf den von ihnen erkannten Schwächen beruht?

Ist es moralisch, kleine Kinder zu manipulieren, noch ehe sie das Alter erreichen, in dem sie für ihr Tun gesetzlich verantwortlich sind?

Ist es moralisch, Wähler wie Käufer, und zwar wie kindliche, nach Vaterbildern suchende Käufer, zu behandeln?

Ist es moralisch, unsere geheimste sexuelle Empfindungsfähigkeit und Sehnsucht für kommerzielle Zwecke auszubeuten?

Ist es moralisch, an unsere Nächstenliebe zu appellieren und dabei unseren heimlichen Geltungsdrang ins Spiel zu bringen?

Ist es moralisch, der Öffentlichkeit eine Materialverschwendung einzureden, indem man dem »psychologischen Verschleiß« von in Gebrauch befindlichen Produkten Vorschub leistet?

Ist es moralisch, der beifälligen Stimmung die Wahrheit zu opfern, wenn man den Bürger über die Situation seines Volkes unterrichtet?

Die Meinungskneter geben hin und wieder selber ihre Befürchtungen ganz unmißverständlich zu und gestehen ein, daß manche ihrer Seelenforschungs-Praktiken »ein bißchen kaltblütig« sind. Einer, Nicholas Samstag, bekannte in *The Engineering of Consent:* »Man kann sagen, es sei moralisch verwerflich, aus der Gutgläubigkeit eines Menschen Vorteil zu ziehen, seine Irrtümer auszunutzen, aus seiner Unwissenheit Kapital zu schlagen – und vielleicht ist das auch der Fall ... Ich weiß es nicht so genau.«

1954 brachte die Juni-Ausgabe des *Public Relations Journal* einen bemerkenswerten Beitrag über das Wagnis der Seelenforschung. Kleber R. Miller, ein Public-Relations-Mann aus Hawaii, schrieb: »Ich möchte hier die Frage stellen, ob der Public-Relations-Fachmann die Tragweite der moralischen Überlegungen erkennt, die ein Teil seines Tuns mit sich bringt.« Er sagte, die erste Voraussetzung ist, daß der Public-Relations-Fachmann fähig ist, in jedem gewünschten Maße »das für die Sache des Klienten, den er vertritt, vorteilhafteste Gefühls- und Meinungsklima zu schaffen ... Der Public-Relations-Mann steht ständig vor der Frage, ob der Zweck die Mittel heiligt.« Und fuhr fort: »Welches Maß an Intensität ist angebracht, wenn er danach trachtet, Verlangen, Neid, Abneigung, Habgier, Hoffnung oder anderes auf der großen Tonleiter menschlicher Gefühle zu erwecken, auf der er spielen muß.« Er kam dann zum Kern: »Eine der hier in Betracht kommenden fundamentalen Überlegungen betrifft das Recht, die menschliche Persönlichkeit zu manipulieren.« Eine derartige Manipulation, so sagt er weiter, schließe ihrer Natur nach eine Geringschätzung der Einzelpersönlichkeit ein.

Mir scheint, daß sowohl die Advertising Research Foundation als auch die Public Relations Society of America es sich angelegen sein lassen müßten, einen wirklichkeitsnahen, modernen Ehrenkodex für das Verhalten moralisch verantwortungsbewußter Meinungsformer zu entwerfen. Ein solcher Kodex könnte Grundregeln aufstellen, welche die Allgemeinheit davor schützen würden, auf eine unter Umständen unverantwortliche und sozial gefährliche Weise manipuliert zu werden.

Auch die mit den Meinungsformern hinsichtlich deren Manipulationsbestrebungen Hand in Hand arbeitenden Sozialwissenschaftler und Psychiater sehen sich einigen unbequemen Fragen der Moral gegenüber. Für sie sind die Fragen vielleicht noch schwieriger. Sie haben eine brauchbare Erklärung für ihre Zusammenarbeit mit, sagen wir einmal, den Marktschaffern. Durch ihre Tiefenforschung erweitern sie schließlich das allgemeine Wissen vom menschlichen Verhalten, und sie können erklären, daß nichtangewandtes Wissen verlustig geht (wobei sie sich auf Alfred North Whitehead berufen könnten, der einmal gesagt hat, Wissen halte sich nicht besser frisch als Fisch).

Allerdings bliebe die beunruhigende Tatsache, daß einige Tiefenforscher von den Manipulatoren *benutzt* werden. *Printer's Ink* widmet der Frage, wie man Sozialwissenschaftler bei Marktschaffungsproblemen »benutzen kann«, einen besonderen Artikel. Darin wurde geraten: »Benutzen Sie vorwiegend solche Sozialwissenschaftler, die geschäftliche Probleme begreifen und zu würdigen verstehen. Hüten Sie sich vor den anderen! Viele sind ungeheuer naiv und in ihrer Stellungnahme zu Fragen der Werbung nicht von Sachkunde getrübt.« Die für die Wissenschaftler wohl unangenehmste Seite der Situation deckte ein Werbeberater auf, indem er unter einem Decknamen in *The Nation* schrieb: »Früher richteten die Sozialwissenschaftler ihr Augenmerk auf die irrationalen Formen menschlichen Verhaltens, weil sie deren sozialen Ursprung bestimmen und auf diese Weise imstande sein wollten, Änderungen anzuregen, die ein vernunftmäßiges Verhalten bewirken würden. Heute untersuchen sie die Vernunftwidrigkeit – und andere Seiten des menschlichen Verhaltens –, um Aufschlüsse zu erlangen, die von den Marktschaffern zur Manipulierung des Verbrauchers benutzt werden können.«

Bestrebt, mit den Meinungsformern zusammenzuarbeiten, zeigten die Wissenschaftler einen gewissen Hang, entschieden zweifelhafte Voraussetzungen für bare Münze zu nehmen. Im Jahre 1953 schrieb ein führender Werbungsforscher, die Amerikaner würden lernen müssen, um ein Drittel besser zu leben, wenn sie mit der wachsenden Produktion Schritt halten und damit der amerikanischen Wirtschaft »im Jahre 1958 einen Produktionsausstoß im Werte von vierhundert Milliarden Dollar« ermöglichen wollten. (Tatsächlich ließ er bereits 1956 die Vierhundert-Milliarden-Dollar-Grenze hinter sich.) *Tide* befragte »nur einige wenige führende Soziologen der USA«, *wie* die Amerikaner überredet werden könnten, um ein Drittel besser zu leben. Die Antwort von Philipp J. Allen, Professor an der Universität von Virginia, war besonders interessant. Er entwickelte ein »systematisches Programm«, mit dem dies erreicht werden könnte und betonte, sein Plan erfordere:

Ausreichende Geldmittel für den regelmäßigen Einsatz von Werbeträgern, welche die Massen erreichen, um dem »Mann aus dem Volke« die gewünschten Ziele unablässig nahezubringen. Neue Werte können nach Belieben geschaffen, verbreitet und aufgenommen werden, und zwar in Gestalt persönlicher und kollektiver Ziele, die zu erreichen höchst wünschenswert ist. Aber die geballte Kraft der großen gesellschaftlichen Institutionen – besonders die der Erziehung, Erholung und Religion dienenden – muß einerseits für die enge Zusammenarbeit mit jenen Kreisen gewonnen werden, welche die Massenwerbeträger kontrollieren und andererseits mit den großen Erzeugern von Waren und Dienstleistungen, die Zeit und Raum für die Anpreisung ihrer »Waren« kaufen... Unter Anwendung der verschiedenen erprobten Mittel können wir uns, bei unserer Begabung für moderne Werbung, auf ein paar simple Phrasen beschränken, die in Ablauf und Dauer gut organisiert und mit anderen Anstrengungen zur Verwirklichung des »großen Planes« koordiniert werden. Aber man braucht dafür ein Heer von Handlangern und starken finanziellen Rückhalt.

Bei der Aufstellung seines »großen Planes«, uns alle zu pflichtbewußteren Verbrauchern zu machen, hat Professor Allen, ohne daß es m. E. jemandem aufgefallen wäre, die Grundvoraussetzungen anerkannt, daß das Ziel »Um ein Drittel besser leben« jeder Manipulation wert sei, die sich als zu seiner Erreichung notwendig herausstellen könnte.

Eine der befragten Sachverständigen, Bernice Allen von der Ohio-Universität, zog die Voraussetzung in Zweifel. Sie schrieb: »Wir haben keinen Beweis, daß mehr materielle Güter, wie mehr Autos oder mehr technische Errungenschaften, irgend jemanden glücklicher gemacht hätten – tatsächlich hat es sogar den Anschein, als sei das Gegenteil der Fall.«

Meiner Meinung nach wäre es Sache des Social Science Research Council und solcher Zweigvereinigungen wie der American Psychological Association, einen Ehrenkodex aufzustellen, der festlegt, welche Art von Zusammenarbeit mit Volksmanipulatoren gutgeheißen und welche nicht gutgeheißen werden kann. Die American Psychological Association besitzt einen 171seitigen Wegweiser *(Ethical Standards of Psychologists)*, der mehr als hundert Probleme behandelt und Hunderte von Beispielen zweifelhaften Verhaltens zitiert, aber in dem ganzen Handbuch wird die Art der Zusammenarbeit mit Tiefenmanipulatoren, wie ich sie im einzelnen schilderte, kaum erwähnt. Die APA stellt fest: »Der unter Psychologen weitestgehend anerkannte Wertmaßstab scheint die Achtung vor dem Beweis zu sein, gepaart mit der Achtung vor der Würde und der Unverletzlichkeit des menschlichen Individuums.« Das ist eine wunderbare Feststellung. Sie könnte so formuliert werden, daß sie zulässiges und unzulässiges Verhalten im kommerziellen Bereich miterfaßt.

Über die Frage der spezifischen Praktiken der Meinungsformer und der ihnen beigesellten Wissenschaftler hinaus erhebt sich die größere Frage, wohin unsere Wirtschaft uns unter dem Druck des *»Konsumismus«* bringt. Auch das ist eine Frage der Moral. Ich vermute sogar, daß sie dazu bestimmt ist, eine der großen moralischen Streitfragen unserer Zeit zu werden.

Industrielle wie General David Sarnoff behaupten, die Entwicklung unserer automatisierten Fabriken aufzuhalten oder darüber zu diskutieren versuchen, komme dem Versuch gleich, die Gezeiten oder die Jahreszeiten aufzuhalten. Er hält schon die bloße Erörterung, ob dieser Trend wünschenswert sei, für sinnlos. Einige wehren sich dagegen. Der Werbedirektor einer großen Suppenfabrik bemerkte: »Wenn wir eine Gesellschaft schaffen, die bloß die automatisierte Produktion zufriedenstellen soll, werden wir den höchsten Wert der menschlichen Gesellschaft zerstören.« Es fehlte auch nicht an Anzeichen, daß gewisse Publikumskreise selbst alles andere als dankbar für die Überfülle an Gütern sind, welche die amerikanische Wirtschaft über uns ausschüttet. Mitte der fünfziger Jahre veröffentlichte *Harper's* zwei Artikel, die unsere irdischen Güter recht düster beurteilten. Der eine trug die Überschrift »Wenn wir so reich sind, wo steckt dann der Wurm?« und stammte von dem Volkswirtschaftler Robert Lekachman. Er zählte den Ausstoß an Verbrauchsgütern auf und sagte: »Alle diese schönen Dinge, über die einmütiger Jubel herrschen sollte, haben statt dessen einen chronischen Fall von wirtschaftlicher Hypochondrie verursacht.« Und Russell Lynes legte in seinem bitter-scherzenden Artikel »Trag deinen Nerz zurück!« ein gutes Wort für die Wirtschaftsdepressionen ein, nicht für das Unglück, das sie hervorrufen, sondern für ihr Klima: »Ein Klima, das in vieler Hinsicht produktiver ist als der Wohlstand – interessanter, lebenswahrer, beschaulicher und auf verdrehte Art sogar heiterer.«

Dr. Dichter hat in hohem Maße auch die wesentlich moralische Frage erkannt, die sich durch den »Koste-es-was-es-wolle«-Vorstoß erhebt, uns zur Steigerung unseres Verbrauchs zu verführen. Sein Blatt *Motivations* schrieb im April 1956:

Wir stehen jetzt vor dem Problem, dem Durchschnittsamerikaner zu erlauben, sich für moralisch zu halten, auch wenn er flirtet, auch wenn er Geld ausgibt, auch wenn er nicht spart, sogar wenn er zwei Urlaubsreisen im Jahr macht und einen zweiten oder dritten Wagen anschafft. Eines der Grundprobleme dieses Wohlstandes besteht demnach darin, den Leuten die Sanktion und die Rechtfertigung zu geben, den Wohlstand zu genießen und ihnen darzutun, daß ihre lustvolle Lebensauffassung eine moralische und keine unmoralische ist. Die dem Verbraucher erteilte Genehmigung, sein Leben frei zu genießen, der Nachweis, daß er recht daran tut, sich mit Erzeugnissen zu umgeben, die sein Dasein bereichern und ihm Freude machen, muß ein Hauptthema jeder Werbung und jedes Verkaufsförderungsplanes sein.

Bei einer anderen Gelegenheit wies Dr. Dichter darauf hin, daß die Abkehr des Publikums vom »Puritaner-Komplex« die Macht dreier großer Kaufantriebe vergrößere: das Verlangen nach Behagen, nach Luxus und nach Prestige.

Daß die Frage, die sich durch den auf uns ausgeübten Konsumdruck erhebt, moralischer Natur ist, wird durch die Tatsache hervorgehoben, daß Sprecher der Religionsgemeinschaften zu den ersten gehörten, die an diesem Trend Kritik übten. Der Geistliche meiner eigenen Kirche, Loring Chase (Congregational in New Canaan, Connecticut), widmete seine Fastenpredigt 1956 dem Problem des Wohlstands. Das Selbstverleugnungsprinzip der Fastenzeit, so sagte er, »steht in schroffem Gegensatz zu dem in unserer Gesellschaft vorherrschenden Prinzip, das besagt: ›Du bist es dir wahrhaftig selber schuldig, dies oder das zu kaufen‹.« Er beschrieb, was die Wirtschaft des Überflusses aus Amerika gemacht hat und erklärte: »Demgegenüber ... empfindet man eine gewisse Verlegenheit über Jesu Mahnung, daß ›eines Menschen Leben nicht aus der Fülle seiner Güter besteht ...‹.« Er schloß:

»Es ist nicht eine Frage wenigen oder vielen Besitzes. Die Frage lautet, ob wir erkennen, daß Besitz zum Leben dienen soll und das Leben zuerst kommt.« Die protestantische Zeitschrift *Christianity and Crisis* behauptete, das nächste große moralische Dilemma, dem Amerika sich gegenübersehe, werde, geboren aus dem Überfluß an irdischen Gütern, die Bedrohung der »Qualität des Lebens« sein. Das Blatt gab zu: Wenn wir eine auf Massenfertigung beruhende expansive Wirtschaft haben müssen, können wir die Notwendigkeit des Massenverbrauchs an neuen Gütern nicht leugnen, und dafür »ist Werbung offenbar wesentlich. Indessen liegt hier ein Dilemma. Wir treiben in einen Prozeß hinein, der zum Selbstzweck wird und uns zu überwältigen droht ... Der Sinn für das Maß im Leben geht verloren, wenn wir so schnell mit den Modellen vom letzten Jahr unzufrieden werden.«

Die ganze Tiefe des Dilemmas ließ sich an dem Satz ermessen: »Es geht nicht darum, jene zu kritisieren, die die fraglichen Produkte herstellen oder jene, die für sie werben und sie verkaufen. Sie und wir alle, die wir diese Produkte verbrauchen, sind in den gleichen Strudel geraten. Dieser Strudel ist uns so sehr Lebensinhalt geworden, daß es schwierig ist, ihn aus genügendem Abstand zu betrachten und zu fragen, wohin er uns reißt.«

Der Theologe Reinhold Niebuhr griff dieses Dilemma gleichfalls auf, indem er darauf hinwies, wie außerordentlich schwierig es sei, in einer Überflußwirtschaft in »den Stand der Gnade« zu gelangen. Und er fügte hinzu: »Wir sind in Gefahr ... eine Kultur zu entfalten, die Sklave ihres Produktionsprozesses ist ... und auf diese Weise das normale Verhältnis von Produktion und Konsumtion umzukehren.«

Dieses große moralische Problem – ein im geistig-religiösen Sinne vertretbares Verhältnis zwischen einem freien Volk und einer Wirtschaft herzustellen, die einer stetig steigenden Produktivität fähig ist – zu lösen, wird vielleicht Jahrzehnte brauchen. Unterdessen können wir uns mehr dem spezifischen Problem widmen, mit jenen unaufrichtigen und angriffslustigen Manipulatoren fertig zu werden, die unsere Unvernünftigkeit und Schwächen ausnützen möchten, um unser Verhalten zu lenken. Ich gebe zu, daß man wahrscheinlich nicht umhin kommt, die Bürger mit solchen Lockspeisen, wie Zugaben und sechsunddreißig Monatsraten, ein bißchen zu stoßen und zu zerren, um die amerikanische Vierhundert-Milliarden-Dollar-Wirtschaft in Gang zu halten. Aber sicherlich kann unsere expansive Wirtschaft auch gedeihen, ohne daß sie es nötig hätte, Kinder zu psychoanalysieren oder die Meinung der Menschen zu kneten, oder mit den Ängsten ein Spiel zu treiben, die zu verbergen wir uns bemühen.

Wir verfügen jedoch über eine starke Verteidigungswaffe gegen derartige Verführer: Es steht uns frei, uns nicht verführen zu lassen. Wir haben diese Wahl in praktisch allen Situationen, und man kann uns nicht ernstlich »manipulieren«, wenn wir wissen, was gespielt wird. Ich habe die Hoffnung, dieses Buch könnte dazu beitragen, daß man sich allgemein dessen bewußt wird. Clyde Miller schrieb in *The Process of Persuasion:* Wenn wir die Mittel der Verführer erkennen lernen, entwickeln wir einen »Erkennungsreflex«. Dieser Erkennungsreflex kann uns »gegen die kleinen Tricks der Möchtegern-Meinungskneter schützen, die in den gewöhnlichen Alltagsdingen am Werke sind, aber auch gegen die verkannte und unwahre Überredung mächtiger Führer . . .«.

Manche Menschen, denen wir begegneten, und die über die Tiefenmanipulatoren gründlich Bescheid wissen, begehen allerdings auch weiterhin Handlungen, die deutlich den Stempel der Unlogik tragen. Sie geben zu, daß sie lange farbenfreudige Autos kaufen, die sie eigentlich nicht brauchen, und Segelboote, die eingestandenermaßen ihnen wahrscheinlich deshalb gefallen, weil sie Kindheitserinnerungen in ihnen wachrufen (wenn Dr. Dichters These stimmt). Sie bekennen, auch weiterhin nur einmal am Tag ihre Zähne zu putzen, und zwar zu der vom Standpunkt der Zahnhygiene aus denkbar unlogischsten Zeit – genau vor dem Frühstück. Aber sie tun alle diese Dinge in dem vollen Bewußtsein, ihren Wünschen zu frönen oder vernunftwidrig zu handeln. Bewußt begangene vernunftwidrige Handlungen werden eine Art herrlicher Luxus.

Der Vorschlag, wir sollten uns gegen die Tiefenmanipulatoren verteidigen, indem wir bei allen unseren Handlungen mit Bedacht vernunftgemäß vorgehen, ist keine Lösung. Eine solche Handlungsweise wäre nicht nur verstiegen, sondern auch ohne allen Reiz. Wie traurig wäre die Welt, wenn wir immerzu vernünftige, richtigdenkende, neurotische Leute sein müßten – wenn wir auch hoffen wollen, allgemein Fortschritte in dieser Richtung zu machen.

Zuweilen ist es vergnüglicher oder bequemer, unlogisch zu sein. Jedoch ziehe ich es vor, eher durch meinen eigenen freien Willen und Impulse unlogisch zu sein, als mich zu derartigen Handlungen »manipulieren« zu lassen.

Das schwerste Verbrechen, das viele Tiefenmanipulatoren begehen, scheint mir ihr Versuch, in unsere geheimsten Gedanken einzudringen. Gerade dieses Recht auf Geheimhaltung – sei sie rational oder irrational – müssen wir schützen.

Motivforschung – nur ein weiteres Werkzeug der Marktforschung

Die Motivforschung ist nicht das einzige Feld, auf dem die praktisch veranlagten Amerikaner Gedanken und Erkenntnisse anwenden, die in Europa wurzeln. Die Tiefenpsychologie von S. Freud und die deutsche Gestaltphilosophie haben bei der Motivforschung ähnlich Pate gestanden wie etwa Gropius und das Bauhaus bei der amerikanischen Formgebung. Auch die Wurzeln etwa der Lehre von der Einsatz- und Durchflußplanung, Operations Research, liegen in Großbritannien und auf dem Kontinent. Europäisches Gedankengut erfährt so eine vielseitige und systematische Anwendung beim Aufbau der modernen technischen Gesellschaft und Marktwirtschaft, um den sich die Amerikaner seit Kriegsende verstärkt bemühen. Hauptmittel dieses Aufbaus ist die Information, die Transparenz des Geschehens, wozu auch die Erfassung der Motive des Verbrauchers gehört. Die Transparenz des Verbrauchers erleichtert die Ermittlung der notwendigen Daten für einen reibungslosen Ablauf der Produktion. Sie ist damit ein Beitrag zur Steigerung des Lebensstandards und somit ein unentbehrliches Werkzeug der Marktforschung.

Der europäische und deutsche Leser wird durch das Buch von Vance Packard ähnlich erschüttert und nachdenklich gestimmt sein wie der Leser in USA. Die hohen Auflagen der amerikanischen Ausgabe bestätigen, wie ernst man die Warnungen Packards vor dem Einbruch des Marktes und der Werbung in seelische Bereiche des Verbrauchers nimmt, die unangetastet bleiben sollten. Auch Perrin Stryker warnte bereits Mitte 1956 in *Fortune* vor der Gefahr, daß dieser Einbruch in private Bereiche des Verbrauchers zugleich dazu verführe, daß Wirtschaft und Werbung die Schwächen des Verbrauchers ausnutzen. Der Bannung dieser Gefahren soll das Buch dienen. Dagegen liegt wohl kaum sein Zweck darin, etwa das »Kind mit dem Bade« auszuschütten und die Motivforschung überhaupt zu verwerfen. Packard betont ja selbst die positive Seite der Motivforschung, die sich aus der besseren Kenntnis und Erfahrung der Verbrauchermotive ergibt. Sein Buch erschien in USA, nachdem die Motivforschung längst zu einer anerkannten Disziplin geworden war. Auf der Jahrestagung der »Advertising Research Foundation« Ende 1957 in New York wurde erklärt, das Problem sei für die meisten Firmen nicht mehr, ob, sondern wie man die Motivforschung nutzen könne. Das Buch will also vor dem Mißbrauch warnen und nicht die Motivforschung selbst diskreditieren. Es erscheint wichtig, auf diesen Zweck des Buches – der für die USA zweifellos recht heilsam war – ganz besonders zu verweisen, denn der planvolle Einsatz der Motivforschung steht bei uns ja noch am Anfang; insofern kann uns dieses Buch dazu verhelfen, einige Übertreibungen der Amerikaner von vornherein zu vermeiden.

Im übrigen erscheint es zweckmäßig, in der Motivforschung weniger eine Sensation als ein Werkzeug zur Verfeinerung und Verbesserung von Marktforschung und Werbung zu sehen. Eine gewisse Parallele zur Lehre von den Human Relations eröffnet sich dabei: Wie man den Menschen im Betrieb wieder entdeckte, nachdem er durch den Automatismus des Fließbandes vergessen und verschüttet zu sein schien, so beginnt man, den Menschen am Markt und im Verbrauch wieder zu entdecken. Es ist dies eine Folge der wachsenden Fülle am Gütermarkt, des steigenden Wunsches nach Differenzierung im Konsum und der wachsenden Entbehrlichkeit der Güter im physisch-biologischen Sinne. Der Mensch beginnt, wie Kenneth Boulding in seiner Schrift »The Image« so überzeugend nachweist, immer mehr nach Leitbildern zu leben, die zwar auch von der Vergangenheit geformt werden, aber doch in die Zukunft reichen und von Wünschen und Vorstellungen gespeist werden.

Die Motivforschung erscheint als eine typische Hilfswissenschaft. Sie vermittelt psychologische Erkenntnisse, die Marktgestaltung und Werbung verbessern sollen. Die Motivforschung ist, wie Prof. Joseph W. Newman von der Harvard Business School in seinem neuen Buch über »Motivational Research and Marketing Management« betont, »mehr eine Entwicklung als ein Ding«, nämlich die Anwendung von Psychologie, Soziologie und Anthropologie auf Probleme der Marktgestaltung und Werbung. Sie ist, kurz gesagt, ein weiteres Werkzeug der Produkt- und Marktformung im Rahmen einer primär verbrauchsorientierten Wettbewerbswirtschaft.

Vielleicht sollte man die Motivforschung auch nicht allzusehr als Anwendung der Tiefenpsychologie sehen. Nach Freud gibt es im wesentlichen drei Schichten der Motivierung im Menschen: eine äußere Bewußtseinsschicht, eine innere Bewußtseinsschicht und die »Schicht des Unbewußten«.

In der Regel genügt für Werbung und Marktforschung bei Konsumgütern die Durchdringung der beiden ersten Bewußtseinsschichten; wobei es besonders um die innere Bewußtseinsschicht geht. Aus dieser Schicht stammen Erklärungen unseres Verhaltens, die unsere wahren Motive tarnen sollen. Nach Dr. Lyndon O. Brown ist es aber nur in Ausnahmefällen notwendig, auch die Tiefenpsychologie heranzuziehen, um die im tiefverborgenen Unbewußtsein wurzelnden Motive zu erkennen und für den Markt zu nutzen.

Im ganzen also ist die Motivforschung nichts Mysteriöses. Sie enthält keine Geheimformeln oder Patentlösungen. Sie liefert vielmehr nur einen weiteren Baustein zur Markterkenntnis und zur Sicherung jenes reibungslosen Durchflusses von der Produktion in den Haushalt, um den sich der Unternehmer dauernd bemühen muß.

Die Werkzeuge von Markt- und Motivforschung werden sich dauernd verfeinern. Beide werden sich zu einer im ganzen verbesserten Technik verschmelzen und zu einer exakteren Marktgestaltung und Werbung beitragen.

Mit anderen Worten: Die Motivforschung dürfte bald den Charakter des Sensationellen verlieren und zu einem Alltagswerkzeug der Marktforschung werden. Das Buch von Vance Packard aber würde auch in seiner deutschen Übersetzung seinen wesentlichen Zweck erfüllt haben, wenn es dem Praktiker der deutschen Werbung und Marktforschung dazu verhülfe, die Motivforschung ebenso als selbstverständliches und zunehmend unentbehrliches Werkzeug anzusehen wie die Statistik oder die Meinungsbefragung.

Herbert Gross

INHALTSVERZEICHNIS

Vance Packard

Die große Versuchung

Der Eingriff in Leib und Seele

Ullstein Buch 34016

Ullstein Sachbuch

Vance Packard, einer der scharfsichtigsten Beobachter der gesellschaftspolitischen Szene unserer Zeit, setzt sich mit den Methoden und Mitteln auseinander, mit deren Hilfe die heutige Wissenschaft den Menschen formen und manipulieren kann.

»Der Aufstieg des Menschen, wie ihn Jacob Bronowski beschrieb, dauerte zigtausend Jahre. Die völlige Umgestaltung des Menschen, wie sie jetzt eingesetzt hat, kann binnen weniger Jahrzehnte geschehen.«

Vance Packard

Verlust der Geborgenheit

Unsere kinderkranke Gesellschaft

Ullstein Buch 34360

Ullstein Sachbuch

Ende des 20. Jahrhunderts erkennt eine irritierte Gesellschaft, daß ihr eine der elementarsten Aufgaben über den Kopf zu wachsen droht: die Vorbereitung der Jugend auf die Bewältigung des Lebens von morgen.
Der Verlust der Geborgenheit, Aggressivität, No-Future-Ängste und allgemeine Ratlosigkeit sind die unvermeidlichen Folgen der Überbeanspruchung und Desorientierung einer Massengesellschaft im Umbruch, in der die Erziehung der Kinder immer komplizierter wird.
Vance Packard, einer der bedeutendsten Soziologen unserer Zeit, macht – scharfsinnig und kritisch – Vorschläge, wie der weltweite Generationskonflikt überwunden werden kann.

Hartmut
Hansen/
Freya
Pausewang

Umdenken lernen

Praktische Hilfen für eine Erziehung zum Überleben

Ullstein Buch 34348

Ullstein Sachbuch

Verknappung der Rohstoffreserven, Umweltverschmutzung, Fragen der Ernährung und Weltbevölkerung sind Probleme, mit denen wir immer heftiger konfrontiert werden. Wir wissen inzwischen auch, daß eine veränderte Lebensweise erforderlich ist, wenn das Überleben der Menschheit gesichert sein soll. Wie Eltern und Erzieher ihre Kinder auf solche Veränderungen vorbereiten können, wird in diesem Buch gezeigt.